W0301363

Gerhard Roth

Portraits

S. Fischer

MIX
Papier aus verantwortungsvollen Quellen
FSC® C083411

© 2012 S. Fischer Verlag GmbH, Frankfurt am Main
© 2012 by Gerhard Roth
Satz: Dörlemann Satz, Lemförde
Druck und Bindung: CPI – Clausen & Bosse, Leck
Printed in Germany
ISBN 978-3-10-066065-7

INHALT

VINCENT VAN GOGH

Geheimnisse und Wahrheiten

ICH WAR 21 JAHRE ALT und studierte im vierten Semester an der Grazer Universität Medizin, als ich mir die in gelbes, grobes Leinen gebundene Ausgabe einer Auswahl von Briefen Vincent van Goghs an seinen Bruder Theo kaufte, die vom Langen Müller Verlag gerade herausgebracht worden war. Ich nahm sofort den zweiten Band aus dem Schuber und begann mit dem Abschnitt »Arles 1888–1889«, denn zuallererst wollte ich die Briefe, in denen van Gogh vom Warten auf Paul Gauguin berichtet, lesen, von seinen Vorfreuden und Vorbereitungen auf die Ankunft des Malerfreundes, den Schwierigkeiten des darauffolgenden Zusammenlebens und schließlich der Selbstverletzung van Goghs, dem legendären »abgeschnittenen Ohr«.

Ich hatte 1957, im Alter von fünfzehn Jahren, schon Vincente Minellis berühmten Film »Lust for Life« mit Kirk Douglas in der Rolle van Goghs und Anthony Quinn als Gauguin gesehen, und die dort gezeigten Gemälde, das Leben und der Freitod des genialen Künstlers waren mir seither nicht mehr aus dem Kopf gegangen.

Ich las die Briefe van Goghs als Tagebuchaufzeichnungen, und ich bewunderte den klaren und farbigen Stil, in dem sie abgefasst waren. Hatte man den Maler nicht für einen Wahnsinnigen gehalten? Nirgendwo entdeckte ich jedoch die Diktion eines Verrückten, in jeder Zeile fand sich nur die eines äußerst begeisterungs- und verzweiflungsfähigen Künstlers, eines Analytikers und Sichhingebenden, eines Sehenden und Sehers, eines ebenso erhellten wie verdunkelten Geistes. Heute noch erinnere ich mich daran, wie sehr mich die farbigen und schwarz-weißen Abbildungen beeindruckten, mit denen die beiden Briefbände reichlich ausgestattet waren, welche die Gedanken und Beschreibungen in van Goghs Briefen als eine Einheit erkennen ließen. Die Bilder, fiel mir auf, waren wie Erzählungen und die Briefe wie Bilder.

Auch die Gemälde »Der Krankensaal des Hospitals von Arles« und »Der Innenhof des Hospitals von Arles« waren abgebildet, allerdings nur in Schwarz-Weiß. Da ich mich, weil ich soeben den zweiten Sezierkurs abgeschlossen und auch ein zweites Mal an einer Gehirnsektion teilgenommen hatte, besonders für Krankheit und Tod interessierte und ich außerdem am Anfang meiner Studienzeit infolge eines Herzstillstandes – einer sogenannten Synkope – beinahe ums Leben gekommen wäre und einen Monat im Krankenhaus hatte behandelt werden müssen, verweilte ich lange bei diesen beiden Bildern und überlegte mir ernsthaft, wie ich wieder krank werden könnte, um die Briefbände frei von Prüfungsdruck und ungestört lesen zu können. Ich war mir darüber im Klaren, dass ich ein Rätsel entdeckt hatte. Ich fasste ja damals alle großen Künstler und Wissenschaftler intuitiv als Rätsel auf: James Joyce und Franz Kafka, Johann Sebastian Bach und Wolfgang Amadeus Mozart, Leonardo da Vinci und Pablo Picasso oder Sigmund Freud und Albert Einstein. Sie verkörperten für mich mit ihrem Werk und ihren Biographien das Rätsel des Lebens überhaupt. Die Briefe und Bilder der beiden Bände führten mich zugleich in mich selbst und weit weg von mir. Immer wieder blätterte ich zu den Abbildungen nach vor oder zurück, und als ich zu van Goghs Verzweiflungstat, dem »abgeschnittenen« Ohr, kam, stieß ich auf das im September 1888 gemalte Bild »Das Nachtcafé«, von dem ich inzwischen zwei Fassungen kenne, die sich vor allem durch die Darstellung des Lichtes der Gaslampen unterscheiden. Sofort fasste ich diese Gemälde als Schlüsselbilder für den überreizten Geisteszustand und die Erschöpfung des Künstlers auf, die die spätere Selbstverletzung mitverursacht haben.

»In meinem Bild vom Nachtcafé habe ich auszudrücken versucht«, schrieb van Gogh, »dass das Café ein Ort sein kann, wo man sich ruinieren, wo man verrückt werden und Verbrechen begehen kann«, und in einem weiteren Brief an Theo machte er die merkwürdige Feststellung: »Manchmal kommt es mir vor, als sei die Nacht viel lebendiger und farbstärker als der Tag«, und: »Ich habe versucht, mit Rot und Grün die schrecklichen menschlichen Leidenschaften auszudrücken. Der Raum ist blutrot und mattgelb, ein grünes Billard in der Mitte, vier zitronengelbe Lampen. Überall ist Kampf und Antithese in den verschiedensten Grüns und Rots, in den kleinen Figuren der schlafenden Nachtbummler, in dem leeren, trübseligen

Raum, im Violett und Blau. Das Blutrot und Gelbgrün des Billards kontrastiert mit dem zarten Louis-XV.-Grün der Theke, auf der ein rosa Blumenstrauß steht. Die weiße Kleidung des Wirts, der in einer Ecke des Backofens wacht, wird zitronengelb, blassgrün und leuchtend.«

Zwanzig Jahre später, 1989, habe ich dieses Gemälde für das ZEIT-Museum der 100 Bilder« beschrieben: »Die Lampen hängen als Gestirne in diesem roten Universum«, hielt ich fest, »in dem sich die Gleichgültigkeit der Schöpfung reproduziert. Das Zimmer ist Bühne und All. Der Billardtisch steht massiv in der Mitte des Raumes, als unverrückbares Schicksal, tragisch und unbeteiligt wie ein Seziertisch in einem gerichtsmedizinischen Institut. Dahinter der gelangweilte ›Gehilfe‹ in Weiß.« Ich war offensichtlich noch immer beeinflusst von meinen Erfahrungen in der Grazer Anatomie und erinnerte mich, ohne dass es mir bewusst war, an die Zeit, als ich die beiden Bände mit Briefen gekauft hatte. In meinem kurzen Essay bezeichnete ich van Gogh als Philosophen der Verzweiflung. »In seinen Bildern kommt das Ungewöhnliche im Allergewöhnlichsten zum Vorschein«, schrieb ich weiter. »Der Vorhang des üblichen Sinns ist zur Seite gezogen, und die Dinge stehen ohne sprachliche Bezeichnung da – überdeutlich erkennen wir die ungelösten Rätsel, die wir uns als alltagsphilosophische Voyeure vergeblich zu lösen bemühen.« Und: Van Gogh berühre den Kern der Dinge, dabei gelinge es ihm über den Weg des Bildes, eine Möglichkeit des religiösen Philosophierens zu finden. Alles in van Goghs später Malerei sei okkult und realistisch zugleich: die Schwertlilien ebenso wie die Tapetenmuster, zwei Stühle, ein Bett, der Gang des Irrenhauses in Saint-Rémy, es gebe für ihn keine tote Materie. Die Farben seien gleichsam Klopfgeister der Objekte, van Gogh könne diese hören. Zuletzt resümierte ich, dass unsere Zeit misstrauisch geworden sei gegenüber Geheimnissen. Ich schrieb das aus der Erfahrung heraus, die ich nach dem Abbruch meines Medizinstudiums im Grazer Rechenzentrum gemacht hatte, wo ich fast zehn Jahre lang Leiter der Organisationsabteilung gewesen war.

Erst kürzlich äußerte der österreichische Dirigent Nikolaus Harnoncourt in einem Interview ähnliche Gedanken. »Die Welt ist im Moment«, sagte er, »von der scheinbar rationalen Seite so besessen, dass, außer Habgier, überhaupt nichts mehr zählt. Die Logik kennt keine Moral. Wenn die Menschheit nur auf die Ratio vertraut, werden wir zu lauter Wölfen und Bestien werden.« Und weiter: »Die Aufgabe der Kunst ist unsagbar wichtig, aber geheimnisvoll und nicht zu definieren. Legt man sie auf eine Aufgabe fest, wird sie schon wieder einem Zweck zugeführt und pervertiert.« – »Wir leben in einer nur scheinbar entdeckten Welt«, beendete ich meinen Kommentar zu dem Bild. »Van Gogh spürte nachtwandlerisch noch im Profansten und Banalsten das *Lost Paradise* auf. Er öffnete den Blick auf eine neue Dimension: die magische Daseinserfahrung, die mit der Verzweiflung verbunden ist und uns die Welt aus einer visionären Perspektive zeigt – wenn diese Verzweiflung uns nicht wie ein Moloch verschlingt.« – Der Kunsthistoriker Roland Dorn hat herausgefunden, dass van Gogh, in Analogie zu den Romanzyklen Balzacs oder Zolas, unter dem Begriff »décoration« Bildpaare und Reihen entwickelte, in denen er selbständige Werke zueinander in Beziehung treten ließ. »Neben den vor allem in den Bildnissen geknöpften farblichen Beziehungen waren die ausnahmslos im selben Format gehaltenen Werke auch durch Form- und Motivkontraste miteinander verbunden. Dazu gehörten einfache Gegenüberstellungen wie nah und fern, innen und außen, offen und geschlossen, alt und neu, Tag und Nacht, öffentlich und privat.« Dorn sieht ein solches Bildpaar zum Beispiel im »Nachtcafé« und in »Vincents Schlafzimmer« ebenso wie im »Krankensaal des Hospitals von Arles« und dessen Gegenstück, dem »Innenhof«.

Das Pendant zum beschriebenen Nachtcafé – das Schlafzimmer des Künstlers im Gelben Haus vom Oktober 1888 – löst in mir jedes Mal, wenn ich es anschaue, unterdrückte Sehnsüchte nach dem Landleben aus, denn es verheißt eine langsamer vergehende Zeit. Während im »Nachtcafé« an die Rückwand eine schwarze Uhr gemalt ist, hängt im »Schlafzimmer« neben dem grünen Fenster lediglich ein schwarzgerahmter Spiegel, in dem man statt der Kreisbewegung der Zeiger sich selbst sehen könnte. »Diesmal«, schrieb Vincent an seinen Bruder Theo, »ist es ganz einfach mein Schlafzimmer, hier muss es mir die Farbe machen; indem ich durch Vereinfachung den Dingen einen größeren Stil gebe, soll einem der Gedanke an Ruhe oder ganz allgemein an Schlaf kommen. Kurz, der Anblick des Bildes soll den Kopf oder richtiger die Phantasie beruhigen. Die Wände sind blassviolett. Das Holz des Bettes und die Stühle sind frisches Buttergelb, das Laken und die Kopfkissen sehr helles Zitronengrün. Die Bettdecke ist scharlachrot. Der Waschtisch orange, das Waschbecken blau. Und das ist alles – sonst ist nichts in diesem Zimmer mit den geschlossenen Fensterläden. Die feste Derbheit der Möbel muss nur noch die unerschütterliche Ruhe ausdrücken. An der Wand Bildnisse und ein Spiegel und ein Handtuch und ein paar Kleider. Schatten und Schlagschatten sind weggelassen, und die Farben sind flach und einfach aufgetragen wie bei Japandrucken.«

Man kann sich gut vorstellen, in diesem Zimmer zu lesen, zu träumen oder zu schlafen, doch drückt es auch unübersehbar Einsamkeit aus, wenn auch keine quälende. Van Gogh hat des Öfteren von einem Dasein als Malermönch gesprochen, der allerdings alle vierzehn Tage ins Bordell gehe. Mit den Bildern des Nachtcafés und des Schlafzimmers wird dieser Lebensentwurf symbolisch sichtbar. Überdies könnte van Goghs Schlafzimmerbild vorzüglich im Haus von Gontscharows Oblomow hängen, der bekanntlich sein Bett am liebsten gar nicht verließ. Nicht, weil das Gemälde eine bequeme oder gar wohlige Atmosphäre suggeriert, sondern weil es stumm zum Rückzug vom Ich lockt. Die Farbe Gelb dominiert im Übrigen auch in diesem Bild van Goghs wie in zahlreichen anderen. Im Zusammenhang mit einer posthumen Diagnose der Zusammenbrüche und Anfälle des Malers als Schläfenlappenepilepsie zitiert der österreichische Arzt und Schriftsteller Anton Neumayr in seinem aufschlussreichen Buch »Kunst und Medizin« den amerikanischen Arzt Courtney Lee von der Universität Georgetown, der darauf hinwies, dass die Ende des 19. Jahrhunderts in Frankreich übliche Behandlung dieser Krankheit mit Digitalis nicht in streng standardisierten Dosen wie heute erfolgte, sondern in Form eines Aufgusses von Digitalisblättern, womit zwangsläufig falschen Dosierungen Vorschub geleistet worden sei. Noch dazu identifizierte Lee auf den beiden Portraits, die van Gogh 1890 von seinem behandelnden Arzt in Auvers, Dr. Gachet, gemalt hat, jeweils eine Digitalis-Pflanze (Digitalis purpurea). Unter den üblichen Symptomen einer Digitalis-Überdosierung sei neben Ruhelosigkeit und Verwirrtheitszuständen bis hin zu Delirien, führt Neumayr aus, das Auftreten einer Xanthopsie besonders charakteristisch, also einer gelblichen Tönung aller Wahrnehmungen.

Für van Gogh, der diese Farbe schon in früheren Jahren vor einer möglichen Digitalisbehandlung und speziell in Arles leidenschaftlich verwendete (nicht zuletzt in Anlehnung an japanische Holzschnitte), war Gelb auch ein Symbol der Liebe. Außerdem schrieb er seinem Bruder Theo aus Arles: »In diesen vier Tagen habe ich in der Hauptsache von 23 Tassen Kaffee gelebt, und dazu Brot, das ich noch bezahlen muss.« Und: »Um den hohen, gelben Ton zu erreichen, den ich in diesem Sommer erreicht habe«, habe er außerdem »unzählige« Pfeifen Tabak geraucht und unmäßig getrunken. »Ich fühle, dass ich bis zur Vernichtung und völligen körperlichen Leere schaffen muss.«

Ich erwähne dieses Beispiel, um die Fehleinschätzungen von Ärzten, was den Geisteszustand und die Denkweise extremer Künstler wie van Gogh betrifft, zu illustrieren. Das Van-Gogh-Gelb war mir nicht zuletzt durch den Einband meiner zweibändigen Briefausgabe von Anfang an vertraut. Es steht schon für den Maler der Pariser Zeit im Frühjahr 1886 und hält bis zu dem Bild des Weizenfeldes in Auvers-sur-Oise am 27. Juli 1890 an, in dem sich van Gogh der Legende nach die Schusswunde zugefügt haben soll, an der er zwei Tage später im Dachzimmer seines Gasthofes starb.

Das für van Gogh katastrophale Zusammenleben mit dem älteren und robusten Paul Gauguin im Gelben Haus an der Place Lamartine in Arles vom 23. Oktober 1888 bis zum 23. Dezember dieses Jahres endete bekanntlich mit der dramatischen Selbstverletzung (an der van Gogh beinahe verblutet wäre). Es gab zuvor, wie Gauguin in seinen Erinnerungen »Vorher und Nachher« schreibt, erregte Diskussionen, van Gogh berichtet sogar von einer »unerhörten, elektrischen Spannung« zwischen ihnen und setzt fort: »Manchmal sind wir hinterher so erschöpft wie eine elektrische Batterie nach der Entladung.« Mit ausschlaggebend für den Vorfall waren die Unvereinbarkeit ihrer schwierigen Charaktere und die grundsätzlich verschiedenen Ansichten beider über Malerei. Unter anderem arbeitete van Gogh stets an Ort und Stelle vor seinen Motiven, Gauguin hingegen pflegte sich in sein Atelier zurückzuziehen und seine Werke aus dem Kopf zu schaffen. Während van Gogh außerdem das »Paradies«, zumindest aber sein »Farbenparadies« im Süden Frankreichs zu finden glaubte, suchte Gauguin das seine wie schon einmal und auch später bei den sogenannten »Primitiven« in der Südsee. Beide fanden, wie es das ungeschriebene Gesetz der Paradiessuche will, dort stattdessen bald die Hölle und zuletzt den Tod.

Erst am 30. Dezember berichtete die Lokalzeitung des Arrondissements Arles, »Le Forum Républicain«, in der Rubrik »Chronique locale« von dem Vorfall: »Vergangenen Sonntag um ½ 12 am Abend ist ein gewisser Vincent van Gogh, Maler, aus Holland kommend, in die Maison de la Tolerancé Nr. 1 gekommen, hat eine gewisse Rachel verlangt und ihr sein Ohr übergeben, indem er sagte: ›Bewahren Sie diesen Gegenstand sorgfältig auf.‹ Darauf ist er verschwunden. Über diese Tat informiert, die nur die eines armen Geistesgestörten gewesen sein kann, hat sich die Polizei am nächsten Morgen zu diesem Individuum begeben, das sie in seinem Bett liegend vorfand, beinahe kein Lebenszeichen von sich gebend. Dieser Unglückliche ist eilig ins Krankenhaus eingeliefert worden.«

Die Version, van Gogh habe sich das ganze Ohr abgeschnitten, findet sich bei zahlreichen Zeitzeugen, unter anderem auch in den späteren Aussagen der im Jahre 1890 21-jährigen Tochter seines behandelnden Arztes, Dr. Gachet, in Auvers, angeblich der letzten Liebe Vincents, die an der Strenge ihres Vaters gescheitert sei und als Ursache des Selbstmordes van Goghs genannt wird, wie auch der damals 13-jährigen Tochter seines Zimmerwirtes, Adeline Ravoux. Beide hat van Gogh portraitiert, das heißt, beide konnten ihn auch genau betrachten. Nach Meinung der Medizin handelt es sich beim abgeschnittenen Ohr jedoch um eine weitere Legende. Hätte van Gogh es tatsächlich vollständig vom Kopf abgetrennt, wäre er innerhalb kürzester Zeit verblutet, da das Organ durch sieben Arterien versorgt wird. Auch die spätere Witwe Theos, Johanna »jo« Bonger, spricht von einem Ohrläppchen und dem darüber befindlichen Knorpel, die sich ihr Schwager abgeschnitten habe.

Bei der Interpretation des Vorfalles scheint allerdings der Umstand zu wenig beachtet, weshalb van Gogh das amputierte Organstück, in Packpapier eingewickelt, der Prostituierten Rachel (an anderer Stelle fällt auch der Name Gaby) zukommen ließ. Das seltsame Verhalten van Goghs kann wohl kaum nur als Affekthandlung aufgefasst werden. Handelte es sich möglicherweise bei der gesamten Auseinandersetzung mit Gauguin um einen Exzess aus Eifersucht? Van Gogh hatte bekanntlich im Winter 1881/82 in Den Haag mit der pockennarbigen, schwangeren Prostituierten Clasina (»Sien«) Maria Hoornik und deren vierjähriger Tochter zusammengelebt. Der Umstand, dass Rachel (oder Gaby) eine Prostituierte war, wäre also für ihn mit Sicherheit kein Hindernis gewesen, sich in sie zu verlieben. Und weiter spekuliert: Vielleicht konnte van Gogh es nicht ertragen, dass auch Gauguin mit Rachel (Gaby) verkehrte – und um die Hypothese auf die Spitze zu treiben: Es wäre nur logisch gewesen, dass Gauguin die Hintergründe des Vorfalles dann verschwiegen hätte, war doch Vincents Bruder und Beschützer Theo sein Galerist, von dem auch er wirtschaftlich abhängig war. Ebenso hätte sich van Gogh schwergetan, die Ereignisse in einem solchen Licht darzustellen, da ihm das vermutlich noch mehr geschadet hätte, als es ohnehin schon der Fall war.

Eine andere Theorie widmet sich einer angeblich latenten Homosexualität van Goghs. Dieser soll in Arles in der Nacht zweimal an das Bett seines Malerfreundes getreten sein und den Schlafenden angestarrt haben, bis Gauguin, der dadurch erwacht sei, ihn gefragt habe, was er wolle. Daraufhin habe sich van Gogh jedes Mal wortlos zurückgezogen, so Gauguin.

Der Hauptgrund für van Goghs seelische Krise dürfte jedoch die Verlobung Theos mit Johanna »jo« Bonger gewesen sein, denn van Gogh war ja von den finanziellen Zuwendungen seines Bruders vollständig abhängig. (»Geld ist heutzutage das, was früher das Recht des Stärkeren war«, hatte Vincent ihm schon aus Den Haag geschrieben.)

Nach der Einlieferung in das Krankenhaus und der Internierung in einer Einzelzelle zu Weihnachten 1888 wurde van Gogh Anfang Jänner 1889 vorübergehend entlassen. Wegen einer weiteren Krise in den ersten Februartagen wurde er aber neuerlich in das Hospital gebracht, und nach der abermaligen Entlassung Ende Februar kam es schließlich zu einer für ihn demütigenden Zwangsinternierung im Krankenhaus: 30 Bewohner um das Gelbe Haus an der Place Lamartine, wo van Gogh noch immer wohnte, hatten beim Bürgermeister schriftlich deponiert, dass sie sich von ihrem Nachbarn bedroht fühlten. Erst am 23. März 1889 erwirkte van Goghs Malerfreund Paul Signac, der ihn im Hospital besuchte, seine endgültige Entlassung, doch van Gogh entschied sich freiwillig, in die Nervenheilanstalt Saint-Rémy zu gehen, nachdem sein Bruder am 18. April in Amsterdam geheiratet hatte – zweifellos ein Schock für den Rekonvaleszenten, drohte ihm jetzt doch wirklich ein Sturz ins Bodenlose. In Sain-Rémy blieb er ein Jahr, bevor er nach Auvers zog, um dort nur noch zwei weitere Monate bis zu seinem Selbstmord zu leben. Kurz zuvor hatte er noch Theo, dessen Frau und deren eben zur Welt gekommenes Kind in Paris aufgesucht, wobei es zwischen den Brüdern zu einem heftigen Streit kam. Es ist anzunehmen, dass Vincent für die weitere Zukunft nicht mehr an die wirtschaftliche Unterstützung durch seinen Bruder glaubte.

Den »Krankensaal des Hospitals von Arles« und sein Gegenstück, den »Innenhof des Hospitals von Arles«, habe ich in meiner zweibändigen, gelben Briefausgabe, in der sie, wie gesagt, nur in Schwarz-Weiß abgebildet waren, so oft betrachtet, dass ich sie in meiner Vorstellung auch heute noch in Schwarz-Weiß sehe. Sie sind mir daher als trist, als Bilder eines Hoffnungslosen, eines Eingeschlossenen in Erinnerung, der den Krankensaal und den Innenhof als Teil eines Gefängnisses sieht. Dieser Eindruck trifft bei den farbigen Reproduktionen der beiden Gemälde nur auf das erste, den »Krankensaal«, zu, das van Gogh übrigens erst zehn Monate später in der Anstalt Saint-Rémy vollendet hat. Dort fügte er dem Bild noch einige um einen Ofen sitzende Patienten hinzu.

Die im Katalog des Römerholz-Museums Winterthur abgedruckte Röntgenaufnahme des »Krankensaals« erinnert an einen Holzschnitt; sie verstärkt sogar noch den Schwarz-Weiß-Eindruck des Bildes, wie ich ihn im Kopf behalten habe. Die Darstellung lässt an Leere, Unheimlichkeit und Tod denken, aber auch an einen Schiffsbauch, der von Lichtstrahlen durchzogen ist und in dem blinde Passagiere nach nirgendwo befördert werden. Auch in Farbe vermittelt das Gemälde eher einen dumpfen und bedrückenden Eindruck. »Ich hatte einen Artikel über Dostojewskij gelesen, der ein Buch ›Erinnerungen aus einem Totenhause‹ geschrieben hat«, erklärte van Gogh dazu in einem Brief an seine Schwester Wilhelmine, genannt Wil, »das hat mich veranlasst, eine große Studie wieder vorzunehmen, die ich in Arles, im Saal der Fieberkranken, gemacht hatte.«

Vergleicht man das Gemälde mit dem »Nachtcafé«, so ergibt sich eine Parallele, die herumlungernden Gestalten betreffend. Überhaupt könnte das »Nachtcafé« – wie der »Innenhof« – ein Pendant zum »Krankensaal« sein. Aber an Stelle der Uhr im roten Raum befindet sich ein Kreuz an der Rückwand des »Krankensaals«. Die grellen Farben der Vorhölle sind jetzt der Monotonie von »Weiß, lila Weiß und grünem Weiß«, wie van Gogh festhält, gewichen. »Hie und da ein Fenster mit rosa oder hellgrünem Vorhang. Der Fußboden rote Ziegel. Es ist sehr einfach.«

»Der Innenhof des Hospitals von Arles« macht als farbige Reproduktion hingegen einen freundlichen, allerdings auch abgeschiedenen Eindruck. Etwas Friedliches, Schutzverheißendes geht von dem Bild aus. Es stellt, so erscheint es mir, eine verträumte Zeitinsel dar, einen spirituellen Ort mit einem Goldfischteich, Bäumen, Blumenbeeten und zwei Stockwerken mit Arkadenbögen eines ehemaligen Klosterkreuzganges. Zwischen den Arkadenbögen sind Menschen zu erkennen, als handelte es sich um eine fotografische Momentaufnahme.

Während ich den »Innenhof des Hospitals von Arles« und den »Krankensaal« betrachte, sehe ich mich als jungen Mann – nun wirklich krank geworden – mit der zweibändigen Ausgabe der Briefe Vincent van

Goghs im Bett liegen. Wie lange es gedauert hat, bis sich mein Wunsch erfüllt hat, weiß ich nicht mehr. Aber während ich noch darüber nachdenke, fallen mir die Krankenzimmer ein, in denen ich im Laufe meines Lebens gelegen bin, die Krankenhäuser, die mich als Patienten oder Besucher oft genug erschreckten, mir aber andererseits auch die Möglichkeit boten, zu mir selbst zu kommen. Sie waren naturgemäß Orte des Leidens, der Verzweiflung, der Schmerzen, des Abschieds und der Trauer – andererseits aber auch der Hoffnung, der Genesung und sogar der Freude.

Und ich denke an die sogenannten »Anstalten«, früher »Irrenhäuser« genannt, die ich, ich weiß nicht warum, wieder und wieder aufsuche, als ob ich einem inneren Zwang folgte. Den Feldhof in Graz, in dem mein Großonkel interniert war, der damals, wie alle übrigen Patienten, mit einem Steireranzug bekleidet war und meine Mutter anflehte, nach Hause kommen zu dürfen. Das »Haus der Künstler« in Gugging, in dem Ernst Herbeck, August Walla, Johann Hauser und Oswald Tschirtner untergebracht waren und das von den Künstlern Johann Fischer, Johann Korec, Johann Gaber und anderen heute noch bewohnt wird. Die Triester Anstalt des Psychiaters Basaglia besuchte ich nach dessen Tod für mein Buch »Der See«; in einem Madrider psychiatrischen Notfallzentrum recherchierte ich für meinen Roman »Das Labyrinth«; den Steinhof in Wien besichtigte ich für »Am Abgrund«; San Servolo, das wie Gugging heute eine Universität geworden ist – nach Jonathan Swift eine naheliegende Verwandlung –, suchte ich bei einem meiner Venedig-Aufenthalte auf, um eines Tages darüber zu schreiben;

und wiederum den Grazer Feldhof, inzwischen zur Sigmund-Freud-Klinik geworden, als meine Mutter nach einem Schlaganfall dort die letzten Tage ihres Lebens verbrachte. Ich hatte fast mein ganzes Leben lang und immer wieder mit Geistes- oder Nervenkranken zu tun. Meine Großmutter litt am Tourettesyndrom, und doch war sie der wunderbarste Mensch meiner Kindheit. Ich war zu dieser Zeit fest davon überzeugt, dass »Irre« ein außergewöhnliches Geheimnis mit sich herumtragen.

Allmählich verblassen meine Erinnerungen, und ich stelle fest, dass ich noch immer den »Innenhof des Hospitals von Arles« anstarre. Der scharfsinnige Van-Gogh-Spezialist Matthias Arnold schrieb über dieses Bild: »Durch starke Lebensfreude signalisierende Farbkontraste suggeriert van Gogh gleichsam das Gegenteil von dem Bedrückenden, das ihm real in diesem Gebäude widerfahren ist. Auf seinem Bild wirken Hof und Gebäude wie die dekorative Kulisse für ein fröhliches Theaterstück.«

Doch der »Selbstmörder durch die Gesellschaft«, wie Antonin Artaud, der selbst lange in einer Anstalt untergebracht war, sein Buch über van Gogh nannte, konnte sich nur mit der Arbeit an seinen Bildern und dem Schreiben der Briefe über seine wahre, vom Elend geprägte Existenz hinwegtäuschen. Mit durchdringender Klarheit – stellte ich bei der Lektüre meiner gelben, zweibändigen Ausgabe der Briefe fest – und doch wie in Trance erkannte er die Wunder der Welt und zugleich ihre Schrecknisse, an denen er schließlich zugrunde ging.

MAX FRISCH

Fuchsjagd an den Ufern des Zürichsees

BEVOR ICH MAX FRISCH in Zürich traf, stellte ich mir vor, ich müsste ihn als Chinesen mit schläfrigen Lidern und einem lebhaften Verstand beschreiben, und im Entfernten dachte ich an chinesische Bestatter in Wildwestfilmen. Ich traf ihn nicht zum ersten Mal, und doch war es auf eine bestimmte Weise neu, denn ich sollte über ihn schreiben, und meine Freude war deshalb verbunden mit der Last der Absichten. Auf dem Flug beschloss ich, alle Absichten zu vergessen und mich frei von Verpflichtungen zu fühlen. Und da ich mir ohnedies keine Fragen ausgedacht hatte, fiel es mir umso leichter, mir nichts vorzunehmen. Als wir uns dann in seiner Apartementwohnung begrüßten, stellte er mir eine rothaarige Frau Mitte dreißig vor; sie trug Brillen, ihr Haar war hochgesteckt, in einer Hand hielt sie ein beschriebenes Papier. Offenbar war sie sehr beschäftigt. Frisch hatte sie mir als »Alice« vorgestellt und plötzlich Englisch gesprochen, und ich hatte kurz an »Lynn« gedacht, die in der Erzählung »Montauk« als amerikanische Freundin beschrieben wird.

Frisch war enttäuscht. Am Vortag hatte er Proben zu seinem Stück »Triptychon« im Zürcher Schauspielhaus gesehen und beschlossen, »nicht mehr hinzugehen«. Der Regisseur, sagte er, sei nervös, man fasse ihn als Belästigung auf, da fahre er lieber. (Da Max Frisch ohnedies die Absicht hatte, nach New York zu fliegen, wie ich wusste, würde er die Abreise eben vorverlegen.) Das Telefon läutete, er meldete sich und führte ein Gespräch auf Schwyzerdütsch, in dem er sich über das Theater beklagte (er könne nicht in seiner Wohnung arbeiten, wenn »die da oben« probten), und ich sah mich ein wenig um. Die Wände waren weiß, einige Graphiken, Parkettböden. Das Zimmer war geräumig, dezent möbliert, aber nüchtern. Ein Bücherregal mit einer kleinen, alten Fotografie einer Frau (seiner Mutter), ein Kamin mit einem Abzug, Ledercouch und Lederfauteuils, ein Speisetisch mit Stühlen unter einem runden Metalllampenschirm, ein Fernsehapparat, eine Stereoanlage und ein hölzerner Lehnstuhl, in dem er gerade mit dem Gesicht zum Fenster saß und telefonierte. Eine Stützmauer trennte das Wohnzimmer vom Vorraum. Dort bemerkte ich einen kleinen Saurier auf Rädern, der wie Kinderspielzeug vor der Wand stand – offenbar bestand ein Zusammenhang zwischen ihm und dem Roman »Der Mensch erscheint im Holozän«.

Inzwischen hatte Frisch, an der Pfeife saugend, die er von Anfang an geraucht hatte, das Gespräch beendet und sich mir gegenüber hingesetzt. Sein Gesicht wirkte auf eine überraschende Weise schülerhaft, die dicke Hornbrille ließ seine Nase kleiner erscheinen. Etwas in seinem Gesicht war nicht gealtert, ich dachte zunächst, es hänge mit seinen vollen Wangen zusammen, dann aber bemerkte ich, dass es die Nase war. Er schaute mich an und wartete offenbar darauf, dass ich damit begänne, ihm eine Frage zu stellen, und so fing ich an, darüber zu reden, woran ich beim Lesen seiner Bücher gedacht hatte. Er meinte, was Geiser, der in »Der Mensch erscheint im Holozän« ohne besondere Kontakte zu seiner Tessiner Umwelt auf einem Berg lebt, betreffe, dass auch er keine Beziehung zur Landbevölkerung habe. Sie sei nur an »Affari« (Geschäften) interessiert, sagte er und macht mit den Fingern die Bewegung des Geldzählens. Nur »Affari«, alles nur »Affari«. »Wenn sie von mir etwas im Radio oder aus der Zeitung hörten, sprachen sie mich nur darauf an, dass es gute ›Affari‹ sein müssten. Ich habe dort kaum Umgang mit den Menschen gehabt« (das Haus im Tessin habe er sich – als er gerade Geld gehabt hätte – wegen Alfred Andersch gekauft, der dort sein Nachbar gewesen sei) … Er geht hinaus, Wasser fließt, und er kommt mit einem Glas Whisky zurück. Außerdem, fährt er fort, sei die Popularität für ihn ein gewisses Hindernis, Umgang mit Menschen zu haben. Erst seit er Alice kenne, treffe er in New York jetzt auch »andere« Menschen. Aber in Zürich sei das schwierig. »Neulich hat mich beim Fleischhauer die Verkäuferin angesprochen«, sagt er, »und gefragt, ob ich Schauspieler sei. Als ich verneint habe, hat sie mir mit Bestimmtheit erklärt, dass sie mich vom Fernsehen kenne. – ›Sie sind Schriftsteller!‹ – Dann hat sie mich natürlich mit dem Dürrenmatt verwechselt.«

Er trägt einen blauen Pullover und graue Cordhosen, von der Straße dringt gedämpfter Lärm herauf. Manchmal verharrt er beim Sprechen auf einem Buchstaben, überwindet das Hindernis und spricht weiter.

Alles um mich hat das Fluidum des Geradlinigen, Sauberen, Abgezirkelten, Rationalen und erinnert an seine Bücher. Aus den wenigen Unterrichtsstunden »Darstellende Geometrie«, die ich in der Schule noch verstehen konnte, glaube ich mich an ein Verfahren erinnern zu können, bei dem die Punkte eines Körpers oder einer Figur auf ein Koordinatensystem aufgetragen und sodann auf eine Gerade, die die »Wahre Größe« heißt, übertragen werden. Erst dann ist es möglich, die dreidimensionalen Körper in die eine Dimension des Blattes Papier oder der Schultafel zu bringen (ich bezweifle, dass ich den Vorgang richtig geschildert habe). Wenn ich an die Erzählung »Montauk« denke, in der Max Frisch, wie er sagt, bis an seine »Schamgrenze« gegangen ist, sehe ich vor meinem inneren Auge eine geometrische Figur auf weißem Papier, die Brösel eines Radiergummis und einen gespitzten Bleistift. Er habe lange gezögert mit einer Veröffentlichung, betont er.

Ich antworte, dass gerade »Montauk« ein Buch gegen die herrschende Normalität sei, gegen das Versteckenspiel mit den eigenen Wünschen, Gedanken und Erfahrungen vor den anderen. Dieses Buch, in dem er als verheirateter Mann ein Wochenende mit einer Geliebten beschreibt, sei deshalb wichtig, weil ein als »seriös« geltender Schriftsteller bei der Wahrheit bleibe und sich zu ihr bekenne. »Mein französischer Übersetzer«, antwortet er darauf, »ein Kommunist, hat auf meine Frage, ob er Bedenken habe, das Buch zu übersetzen, entgegnet, nein, dieses Buch sei ein politisches Buch.« Vor der Zeit der »Sexualbefreiung« hätten Sympathie und Sexualität nicht genügt, um mit einem

Partner zu schlafen – »es musste immer die große Liebe sein. Das habe ich mir auch lange selbst eingeredet, wenn ich mit einer Frau zusammen war: dass es die große Liebe ist. Die Sexualbefreiung ist dann aber plötzlich eine Verpflichtung geworden. Man ist dumm dagestanden, wenn man nicht jede sich bietende Gelegenheit wahrgenommen hat, das war auch schon wie ein Zwang.« Wir schwiegen kurz. Da mich seine Ansichten über Tod, Gewalt und Selbstmord (»Vereinigung Freitod«, Tagebuch II) interessierten (und von jeher ist der Selbstmord ein Problem, das mich beschäftigt, und von jeher gibt es kaum eine längere Periode, in der ich nicht daran denke, wenngleich die Ursachen wechseln), und da mir, als wir einander gegenüber Platz nahmen, ohne einen besonderen Grund ein Satz aus »Stiller« eingefallen war, der mir jetzt nicht mehr aus dem Kopf ging, sprach ich ihn aus und fragte ihn, welche Bewandtnis es damit habe. Ich hatte übrigens nur ein Fragment des Satzes in Erinnerung, das ungefähr so lautete: Er (Stiller) wüsste seinem Anwalt zu erzählen, was geschieht, wenn man sich eine Kugel in die Schläfe schießt ... Zu meiner Überraschung konnte sich Frisch an den Satz nicht mehr erinnern. Ich wiederholte ihn, erklärte mein Interesse, daraufhin erhob er sich und begann, die Pfeife im Mundwinkel, das Glas in der Hand, im Zimmer herumzugehen. »Ich habe nie einen Versuch unternommen, aber die Einladung zum Selbstmord ist immer wieder da. In der Jugend war das stärker, aber mit dem Älterwerden ist es seltener geworden ... Im Vordergrund ist immer der Gedanke gestanden: Wann ergibt sich der Augenblick, in dem ich den anderen meinen Tod zumuten kann. Diese Überlegung ist mit der Zeit immer wichtiger geworden. Und eines Tages kommt der Punkt, an dem man nicht mehr die Vitalität hat, sich umzubringen. Man nimmt sich zwar vor, es zu tun, wenn man beispielsweise unheilbar krank würde, aber man macht es dann doch nicht ... Warum haben die Menschen in den KZs nicht Selbstmord begangen, obwohl sie wussten, was auf sie zukam?« Er rätselt darüber nach, pafft die Pfeife, schweigt und sagt plötzlich: »Mit zunehmendem Alter verliert man die Vitalität, es zu tun.«

»Ich erinnere mich«, falle ich ein, »dass ich in Glücksmomenten an Selbstmord gedacht habe.«

Max Frisch: »Ja, aus Überschwang ... In der Jugend war das manchmal da.«

Ich: »Und ich frage mich, ob Sie wissen, weshalb Sie es nicht getan haben.«

Max Frisch: »Die Angst vor dem Schmerz, vor dem technischen Versagen könnten Hindernisse sein.«

Ich: »Wenn die Möglichkeit bestünde, auf einen Knopf zu drücken und man wäre tot, hätten Sie es getan?«

Max Frisch: »Sicher ... Ich denke, die Grundstimmung, sich zu töten, wäre eine Leichtigkeit, eher etwas sehr Schwebendes.« Dabei macht er eine Figur wie ein Balletttänzer, stellt einen Fuß auf die Spitze, die Pfeife im Mund und führt mit den Händen Flatterbewegungen aus.

Aber sofort schränkt er auf eine Frage ein, dass eine starke Ablehnung seiner Arbeit für ihn nie ein Grund zum Selbstmord gewesen wäre. Das hätte nur seinen Trotz erweckt, »es denen doch zu zeigen«. Zurückgehalten hätte ihn übrigens auch, dass man Menschen kenne, die Mitleid mit einem hätten, denen man das Mitleid aber nicht gönne. Oder die Sorge, dass einem »der Akt« womöglich aus der Hand genommen würde. Die Gefahr von Störung oder gar eine Störung selber »versauten« einem den Akt.

Da der Selbstmord häufig ein umgepolter Mord ist, sich also der Hass auf einen anderen Menschen gegen den Betreffenden selbst gerichtet hat, und da mir die Möglichkeit, in ein kriminelles Geschehen verstrickt zu werden, nicht unmöglich erscheint, kommen wir auf Verbrechen zu sprechen. Max Frisch, noch immer auf und ab gehend, gibt zur Antwort, er verspüre »keine Affinität« zu Verbrechen. Nicht die Angst vor Strafe sei es, die ihn davor zurückgehalten habe ... wenngleich ihm die Frage, wie komme man sechzig, siebzig Jahre durchs Leben, ohne jemanden ermordet zu haben, berechtigt erscheine ... Es hätte manchmal so wenig gefehlt ... »Ich habe die Vorstellung«, sagt er auf einmal ruhig und sich wieder setzend, wobei er eine Schachtel Zündhölzer in der geschlossenen Hand hält, »dass ein Verbrechen wie ein Traumereignis passieren könnte: Dass man vor jemandem steht, und dieser ist tot, ich habe den Revolver in der Hand, und der Tote hat die Munition aus der Waffe im Leib. Man kann eindeutig nachweisen, dass ich es gewesen bin, aber ich bin es trotzdem nicht gewesen. Und in einer Gerichtsverhandlung, bei der ich als Täter überführt werde, würde ich zum Schluss nur sagen können: Ich bin es nicht gewesen ... ich bin es nicht gewesen ... Vor einem Jahr habe ich zum ersten Mal einem Mordprozess beigewohnt, es handelte sich um einen Transvestiten, der seine Frau ermordet hatte. Ich bin froh, dass ich kein Geschworener gewesen bin, denn ich glaubte ihm sein (nicht gespieltes) Gefühl, unschuldig zu sein, und dass er sich nicht erinnern konnte. Ich glaube auch, dass es so etwas gibt wie ein Hereinbrechen von außerhalb der Persönlichkeit liegenden Motivationen: Ich habe zum Beispiel nie den Trieb verspürt, jemanden vor die U-Bahn zu stoßen, und trotzdem könnte ich es gemacht haben.«

»Kennen Sie nicht den Drang zur Gewalttätigkeit?«, falle ich ein.

»Nein. Ich kenne ihn nicht.« Er steht auf, stellt das Glas auf den Tisch und beginnt, wieder im Zimmer herumzuwandern. »Die Wut des Vernachlässigten könnte ein Grund sein, gewalttätig zu werden. In einem ekstatischen Zorneszustand wäre es vielleicht möglich. Kennen Sie die Szene im Tagebuch II, wo sich ein Mann und eine Frau in einer Skihütte aufhalten und der Mann bemerkt, wie sich die Frau anderen Burschen zuneigt, und der Mann geht Holz hacken? … Ich habe gerade einen Stamm vor mir liegen, auf den ich mit der Axt einschlage, da kommt die Frau zu mir heraus und will mit mir reden. Ich sage ihr, sie solle weggehen, sie will aber nicht, ich wiederhole es und hebe die Axt, und sie geht weg … ich weiß auch nicht, was daraus geworden wäre, wenn sie geblieben wäre … Jähzornig bin ich schon … Liebhaber erschlägt Freundin mit der Axt …« Nach einer Pause fügt er hinzu: »Das sind Fragen, die permanent offen sind, bevor es getan ist. Dass es nicht geschehen ist, ist keine Antwort auf die Frage.«

»Könnten Sie ein Tier töten?«

Er denkt angestrengt nach. Wenn er überlegt, spricht er leiser, und seine Aussprache hat etwas Nasales, es klingt, als seien seine Nasengänge verstopft. Geräuschvoll saugt er die Luft durch die Nasenlöcher, bevor er antwortet: »Ich muss immer vorsichtig sein«, spricht er langsam, »sehr vorsichtig … wenn man so ein Computergedächtnis hätte, würde man erstaunt sein, was da hervorkäme … Nein, nie gemacht … was natürlich überhaupt nichts heißt –«

(Ich habe an eine Geschichte »Nochmals Eifersucht« im »Tagebuch I« gedacht, in der er beschreibt, wie er eine Krähe erschießt, und an einen Absatz im Buch »Stiller«, in dem geschildert wird, wie »White« eine Katze zu vertreiben versucht, wie er sie vom Haus wegjagt, ihr das Büchsenfutter verweigert, vor dessen Gestank er sich ekelt, und sie schließlich in den Eisschrank steckt, in der Absicht, sie zu töten, und erst nach einiger Zeit wieder herauslässt.)

»Um auf den Mordprozess gegen den Transvestiten zurückzukommen«, ist Max Frisch fortgefahren, »fällt mir ein, dass der Anwalt – er war ein Schafskopf – den Mörder als jemanden bezeichnete, der keiner Fliege ein Bein krümmen könnte, was natürlich nicht heißt, dass er nicht eine Frau erdrosseln könnte …«

Nachdenkend geht er immer dieselbe kurze Strecke im Zimmer auf und ab, leert das Glas, geht wieder in die Küche und bereitet sich abermals einen Drink.

»Ich habe nie von meinem Vorteil an körperlicher Kraft Gebrauch gemacht … da ist die Gefahr viel größer, dass ich selber aus dem Fenster springe«, setzt er fort, »oder dass der Zorn so groß wird, dass ich Lust habe, etwas mir Liebes, was mir selbst gehört, zu zerstören, zum Beispiel, dass ich eine meiner Dunhills auf dem Boden zerschmettere …«

»Wen?«

»Dunhills, das sind ganz teure Pfeifen.«

»Das haben Sie gemacht?«

»Ja, das ist zwei-, dreimal vorgekommen … so was kann passieren, dass sich die Pfeilrichtung des Zorns umkehrt, … aber der Partner ist ungeheuer sicher …«

Schauplätze der Gewalt jedoch stoßen ihn ab, antwortet er auf meine weiteren Fragen. Boxen sei für ihn grauenhaft … »Ich war einmal in Theresienstadt«, wirft er ein, »… die Folterinstrumente … das Lager … das anzusehen hatte bei mir nur moralische Gedanken zur Folge … Von einem Schauplatz der Gewalt würde ich weggehen …«

»Wenn in Ihrem Haus ein Gewaltverbrechen geschehen würde, würden Sie sich nicht zum Schauplatz begeben?«

»Nein, das würde ich nicht machen … das könnte ich nicht machen, was natürlich Ausdruck einer ambivalenten Angst ist, man könnte so etwas selber tun …«

An dieser Stelle fiel mir auf, dass er häufig von »man« sprach, wenn er sich selbst meinte (und nachprüfend beim Schreiben stelle ich fest, dass ich einige Male das »man« in »ich« verwandelt hatte). Ich glaube, er entzog sich mir auf diese Weise wie ein schlauer Fuchs. Im Grunde genommen war unser Gespräch ein Schachspiel. Ich hatte begonnen, offen Notizen zu machen, aber ich empfand kein anderes Bedürfnis, als seine Ansichten kennenzulernen, während er, der auf meine Fragen gewartet hatte, nur das preisgeben wollte, was er auch nicht gedruckt zu sehen ablehnte.

Ich fragte ihn, welche Vorstellungen er mit dem Tod verbinde, nachdem er sich in seinem letzten Stück »Triptychon« damit auseinandergesetzt hatte, und wie sehr er den Tod fürchte.

»Vor meinem Tod habe ich keine Angst«, antwortete er, ohne nachzudenken. »Vor dem Sterben schon; vor dem Schmerz.« Er stelle sich den Tod als Nichtexistenz vor, »als völlige Nichtexistenz«. »Ich glaube nicht«, ergänzte er, »an eine der Persönlichkeit verhaftete Wiedergeburt. Das ist in der letzten Zeit das Entscheidende geworden. Früher war diese Vorstellung eher vage ... ich hatte nie Erlösungshoffnungen, ich hatte auch nie die Erwartung eines Gerichtes, eher, dass das Nichtsein eine Erlösung ist, aber auch damit ist es jetzt vorbei. In meinen Träumen ist die zentrale Empörung nicht, dass ich sterben muss, sondern die Frage: Warum jetzt?«

»Haben Sie häufig Todesträume?«

»Ja, das kommt öfters vor. In den letzten Jahren häufen sich solche Träume.«

»Welcher Art?«

»Dass man vor einem Sarg steht und hineinsteigen soll ... Ich frage dann: Wer bestimmt das? Und wieso jetzt? Haben Sie sich nicht in der Person geirrt? Und dann – das ist ja bekannt, dass man sich an den Gedanken klammern kann: Es ist nur ein Traum, jetzt ist es Zeit, aufzuwachen – wache ich auf.«

»Ist es jemand Bestimmter, der Sie auffordert?«

»Das sind einfach die anderen. Sie wirken nicht als Feinde, sondern es ist so.«

»Meine Großmutter träumte, der verstorbene Großvater hielte in einem Zug am Grazer Bahnhof und forderte sie auf, einzusteigen. Sie träumte das mehrmals und war sicher, dass sie – wenn sie einsteigen würde – auch sterben würde.«

»Ja, die Einwilligung würde genügen, und ich bin überzeugt, ich würde sterben … ich weiß nicht, warum diese Träume kommen, durch welchen Tagesablauf sie bedingt sein könnten. Die kommen von irgendwoher, und unmittelbar vor dem Aufwachen erkenne ich sie und denke: Scheiße, schon wieder! Die Forderung hat immer etwas Bürokratisches …«

»Wie bei einer Kafkageschichte.«

»Ja, es sind Leute, die ich kenne, die keinen Anteil nehmen, weder positiv noch negativ – Beamte … Ich träume schubweise sehr viel.«

»Manchmal verlängert sich ein Traum in den Tag, und das ist ein Zustand, als sei man nicht recht bei Verstand. Ich denke, wenn ich in einer Diktatur in eine Anstalt gesperrt würde, so würde ich bald zu zweifeln beginnen, ob es nicht doch zu Recht geschehen ist.«

Er überlegt länger. »Ansätze, dass man verrückt ist, sind, glaube ich, bei uns allen vorhanden. Dass sich plötzlich im Wachzustand alles ›reimt‹, dass man ›weiß‹, wie alles ist, so etwas wie Paranoia – und erst am nächsten Tag sieht, es war eine gewaltsame Deutung. Wenn man schreibt, hat man eine hohe Verfügungsmacht über Personen, über den Ablauf von Dialogen. Ab und zu gelingt einem dabei eine Stimmigkeit. Jetzt aber sind Sie in der Wirklichkeit und es kommt zu keiner Stimmigkeit. Die Situationen sind vage und offen und man hält sie nicht aus. Das ist der Punkt, an dem der Wahn mit der kreativen Phantasie in Beziehung tritt … Allgemein ist es so, dass die Eifersuchtssituation am meisten mit solchen Zuständen zu tun hat, zum Beispiel, wenn man sich mit einer Frau in einem Landhaus aufhält und man hat einen Verdacht und es läutet das Telefon, der Anrufer aber meldet sich nicht, sondern legt auf ... In Eifersuchtssituationen ist es mit einem Schlag ganz klar, *warum* der andere aufgelegt hat ... das ist der leichteste Einstieg in den Wahnsinn.«

»Aber ich bin davon überzeugt, dass der Wahnsinn auch Schutz sein kann.«

»Das ist wahr. Robert Walser zum Beispiel war nicht verrückt, er hat nur eine Rolle angenommen, die ihn abschirmte. Er ist nicht mehr zuständig, er hat sich von der Zuständigkeit freigesprochen – dadurch befindet er sich nicht mehr in der Hölle der Unsicherheit ... Wenn einem ein Arzt sagen würde: ›Sie sind manisch-depressiv‹ – so wäre das auch eine Befreiung; da hätte man sich sein kleines Irrenheim aufgebaut, in das man sich bei Bedarf zurückziehen kann ... Ich habe einen Panzer von Rationalität, was mir das Aussehen von Bravheit gibt. Ohne die schriftlichen Spuren würde ich mir den Vorwurf machen, dass ich so furchtbar brav bin. Wenn einem aber die Biographie vorgelegt würde, sieht das wieder anders aus. Wir haben dadurch, dass wir schreiben, eine Spurensicherung. Und auch die Möglichkeit, uns latenter Gefahren spielerisch zu entledigen ... Aber«, sagt er wieder aufstehend, denn wir haben verabredet, dass ich mir einen Film über ihn, der gerade in einem Zürcher Kino läuft, ansehe, »ich rede 17-mal rationaler, als ich handle. Das ödet mich an.«

Im Vorraum bücken wir uns zum Holzsaurier hinunter, ein Geschenk von Peter Bichsel, und Max Frisch zeigt – ihn kurz über den Parkettboden schiebend –, dass er beweglich ist. Auch er kleidet sich an (eine abgetragene, dunkle Glanzlederjacke und eine Schildkappe). Die große Brille im Gesicht gibt ihm etwas von einem Staunenden. Es ist ein heller Frühlingstag, wir nehmen eine der blauen Straßenbahnen, und die übrigen Fahrgäste drängen uns aneinander, dass sein Gesicht ganz nahe vor mir ist und ich eine Falte, die von den Mundwinkeln abwärts läuft, bemerke. Inzwischen hat er begonnen, mir seinen Tagesablauf zu erklären: Am Morgen stehe er regelmäßig auf, um Zeitungen zu kaufen, »damit ich mich anziehe«. Jeden Tag arbeite er drei bis vier Stunden, die Arbeit gebe ihm Halt, er wüsste nicht, was er sonst tun sollte. Nur nach der Trennung von seiner Frau Marianne habe er ein Jahr nicht gearbeitet.

Am Ufer des Zürcher Sees treiben Scharen von Tauchern und Schwäne dahin, Möwen fliegen über die sonnenglitzernde Oberfläche, und in der Ferne vereint sich das Wasser in einem dünnen Strich mit der dunstigen Luft. Wir steigen an der nächsten Haltestelle um und laufen auf die wartende Straßenbahn zu, Frisch mit flinken Füßen und erhobenem Kopf. Wir erreichen die Straßenbahn jedoch nicht und gehen zu Fuß weiter. Offensichtlich begleitet Frisch mich zum Kino. Er ist nicht außer Atem, zwischendurch lässt er die Bemerkung fallen, dass er in die Sauna ginge. Als wir auf einem Platz angelangt warten, bis wir die Fahrbahn überqueren können, frage ich ihn, ob ihm das Abschiednehmen schwerer falle oder das Verlassenwerden, und ohne nachzudenken antwortet er: Das Verlassenwerden. »In einer Beziehung ist es wie bei einer Schaukel«, fährt er fort, »einmal ist der eine oben, dann der andere, einmal fällt es dem einen leicht, den anderen zu verlassen, dann ist es wieder umgekehrt. Das geht oft über Jahre. Und natürlich ist es nach einer längeren Zeit bitter, wenn man mit dem Verlassenwerden konfrontiert wird und gerade unten ist.«

In den Schaufenstern des Piccadilly-Kinos sind einige Bilder ausgestellt, Frisch, mir vorauseilend, hält vor einem Farbbild, auf dem eine Frau in einem Liegestuhl am Meer zu sehen ist, und sagt: »Das ist Lynn.« Er löst eine Karte, streckt sie mir hin und verschwindet. Und ohne zu wissen, warum, denke ich, nun beginne ein Identitätsspiel, ich weiß nur noch nicht, welches. Der Film ist merkwürdig und verstärkt mein Gefühl: Max Frisch ist ausschließlich in Dokumentaraufnahmen zu sehen und zu hören, während die Personen seines Lebens darin mitwirken und über ihn sprechen. Auch die amerikanische Freundin »Lynn« ist nur schattenhaft in grobkörnigen Amateuraufnahmen, die von Max Frisch stammen, zu sehen. Zum Teil geht es um Lynn, zum Teil um Frisch. Mehrmals wird die Einstellung einer langen Stiege, die zu einem Strand in Montauk führt, gezeigt, an der ein Warnschild mit der Aufschrift WATCH YOUR STEP befestigt ist, und ich fasse es wie einen Hinweis auf, meine Aufmerksamkeit zu steigern. Und während ich langsam den Eindruck gewinne, Lynn und Alice seien ein und dieselbe Person, verspricht sich die Schauspiellehrerin Lynns, die gerade Auskunft gibt, und sagt tatsächlich Alice statt Lynn. Und sogleich fällt mir die Fotografie im Schaufenster des Kinos ein und wie mir Frisch die

Eintrittskarte hinstreckte. Und durch die Art, in der der Film gedreht ist, ist längst der Eindruck entstanden, Max Frisch lebe nicht mehr. Es ist, als sei er tot, und doch weiß ich, dass er im Augenblick irgendwo in Zürich in der Sauna sitzt und bei dem Gedanken, wie ich mir den Film anschaue, stumm in sich hineinkichert. (Ich bin nicht Stiller. Mein Name ist White.)

Gegen fünf Uhr gehe ich an der Uferpromenade des Zürcher Sees entlang zurück zum Hotel, das übrigens gerade renoviert wird. Auf die Böden der Gänge sind Plastikmatten gelegt, dumpfes Hämmern, die Möbel sind mit weißen Tüchern zugedeckt, in einem Stockwerk türmt sich ein Wäschehaufen, und ein Hausbursch reinigt die Stiegen. Als ich ihm ausweiche, entdecke ich an der Wand eine Serie von Bildern einer englischen Fuchsjagd. Hunde, Pferde, rotbefrackte Jäger, nirgends ein Fuchs, erst auf dem letzten, das mit »The Kill« betitelt ist, ist das Ende der Jagd dargestellt; auf einem Acker, ganz in der Ferne, ein Rudel Hunde, einer der Jäger, inmitten von ihnen, hebt einen roten Fleck in die Höhe: den Fuchs. Ich denke an den Film, an Lynn-Alice, an Max Frisch und mich und suche in meinem Zimmer den Satz aus dem Buch »Stiller« heraus, an den Max Frisch sich nicht mehr erinnern konnte, und schreibe ihn auf einen Notizzettel: »Sowie ich zur wahren Geschichte komme, sowie ich mitzuteilen versuche, was nicht mehr mit Fotos zu belegen ist, beispielsweise, was geschieht, nachdem man sich eine Kugel in die Schläfe geschossen hat, putzt mein Verteidiger sich die Fingernägel, wartet nur darauf, mich zu unterbrechen mit irgendeiner Lappalie.« Auch die Sätze, in denen beschrieben wird, wie White eine lästige Katze loszuwerden versucht und sie schließlich in den Kühlschrank steckt, finde ich, und ich beschließe, sollte sich die Gelegenheit dazu ergeben, danach zu fragen.

Es war schon dunkel geworden, als ich das Haus betrat. Alice saß mit geöffneten, langen Haaren, die ihr bis zur Hüfte fielen, da, und als auch ich mich setzte, fragte mich Max Frisch als Erstes, wie mir der Film »gefallen habe«. Ich antwortete, er hätte den Eindruck erweckt, als ob er, Max Frisch, schon gestorben sei.

»Und ich habe Ihnen die Karte gegeben, wie der Fährmann über den Styx«, erwidert er. (Er freut sich über die gelungene Inszenierung, nachdem ich ihm aber vom Versprecher der Schauspiellehrerin erzählte, der ihm, wie er sogleich feststellte, entgangen war, wurde er nachdenklich und besprach sich auf Englisch mit Alice.) Wir unterhielten uns eine Weile über den Film, abwechselnd auf Englisch und Deutsch. »Alice hat die Berlitz-Schule besucht«, erklärt Frisch, er sei erstaunt gewesen, mit welchen Sätzen dort Sprachen gelehrt würden: »Haben Sie den Geburtstag Ihres Chefs nicht vergessen?« – »Nein, ich habe den Geburtstag meines Chefs nicht vergessen.« So radebrechten wir eine Weile herum, dabei kam heraus, dass Frisch Alice sechs Jahre nach »Montauk« in New York wiedergetroffen hatte. Er war nicht mit der Absicht nach Amerika geflogen, sie wiederzusehen. »Wir haben uns ab und zu einen Brief geschrieben … es bestand eher ein loser Kontakt. Vor einem Jahr habe ich ihr geschrieben, dass ich komme, und dann haben wir uns eben getroffen, seither sind wir zusammen.« Später las ich ihm den Satz mit der Kugel in der Schläfe vor. Er nahm das Blatt Papier in die Hand und trug stockend, denn meine Schrift ist klein und schwer zu entziffern, Wort für Wort Alice vor. »Ich habe ganz vergessen, dass ich das geschrieben habe. Ich weiß auch nicht mehr, wie ich darauf gekommen bin«, sagte er dann.

Wir machten uns mit der Straßenbahn zu einem italienischen Lokal auf, wo wir aßen und Rotwein tranken, und im Laufe des Abends fragte ich ihn nach der Katze im Eisschrank, und er bestätigte mir, dass sich die Geschichte tatsächlich zugetragen hatte. Natürlich habe er die Katze wieder herausgelassen; sein Freund Honegger habe übrigens, als er das Buch gelesen hatte, tadelnd den Kopf über den Vorfall geschüttelt. Und plötzlich gibt er dem Gespräch eine Wendung, indem er in Kürze alles wiederholt, worüber wir am Vormittag gesprochen haben, und abschließend feststellt: »Eigentlich haben wir über Ihre Probleme gesprochen« (was natürlich stimmt). Und für einen Augenblick ist es wie im Film, in dem er nicht als Person vorkam, sondern nur als literarische Figur, es ist, als sei er entwischt, wie er auch dem Film entwischt war. Aber gleich darauf zündete er eine dicke Zigarre an, suchte, während er vergeblich an der Zigarre saugte, mit der Flamme des Streichholzes (ein beiläufiges Gesicht machend) unsicher nach dem Anfang (denn er hatte die Brille für Weitsichtigkeit nicht bei sich oder wollte sie nicht wechseln) und saß im selben Augenblick wieder am Wandtisch des italienischen Restaurants und gab sich der Arglosigkeit hin. Und als wir dann mit Alice alberten, ob sie mehr Irisches oder Englisches an sich habe, und als er stolz seine schmutzigen Fingernägel über den Tisch hielt, war gleich wieder seine Nähe zu verspüren, wie am Vormittag, als wir unser langes Gespräch gehabt hatten.

Am nächsten Tag bat er mich um Verschiebung unserer Verabredung auf 12 Uhr. Als er die Tür öffnete, hielt er ein Glas Bier in der Hand: »Wie geht es Ihnen?«, fragte er. Ich antwortete, ich hätte Kopfschmerzen, worauf er lachte und erwiderte: »Das war die letzte Flasche Wein, ich habe Sie gewarnt ...« Wir stiegen in seinen silbergrauen Jaguar. In der Tasche meines Mantels hatte ich eine Ausgabe des »Triptychons«, die er mir, bevor er weggegangen war, gewidmet hatte. Zuvor hatte er einen Druckfehler ausgebessert. (»Es sollte ›Du hast einen schönen Tod gehabt, Martin‹ heißen, statt ›Du hast einen schönen Tag gehabt‹.«) Wir hielten kurz an einer Tankstelle, dann ging die Fahrt am Zürcher See entlang zum Pfannenstiel, einem Ausflugsberg in der Nähe der Stadt. »Ich habe mir den Wagen 1967 gekauft, weil ich die Absicht hatte, große Reisen damit zu machen – daraus ist aber nichts geworden«, sagt er, wieder auf das Auto zurückkommend.

»Bilder, die ich beim Reisen sehe, regen mich zum Schreiben an. (»Der Dürrenmatt dagegen«, bemerkt er, »ist ein philosophischer Schreiber, der braucht nicht zu reisen, sondern kann zu Hause an seinem Schreibtisch sitzen bleiben.«) Ich fahre aber auch weg, um nicht immer diese Dorfperspektive zu haben. Mich langweilen meine eigenen Reaktionen auf den Mief hier. Da bin ich so mittendrin. Und dazu kommt noch eine Angst vor dem Sichfixieren oder dem Fixiertwerden. Wenn man verreist, hat man die Chance, neu anzufangen. Die Möglichkeiten, die man in seiner Anlage hat, sind ohnedies beschränkt genug – und das wenige sollte zum Zug kommen ... Eigentlich ist es nicht so sehr das Reisen, sondern die Ortsveränderung. Der Identitätswechsel ist viel wichtiger. Es ist die Ungewohntheit der Situation, die mich mobilisiert und andere Reaktionen erzeugt.«

Wir haben die Autobahn erreicht, und ich erzähle ihm, wie sehr mich der Roman »Stiller« beeindruckte, als ich ihn zum ersten Mal vor mehr als zehn Jahren las. »Wir können kein Lob empfangen, hier«, antwortete er darauf. »Das ist das Protestantische in mir – wenn zu mir jemand sagt, mir gefällt Ihr Buch, muss ich gleich entgegnen: Ja, aber ... und einen Einwand vorbringen. Ein Amerikaner würde sagen: Ja, danke. Thank you. Die Norddeutschen können ihre Gefühle noch weniger zeigen (Berlin ist etwas anderes). Und wenn sie es versuchen, ist es peinlich. Übrigens, beim ›Stiller‹ war das merkwürdig. Die erste Auflage betrug dreitausend Stück. Neulich hat man mir im Verlag meine Korrespondenz gezeigt. Ich habe damals, 1954, geschrieben, dass, sollte es zu einer zweiten Auflage kommen (das ist keine Koketterie), ich einiges ausbessern möchte. Der ›Stiller‹ war anfangs mein am trägsten verkauftes Buch.«

»Und die Kritik?«

»Ich habe mehr Glück gehabt als andere Schriftsteller.«

»Kennen Sie das Nachwort von Turgenjew zu ›Väter und Söhne‹?«

Nein, antwortet er, er sei ein langsamer Leser und lese darum nicht viel.

Das Nachwort, sage ich, richte sich an die jungen Schriftsteller, und Turgenjew bezeichnete es als Rat und Bitte: Man möge sich niemals erklären und rechtfertigen, gleichgültig wessen man beschuldigt würde, und sich nie die Mühe geben, Missverständnisse aufzuklären.

Max Frisch: »Ja, das hat der Beckett konsequent gemacht. Wir haben den Fehler gemacht, dass wir alles interpretiert haben. Wir waren so bestrebt, aus Gutwilligkeit zu zeigen, was wir uns für Gedanken gemacht haben. Das war ein Fehler.«

Ich habe das Notizbuch auf den Knien liegen und stelle ihm Fragen, die mir am Vormittag eingefallen sind. Das Gespräch kommt auf Alice und Frisch, und er bezeichnet die Beziehung zu ihr als sehr anstrengend, da er nicht begabt sei für Fremdsprachen. Wenn er müde sei, spreche er ein schauerliches Englisch. Aber das sei ihm, wenn er sich in New York befinde, egal. »Ich bin gerne in New York.«

»Und in Zürich?«

In Zürich könne er sich nicht allzu lange aufhalten. Neulich habe er in einem Gasthaus einer Gruppe von Männern beim Kartenspielen zugehört, ihnen zuhören müssen, denn sie seien am Tisch hinter seinem Rücken gesessen. Die Unterhaltung sei trostlos gewesen. »Und weil ich den Dialekt hier gut verstehe, krieg ich genau mit, wie mies das ist. Alles war Fremdtext, was sie geredet haben. Nicht, dass ich Literatur erwartet hätte, aber als ich im Gasthaus saß und zuhören musste, da war nicht *ein* Satz, nicht ein Satz, der … zum Schluss habe ich mich umgedreht. Wenn ich die Gesichter vor der Unterhaltung gesehen hätte, hätte ich ihnen dieses Nichtniveau nicht zugetraut. Ich hätte zwar nicht erwartet, dass sie über die Relativitätstheorie sprechen, aber ich war überrascht, wie viel schlechter der Text war als das Aussehen dieser Kerle.«

Wir fahren bergauf, links und rechts Wiesen mit Schneeflecken. Max Frisch bemerkt meinen Blick und sagt: »Den März habe ich furchtbar gerne ... bevor der Frühling anfängt, wenn das Knallgrün noch nicht da ist.«

Ich bin bemüht, beim Fahren etwas zu notieren, und antworte: »Was Sie vorhin erzählt haben, klang misanthropisch.«

Frisch, ruhig dahinfahrend (das Autofahren behagt ihm sichtlich): »Misanthropisch sehe ich nur die eigenen Leute, die Deutschschweizer. Das ist wahr, dass ich diese Brut nicht leiden kann, natürlich, weil man diese Züge auch selber hat, das ist verbunden mit einem gewissen Selbstekel.«

Wir fahren an einem Wald entlang, zersägte Baumstämme liegen aufgestapelt in einer Wiese, kahle Obstbäume, vereinzelte Bauernhäuser mit Misthaufen, Telegraphenmasten. Langsam kommt Sonnenlicht durch den diesigen Himmel. »Auf den Pfannenstiel habe ich die ersten Fahrradausflüge gemacht, man ist dort mit den Mädchen eingehängt spazieren gegangen ...«

Und unvermutet rasch sind wir auf der Höhe angekommen. Auf jeder Seite der Straße ein Gebäudekomplex. Ein Gasthaus und ein Bauernhof. Heroben scheint die Sonne. Auf einem Silo die Schweizer Flagge, eine schwarze Katze, die über die Wiese läuft und das Kra-Kra von Krähen in der Luft, nirgends ein Mensch. Wir gehen zum Gasthaus, aber ein Schild an der Eingangstür verkündet, dass es noch zehn Tage geschlossen ist. Max Frisch: »Das ist zu lang.«

Wir steigen wieder ein und fahren nach Küssnacht zum See hinunter. »Wissen Sie«, beginne ich, »dass, gerade als ich vor Ihrem Haus stand, ein roter Firmenwagen mit der Aufschrift ›Angst‹ vorbeifuhr?«

»Ja, das ist ein Name hier.«

»Für mich hatte es etwas mit Ihren Büchern zu tun.«

»Ein Kritiker hat mich einmal den Dichter der Angst genannt, das ist wahr. Ich glaube aber nicht, dass ich mehr von Angst gepeinigt bin als andere sensible Leute. Die Angst wird beim Schreiben nur zugegeben, wie Sehnsucht oder Enttäuschung. Im Leben ist sie nicht so zentral.«

»Wann haben Sie sie am stärksten empfunden?«

»Beim Partnerwechsel, wenn man auseinandergeht (ich habe mich an das ›man‹ inzwischen gewöhnt), wenn man keine Bezugsperson hat … ja, wenn die Bezugsperson sich aufgelöst hat, den Zustand fürchte ich. Da ist so ein Loch. Es ist ja auch ein Verlust von Selbstvertrauen damit verbunden … Da hat man ein Büchlein mit Telefonnummern, damit man die Leute anrufen kann, das macht man aber nicht. Man will nicht eine Niederlage erleiden, z.B., dass jemand einem sagt: Ja, gerne, ich fahre drei Wochen in die Ferien, und dann können wir uns treffen. Dadurch entsteht eine ungewollte Zurückgezogenheit …« Er stockt und schaut auf die Straße. Wir fahren wieder am See entlang.

»Ich zeige Ihnen jetzt das Haus meiner Schwiegereltern … Ich habe damals versucht, an die Bürgerlichkeit zu glauben und eifrig zu sein als Bürger …

Ich habe eine richtige Bürgerehe geschlossen, mit drei Kindern. Mein Schwiegervater war Pathologieprofessor, Schweizer aristokratisches Bürgertum.«

Er weist auf mehrere schöne Häuser und einen Garten.

»Man nennt diese Gegend am See wegen der wohlhabenden Leute auch die ›Goldküste‹.«

»Haben Sie Schuldgefühle?«

»Ich habe Schuldgefühle und könnte nicht sagen, was ich unter Schuld verstehe, zumindest nicht genau. Aber ich könnte auch nicht sagen, ich bin unschuldig. Um Dinge, bei denen ich Schuldgefühle haben könnte, habe ich mich immer herumbewegen können, da bin ich ganz gut zurechtgekommen. Das ist von der Egomanie die peinlichste Seite, wenn man sich verantwortlich fühlt, wenn ein Partner deprimiert ist. Da ist natürlich auch ein Hochmut drinnen ... Habe ich wegen der Kinder Schuldgefühle empfunden? (Er denkt nach) ... ein schlechtes Gewissen ... Schuldgefühle, so weit bringe ich es nicht.«

Wir haben das Gasthaus »Zur Sonne« erreicht und halten an. Frisch steigt aus und tritt mehrmals prüfend gegen den Hinterreifen des Jaguars.

»Schuldgefühle«, sagt er, »das ist ein zu großes Kleid für mich.«

»In ›Montauk‹ steht der Satz: Lynn soll kein Name für eine Schuld werden.«

»Ja, das habe ich geschrieben ...« Nach einer Pause: Das sei in »Montauk« ein illusionärer Satz gewesen. Übrigens seien nicht alle Namen Namen für eine Schuld gewesen, sondern auch für Irrtümer.

Beim Essen: Eglifisch, Geschnetzeltes, Rösti, unterhalten wir uns über Feuersalamander, Eidechsen (die in seinem Haus im Tessin manchmal vom Fensterbrett in das Zimmer fallen), Siebenschläfer (die ihm das TV-Kabel durchgebissen haben), und Maulwürfe. Draußen scheint die Sonne. Frisch bringt mich wieder zum Hotel zurück, wir verabschieden uns kurz, und im Hotelzimmer schlage ich das Buch auf, in das er mir die Widmung geschrieben hat. In großen Buchstaben steht dort: »Auf Wiedersehen, nicht erst am Styx.«

ELIAS CANETTI

Im Spiegelkabinett der zweitausend Masken

ELIAS CANETTI MACHTE für seinen lebenslangen und absurden Kampf gegen den Tod zwei Ereignisse verantwortlich: den Tod seines Vaters im Jahr 1912 und den seiner Mutter 1937. »Jeder war der Vorläufer eines Weltkrieges«, zitiert ihn sein Biograph Sven Hanuschek aus dem Nachlass. »Es kommt dazu, dass ich die beiden Weltkriege in beiden Lagern erlebt habe, den ersten im österreichischen, den zweiten im englischen. Ich bin also in einer Weise gegen den Tod voreingenommen worden wie schwerlich ein anderer Mensch.« Wegen seiner prinzipiellen Verurteilung des Todes lehnte er sich gegen Juden- und Christentum auf. An beiden missfiel ihm die »Verhängung des Todes über alle Menschen« wegen des Sündenfalls. »Meine Empörung über dieses Urteil hat nie, zu keiner Zeit meines Lebens, nachgelassen. Was einmal verfügt worden war, ließ sich auch widerrufen. So war der Kampf gegen Gott der Beginn meines Kampfes gegen den Tod.« Außerdem missfiel ihm, dass Gott von Abraham die Opferung Isaaks verlangte, »wenngleich er sie dann immerhin nicht annimmt«.

Am christlichen Glauben stieß ihn ab, dass Gott seinen Sohn als Opfer in die Welt schickte und seinen

Kreuztod nicht verhinderte. In den »Wiener Notizblöcken 1925–1930« fand Sven Hanuschek sogar ein Spottgedicht Canettis über Gott: »Gott ist ein unsterblicher Idiot und nichts weiter. / Gott ist eine Ausrede. / Gott ist unnützer Ballast, der das Luftschiff Welt schon an den Rand des Ozeans der Vernichtung gebracht hat. / Es ist höchste Zeit, ihn herauszuwerfen. / Gott ist gut, pfui Teufel, wie kann man gut sein! / Gott ist am Platzen. / Gott ist zäh und unverdaulich. Sonst hätten wir ihn längst aufgefressen. / Gott genade / seiner Bundeslade! / Den Juden wird heuer / Gott zu teuer! / Sie denken aus vielen Gründen / Gott zum 1. zu künden! / Was habe ich statt Gott zu setzen? / Nichts mehr. / Nichts ist aber nichts?« Außerdem fand Sven Hanuschek ein unausgeführtes Romanprojekt im Nachlass mit dem Titel »Der Todfeind«, dessen Hauptfigur man sich – wie Canetti selbst festhielt – als analoge Figur zum wahnsinnigen Sinologen Peter Kien in der »Blendung« vorstellen könne. War Kien ein Büchernarr, so sollte der neue Protagonist ein Todesnarr werden. (Canetti plante überhaupt einen achtbändigen Romanzyklus über den Wahnsinn.)

»Seine Angst vor dem Tod«, schrieb Canetti, »erweitert sich zu einer allgemeinen Angst um die Menschheit, die als Ganzes vom Tode bedroht ist.« Der Todfeind hätte ein Paranoiker sein sollen, der alles auf seinen Tod bezieht. Unter einem Paranoiker verstand Canetti eine ältere Abart des Menschen, »dem alles noch Mord bedeutet: das Betreten seines Feldes, das Pflücken einer Kirsche von seinem Baum, das Berühren seines Fingernagels«.

Sven Hanuschek spricht von einem osmotischen

Prozess zwischen der Figur und ihrem Verfasser, denn Canetti fiel auf, dass er »unter der Arbeit ganz zum ›Todfeind‹ selber würde«. Er sah zwei Möglichkeiten, entweder dass ihm aus dem Todfeind ein Held würde, aber damit würde er den großen Gedanken, um den es ihm ging, beflecken, oder er selbst »werde langsam zum Todfeind, sein Wahn mein Wahn, und statt eines Werkes entstünde ein System, in dem ich langsam ersticke«. Sechzehn Jahre beschäftigte er sich mit diesem Romanprojekt. »Als Siebenmonatskind kam der Todfeind auf die Welt, zu früh, und zu früh waren auch seine Unternehmungen gegen den Tod; zu früh, aber bloß um zwei Monate zu früh. Das Testament des Todfeinds. Sein Tod durch einen Meteor«, hielt er noch 1936 fest. 1948 gab er das Projekt endgültig auf. »Vielleicht stört es mich heute am meisten«, begründete er seinen Entschluss vor sich selbst, »dass er scheitern sollte. Er darf nicht scheitern. Ich kann ihn aber auch nicht siegen lassen, während die Menschen zu Millionen weiter sterben. In beiden Fällen wird zu bloßer Ironie, was bitterernst gemeint ist. Ich muss mich schon selber lächerlich machen.«

Inzwischen hatte er sich entschlossen, ein »Totenbuch« zu schreiben, in aphoristischer Form. Er wollte seine Gedanken »ohne jeden Zusammenhang und ohne sie einem tyrannischen Plan zu unterwerfen«, aufschreiben, wie sie ihm durch den Kopf gingen. Sven Hanuschek berichtet weiter, dass Canetti auch dieses Projekt immer wieder abbrach und neu aufnahm. Am intensivsten arbeitete er daran, als bei seiner zweiten Frau, Hera, 1972 eine schwere Krebserkrankung diagnostiziert wurde. Im März 1988, kurz vor ihrem Tod, brach er das Projekt dann endgültig ab. Es hatte sich im Laufe der Jahre weiter gewandelt, denn Canetti hatte inzwischen eine andere Form dafür gefunden, den Dialog. Das Werk sollte nun »Gespräche gegen den Tod« heißen.

Sven Hanuschek schildert, wie es sich allmählich zu einem universellen Projekt entwickelte, für das Canetti recherchierte wie sonst nur noch für »Masse und Macht«. Er habe sogar biologische Bücher exzerpiert, über den Tod von Affen, aber auch von Ameisen und anderen staatenbildenden Insekten. Uferlos, wie das Werk entworfen war, so Sven Hanuschek, »bleibt im unvollendeten Manuskript ein starker Eindruck von Zufälligkeit über das, was Canetti wahrgenommen hat – ›Tausendundeine Nacht‹ und Ibn Battutu, das ›Brahmanan‹ und das ›Mahubharatu‹, die französischen Moralisten, Epikur und die Psalmen, Anekdoten über das Sterben von Molière, Thomas Morus und Shelley, Grillparzers Tagebuch, Feuerbach und Heidegger, Jesus Sirach und die alten Ägypter, Zeitungsmeldungen über chinesische Seeleute, die als Kanadier reinkarniert worden sein sollten, oder über Soldatenleichen in Stalingrad«. Canetti fürchtete jedoch zu erlahmen, ja, sich von den eigenen Positionen so weit zu entfernen, dass er sich womöglich eines Tages den Tod wünschen könnte.

Als ich Canetti 1975 in Graz traf, war der Tod auch unser Gesprächsthema. Canetti hatte den Franz-Nabl-Preis erhalten, er schätzte den Schriftsteller und sein Werk, besonders die »Ortliebschen Frauen«. In seiner Rede setzte er sich für den verstorbenen Schriftsteller ein und hielt fest, dass Nabl immer falsch gelesen worden sei, nämlich als Idylliker. Seine »starken und düsteren Werke« hätten aber eine ganz andere Qualität. Nabl habe den Mut gehabt, den Tod ernst zu nehmen. Er hatte Nabl noch zu seinen Lebzeiten besucht, auch darüber fand Sven Hanuschek eine Notiz in Canettis Nachlass. »Der alte Mann spricht naiv und offen von der Nazi-Zeit. Er wurde überall herumgeschickt und hat vor SS-Leuten gelesen. Das große Ereignis im Krieg war die Bombe (im Haus daneben?). Mit meinem Vater (oder war es dessen jüngerer Bruder?) war er in Baden. Aber er erinnert sich nur, dass sie sich einmal geprügelt haben.«

Als Canetti erfuhr, dass ich mit Nabl vor seinem Tod zwei Wochen in Schwarzau verbracht hatte, wollte er alles ganz genau darüber wissen: was vorgefallen war und worüber wir gesprochen hätten. Er nahm ihn übrigens davor in Schutz, in der Zeit des Nationalsozialismus ein Mitläufer gewesen zu sein, und entschuldigte sein Verhalten als »die Tragödie eines Unpolitischen«.

Schon bei der Pressekonferenz vor der Verleihung des Literaturpreises war es um den Tod gegangen. Canetti hatte seine Tod-Feindschaft eloquent dargelegt. Ich erinnere mich lebhaft an den Eindruck, den er damals auf mich machte. Ein großer Kopf, der marionettenhaft auf einem kleinen Körper pendelte, der füllige Leib war von einer schülerhaften Unruhe erfüllt, und es war mir, als gingen elektrische Impulse von ihm aus wie von einem Zitteraal. Das weiße Haar stand ihm zu Berge, eine »Professorenkrone« – das Wort fiel mir ein, als ich ihn genauer betrachtete. Bis auf seinen Oberlippenbart war alles an ihm in Aufruhr. Sein Augenspiel begleitete schauspielerhaft die Worte, die er abgehackt, leidenschaftlich und mit übergroßer Deutlichkeit, als halte er eine Vorlesung, hervorstieß. Satz für Satz formulierte er seine Gedanken mit Scharfsinn und Prägnanz, dass ich an einen Mathematiker dachte, der in Schritten eine Formel entwickelt und dabei weniger doziert als laut denkt.

Mitunter kam es vor, dass er ungeduldig eine Silbe verschluckte, weil seine Gedanken den ausgesprochenen Worten schon zu weit vorausgeeilt waren und er die trägen Sprach-Passagiere beim Abheben sozusagen auf den Lippen stehen ließ oder mit dem Atem wegblies wie den Samen einer Löwenzahnblume. Ich dachte an einen gelehrten Troll, einen Kugelblitz in Menschengestalt. Beim Anhören der Fragen fiel Canetti augenblicklich in eine andächtige Bewegungslosigkeit. Er war der eindrucksvollste »Anhörer«, den ich kennenlernte. Sein Gesicht spiegelte höchste Aufmerksamkeit, Zustimmung, Freude, Tadel, Unwillen wider, und die Augen waren ständig auf der Suche, um plötzlich für kurz abzuschalten und nach innen zu schauen, wenn ihn etwas langweilte oder er das Thema wechseln wollte.

Nach dem Mittagessen, als die Journalisten gegangen waren, legte er sein Jackett ab und saß in Hemd, Krawatte und Hosenträgern eine halbe Stunde mit mir und meinem Freund Alfred Holzinger zusammen. Als ich ihn fragte, ob er als Gegner des Todes auch die Attentate auf Hitler missbilligte, überhaupt, ob es nicht legitim sei, sich eines blutigen Despoten zu entledigen, der ja selbst Massenmorde anordne, antwortete er, das sei die einzige Ausnahme, bei der er sich nicht sicher sei, ob er nicht doch einem Menschen den Tod wünsche. Er denke schon lange darüber nach, sei jedoch noch nicht zu einem endgültigen Ergebnis gekommen.

Seine Aufmerksamkeit hatte nichts mehr Überwachendes, Strenges oder versteckt Argwöhnisches an sich. Er war im Gegenteil von besonderer Sanftheit und Bescheidenheit. Aber er bewegte sich manchmal noch immer so heftig und ungestüm wie eine Gestalt aus E. T. A. Hoffmanns Welt. Bei Sven Hanuschek ist nachzulesen, dass er später doch einen Tod für berechtigt hielt, einen »Opfertod«, vor dem er »tiefste Ehrfurcht« empfand, den von Sophie Scholl. »Dieser einzige Tod ist erlaubt«, notierte Canetti für sein »Totenbuch« 1980. »Aber wie steht es mit denen, die ihn feiern? Scheint diese Feier erlaubt, die Lebende ihres schlechten Gewissens entledigt? Darf der Tod eines anderen uns von der Sünde befreien? Die zentrale Frage des Christentums.« – Später erzählte Canetti, dass er zu Tränen gerührt gewesen sei, als er in seiner Kindheit zum ersten Mal das Kapitel von Don Quijotes Tod gelesen habe. »Es war fast wie bei einem Menschen, der mir nahesteht.«

1973 hatte ich Canetti zum ersten Mal getroffen und einen Abend mit ihm verbracht, und er signierte mir seine Bücher, über die wir uns unterhielten. Besonders über die »Blendung«, von der er wissen wollte, was mich daran besonders interessiert habe. »Die brennende Bibliothek und das Irrenhauskapitel«, antwortete ich, wie ich heute noch weiß, »Kiens Bücherwahn und der Wahn jedes Einzelnen. Überhaupt der Wahnsinn, der das gesamte Buch durchzieht.«

Er beäugte mich wie ein Specht die Öffnung in einem Baumstamm und hämmerte dann seine Fragen herunter, um unversehens den Kopf in den Nacken zu werfen, sich mit der Hand durchs Haar zu fahren und mich zu fragen, was mich am Wahnsinn »so« fesselte, und ich sagte, dass ich mir nicht sicher sei, ob es »die« Normalität überhaupt gebe. Ich verwendete den Begriff des »Normo-Pathen« für den angeblich absolut normalen Menschen, was ihn sehr amüsierte. Ich glaube, es war das einzige Mal, dass ich Canetti lachen sah, wenngleich es eher ein Insichhineinlachen war, als hätten wir soeben Gemeinsamkeiten an Erfahrungen mit einem Feind entdeckt.

Elias Canetti wusste aus eigener Erfahrung, worüber er in der »Blendung« schrieb und welche Bewandtnis es mit dem Büchernarren Peter Kien hatte – dessen Name übrigens an »Kien-span« denken lässt, denn er findet bekanntlich in den Flammen seiner brennenden Bibliothek den Tod. Als Canetti für eine Geldarbeit die Notizen zum »Todfeind« einen Monat lang unterbrechen musste, habe er einen »Aussetzer« gehabt, schrieb seine erste Frau, die Schriftstellerin Veza, in einem Brief an Elias' Bruder Georg. Am Morgen des 5. Januar 1938, früh um halb fünf, habe er das Unfallkommando herbeitelefoniert, weil er Geräusche wie von Einbrechern gehört haben wollte. »Sieben Mann rückten mit Gewehren an, durchsuchten die Wohnung und behaupteten, Canetti habe Halluzinationen gehabt.«

Sven Hanuschek berichtet, dass der Schriftsteller es Veza zu verdanken gehabt habe, dass er nicht in eine psychiatrische Anstalt zur Untersuchung eingeliefert worden sei. Sie habe angegeben, dass sie die Geräusche ebenfalls gehört habe. »Nie hätte Canetti die Polizei gerufen«, schrieb sie an Georg, »wenn er bei Sinnen gewesen wäre. Auch nicht gegen einen Mörder.« In der Zeit, als er seine zweite Frau, Hera, kennenlernte, notierte er, bang die Vergangenheit reflektierend, ob sie nicht über »den Kien«, der er damals gewesen sei, erschrecken werde oder ob sie verstehen werde, dass er jetzt nicht mehr Kien sei, nicht zuletzt durch sie, denn auf seine Erlösung von Kien habe sie das letzte Siegel gedrückt.

In der »Blendung« entwarf Canetti schon frühzeitig den Typus des Antipsychiaters, dem er das geradezu seherische Kapitel »Ein Irrenhaus« widmete. Darin heißt es über den Bruder des verrückten Sinologen, den Psychiater Georges Kien: »An den Irrsinnigen wuchs er zu einem der umfassendsten Geister seiner Zeit heran. Er lernte von ihnen mehr, als er ihnen gab. Sie bereicherten ihn um ihre einmaligen Erlebnisse; er vereinfachte sie nur, indem er sie gesund machte. Wie viel Geist und Schärfe fand er bei manchen! Sie waren die einzigen wirklichen Persönlichkeiten von vollendeter Einseitigkeit, wahre Charaktere, von einer Geradheit und Macht des Willens, um die sie Napoleon beneidet hätte. Er kannte sprühende Satiriker unter ihnen, begabter als alle Dichter; ihre Einfälle wurden nie zu Papier, sie kamen aus einem Herzen, das außerhalb der Dinge schlug, und fielen über sie her wie fremde Eroberer.«

Canetti war sich später darüber bewusst, dass er die Antipsychiatrie vorweggenommen hatte, er sprach mehrfach davon, dass er sie antizipiert und eingeleitet habe; auch Ronald D. Laing, der Urheber der Antipsychiatrie, wisse es, behauptete er. Tatsächlich kannte Canetti Laing persönlich, da dieser auch in Hampstead, London, lebte. Und eine weitere Entdeckung macht der Leser des Kapitels »Ein Irrenhaus«. Der Psychiater Georges Kien rühmt sich dort einer Erkenntnis, »auf die er sich etwas zugute tat: die Wirksamkeit der Masse in der Geschichte und im Leben des Einzelnen; ihr Einfluss auf bestimmte Veränderungen des Geistes. Bei seinen Kranken war es ihm geglückt, sie nachzuweisen. Zahllose Menschen werden verrückt, weil die Masse in ihnen besonders stark ist und keine Befriedigung findet. Nicht anders erklärte er sich selbst und seine Tätigkeit. Früher hatte er persönlichen Neigungen, seinem Ehrgeiz und den Frauen gelebt; jetzt lag ihm nur daran, sich unaufhörlich zu verlieren. In dieser Tätigkeit kam er Wünschen und Sinnen der Masse näher als die übrigen Einzelnen, von denen er umgeben war.« Und Georges Kien weiß auch über seine Patienten Bescheid und stellt fest: »Von der tieferen und eigentlichsten Triebkraft der Geschichte, dem Drang der Menschen, in eine höhere Tiergattung, die Masse aufzugehen und sich darin so vollkommen zu verlieren, als hätte es nie einen Menschen gegeben, ahnten sie nichts.«

Dreißig Jahre später veröffentlichte Canetti sein philosophisch-ethnologisches Riesenwerk »Masse und Macht«, in dem er diese Ideen ausarbeitete – von den unsichtbaren Massen, die er entdeckte, über die Jagd- und Kriegsmeute, die Regentänze der Pueblo-Indianer, das Deutschland vor Versailles bis zum Friedhofsgefühl, der Ordnung der Zeit und einer Untersuchung des Falls Schreber, der sich »in ein Weib zu verwandeln« beabsichtigte, um mit Gott als Vater ein neues Geschlecht zur Welt zu bringen.

Wohl kaum ein literarisches Werk vor der »Blendung« ist so tief in die Welt des Wahns eingetaucht wie Canettis früher Roman, und wie kein anderes Buch – Gustave le Bons »Psychologie der Massen«, Ortega y Gassets »Aufstand der Massen« und Hermann Brochs »Massenwahntheorie« inbegriffen – hat »Masse und Macht« die politischen, religiösen und alltäglichen Aspekte des Massenphänomens Mensch sichtbar gemacht.

Für Canettis Bücherkaufzwang, seine Bücherleselust, seine Büchersucht, denen ja auch der Sinologe Peter Kien verfallen ist, hat Sven Hanuschek zahlreiche Belege gefunden. »Meine Universitäten waren die Buchhandlungen aller Städte, in die ich gekommen bin, in denen ich gelebt habe. Anhand dieser Forschungsreisen, die immer abenteuerlich waren, ließe sich die Geschichte meines Geistes schreiben, anders nicht«, heißt es in einer Notiz aus dem Jahr 1968. Canetti spürte seine »Abhängigkeit von den Büchern, die man besitzt«. Solange er das »Schu-king«, das klassische Buch der Urkunden, das es nur auf Chinesisch gab, unter seinen Büchern nicht hatte, konnte er, wie er beteuerte, in die chinesische Kultur nicht wirklich eindringen – und das, obwohl er die Sprache nie gelernt hatte. Noch wenige Wochen vor Abschluss von »Masse und Macht« kaufte er sich im Laufe von acht Tagen etwa fünfzig neue Bücher, »darunter gut zwei Dutzend, die für mich wirklich wichtig sind«. In jedem dieser Bücher las er auszugsweise. »Elf Bücher, alle wichtig, habe ich letzten Freitag in Cambridge gefunden. Zehn hat mir Natalie Dienstag aus Paris gebracht, alle wichtig, alle von mir bestellt. 26 habe ich Montag bei meiner ›Mutter‹ gekauft, davon waren drei für jetzt wichtig. Noch einen neu erschienenen Band habe ich woanders besorgt.« Und er ermahnte sich: Das Bücherkaufen müsse jetzt aufhören, und zwar ganz und gar. Er sei verloren, wenn er nicht aufhöre. »Es ist eine unkontrollierte Gier geworden, nicht besser als jede andere Gier.« Müsse er zehn- oder zwanzig- oder dreißigtausend Bücher haben? Sei er ein Sammler? – Das neue Material habe ihn zwar auf keinen einzigen wirklich neuen Gedanken gebracht, aber es habe ihm wissenschaftlichen Mut gegeben.

Noch präziser hält er später fest: »Als ich kein Geld hatte, schon in Wien, gab ich alles, was ich nicht hatte, für Bücher aus. In London, in der schlimmsten Zeit, gelang es mir irgendwie immer noch, von Zeit zu Zeit Bücher zu kaufen. Ich habe nie systematisch etwas gelernt, wie andere Leute, sondern nur in plötzlichen Aufregungen. Sie begannen immer damit, dass mein Blick auf etwas fiel, das ich dann haben musste. Die Geste des Ergreifens, die Freude am Hinwerfen von Geld, das nach Hause oder ins nächste Lokal Tragen, das Betrachten, das Streicheln, das Blättern, das Wegstellen für Jahre, die zweite Entdeckung dann, wenn's ernst wurde – alles das ist Teil eines schöpferischen Prozesses, dessen verborgene Einzelheiten ich nicht kenne. Aber anders geschieht bei mir nichts, und so werde ich bis zum letzten Augenblick meines Lebens Bücher kaufen müssen, besonders wenn ich ganz sicher weiß, dass ich sie nie mehr lesen werde.«

(Ich selbst leide ebenfalls unter diesen Symptomen.

Und wie Canetti bin ich weder ein Bibliophiler, noch sammle ich Erstausgaben, das heißt, ich sammle überhaupt nicht, ich bin im Gegenteil davon überzeugt, dass mich Bücher, die ich nicht gelesen habe, mitunter mehr beeinflusst haben als gelesene. Aber darüber hat schon Konrad Feldt in »Der Plan« philosophiert, und ich will mich nicht wiederholen.)

Im selben Jahr, in dem ich Canetti kennengelernt hatte, fand im Züricher »Theater am Neumarkt« die Schweizer Erstaufführung meines Theaterstückes »Lichtenberg« statt. Der Regisseur Horst Zankl flüsterte mir vor der Vorstellung zu, dass François Bondy und Elias Canetti ihr Kommen angekündigt hätten. Beide saßen dann vor mir in der ersten Reihe. Canetti trug einen dunklen Anzug und Krawatte, und mir fiel ein, dass mich Hilde Spiel nach der Generalprobe zur Uraufführung in Graz voll böser Freude gefragt hatte, ob ich mein Theaterstück über Elias Canetti geschrieben hätte: Die Sprechweise der Hauptfigur, ihr aufbrausendes Temperament, die Aphorismen – das könne doch nur als Karikatur des Dichters gemeint sein.

Aus diesem Grund empfand ich wegen seiner Anwesenheit Unbehagen. Vielleicht dachte er ähnlich wie Hilde Spiel? Jedenfalls hatte das Stück nichts mit ihm zu tun. Canetti saß konzentriert, mit gesenktem Kopf, da, und ich hatte den Verdacht, dass er eingeschlafen sei. Ich war jedoch erleichtert über meine Vermutung, denn die Uraufführung des eigenen Stücks im Zuschauerraum miterleben zu müssen ist eine Tortur. Man hat die Sätze, die man auf der Bühne hört, immer anders im Kopf, und zum Teil erkennt man sie auch nicht wieder. Ich betrachtete Canettis Haaransatz, seine Ohren, den Nacken. Kaum, dass ich einen Blick auf die Bühne warf. Zu meiner Erleichterung beteiligte er sich auch am Applaus, drehte sich dann um und schüttelte mir die Hand, bevor er in der Menge verschwand.

Im Frühjahr 1981 war ich für ein Portrait über Max Frisch nach Zürich gefahren und hatte vor der Rückfahrt überraschend ein paar Stunden frei. Ich rief in der Klosbachstraße an, und es meldete sich eine weibliche Stimme, die mir die Auskunft erteilte, dass Elias Canetti nicht in Zürich, sondern in Hampstead sei. Inzwischen war es ein offenes Geheimnis, dass er manchmal selbst das Telefon abhob und, wenn er sich belästigt fühlte, mit als Putzfrau verstellter Stimme sagte, Elias Canetti sei nicht zu Hause. Ich dachte also darüber nach, ob er mit mir am Telefon gesprochen habe oder vielleicht seine Frau Hera, als ich einen Anruf erhielt und mir dieselbe Frauenstimme erklärte, Herr Canetti erwarte mich. Ich hatte nämlich zuvor mit dem Hinweis, dass ich in Zürich sei, auch mein Hotel bekanntgegeben.

Das Haus war ein moderner Zweckbau mit kleinen Wohnungen und einem Lift. Als ich eintrat, sah ich Hera Canetti mit ihrer Tochter Johanna auf dem Gang vor der Tür. Ein Schlitten lehnte an einer Wand. Canetti stand in seinem Arbeitszimmer hinter einem großen, braunen Tisch, auf dem ein Bataillon Bleistifte der Größe nach aufgereiht und fein säuberlich gespitzt vor der Stufenpyramide eines Bücherstapels lag. Beim Hinsetzen stieß ich unbeabsichtigt an der in Habt-Acht-Stellung liegenden Bleistift-Formation an und brachte sie und auch die Stufenpyramide etwas in Unordnung.

Da ich mich entschuldigte, senkten sich die blitzartig wie im Flügelschlag aufflatternden Augenbrauen wieder, und Canetti fragte mich in beiläufigem Tonfall nach dem »Forum Stadtpark«. Vor allem wollte er wissen, weshalb man sich für ihn interessierte. Wir seien doch Avantgardisten, oder? Er verstehe nicht, was wir an seinen Büchern fänden. Seine Erinnerungen, »Die gerettete Zunge«, seien doch konservativ geschrieben. – Ich antwortete, dass es naheliegend sei, Erinnerungen in einem klassischen Stil zu schreiben – die »Blendung« hingegen sei etwas Neuartiges, mit Figuren, die alle aus einem Wahnwitz heraus handelten. Canetti überlegte kurz und nickte. Natürlich kamen wir daraufhin wieder auf den Wahnsinn zu sprechen. Ich erzählte ihm von meinen Besuchen in Gugging, von Ernst Herbeck und Edmund Mach.

Schon 1971 hatte er über Primarius Leo Navratil, der seinen literarisch begabten Patienten Themen stellte und sie aufforderte, darüber zu schreiben, festgehalten: »Der Respekt, mit dem N. seine klinischen Fälle von Geisteskranken präsentiert, die Tatsache, dass er sie insgesamt zu Dichtern ernennt, nimmt ihnen jeden Wert. Ein Irrenarzt, der seine Fälle als Künstler vorführt, ist wie ein Zirkusdirektor. Was wahr sein könnte, wird durch ihn zur Dressur. Sein Respekt ist zu summarisch, und er führt sie vor. Dadurch ernennt sich ein Herr N. zu einem Oberdichter. Er staunt nicht mehr wirklich, er peitscht ein.«

Das war nicht der genaue Wortlaut, in dem Canetti auch mit mir redete, aber sinngemäß war es das, was er mir sagte. Ich widersprach ihm. Weder stimmten seine Behauptungen über die Patienten noch die über Navratil. Der Großteil der Patienten im »Haus der Künstler« sind Maler, und Navratil ließ sie statt gärtnern, Körbe flechten oder Papiersäcke zusammenkleben Bilder malen und verschaffte den in der Anstalt häufig seit Jahrzehnten hospitalisierten, entmündigten und von der Umwelt vergessenen Patienten eine neue Identität und Anerkennung. Aber Canetti wollte meine Einwände nicht gelten lassen, schließlich murmelte er etwas, was so ähnlich klang wie: »Wenn Sie meinen …«, und verstummte.

1975 war er von einer Paranoiker-Vereinigung bedroht worden, wegen seines Schlusskapitels von »Masse und Macht«, in dem – wie man ihm vorwarf – Paranoiker zu Faschisten erklärt würden. Die Drohungen wurden ihm über Briefe zugestellt, aber es gab auch Anrufe. Canetti war sich seines Lebens nicht mehr sicher, sogar sein Kind wurde bedroht, und er setzte sich, wie Sven Hanuschek ermittelte, vermutlich auf den Ratschlag von Germanisten mit »absolutem Schweigen und Unerreichbarkeit« zur Wehr. Erst Monate später hörten die Drohungen auf, aber sein Bild der »Irren«, der Geisteskranken, hatte sich verändert. Von da an war er der Überzeugung, dass er als junger Mann pathologische Fälle vergötzt habe.

Ich fragte ihn, ob ich ihn fotografieren dürfe, und bat ihn, ruhig dazusitzen, da ich kein Blitzlicht hätte. Er ließ es geschehen, und ich machte fünf Aufnahmen, von denen drei verwackelt waren, weil er sich zappelig bewegte. Schließlich gab ich es auf, und wir kamen auf die Jagd zu sprechen, ich hatte nämlich gerade meinen Roman »Der stille Ozean« beendet, der auf dem Land spielt. Canetti sprach sich sofort mit Eifer gegen das Töten von Tieren aus, sprang blitzartig auf und zog einen Bildband aus seiner überraschend kleinen Bibliothek, blätterte darin und schob mir die Reproduktion eines Gemäldes von Lucas Cranach dem Jüngeren hin, das die Hirschjagd des Kurfürsten Johann Friedrich darstellt.

Ich kannte das Bild von meinen Besuchen im Kunsthistorischen Museum. Es ist ein blutiges Werk und zeigt eine Treibjagd, bei der die in den Fluss geflüchteten Tiere mit der Armbrust erlegt und an Land von Hunden zu Tode gehetzt werden. Im linken unteren Eck des Gemäldes ist unter den Jagdgästen Karl V. dargestellt. Canetti deutete mit dem Finger auf ihn und sagte, dass die Jagd schon immer der »Lieblingssport« der Adeligen gewesen sei. Der österreichische Thronfolger Franz Ferdinand, dessen Ermordung den Ersten Weltkrieg ausgelöst habe, sei ganz verrückt nach Jagdtrophäen gewesen und habe Tausende Tiere hingemetzelt.

Erst jetzt fragte mich Canetti, ob ich etwas zu trinken wünschte und weshalb ich nach Zürich gekommen sei, und ich erzählte ihm von meinem Besuch bei Max Frisch und bot ihm an, auch über ihn ein literarisches Portrait zu verfassen. Er beugte sich daraufhin nach vorn, starrte auf die Tischplatte und antwortete abwesend, ich dürfe nichts über meinen Besuch bei ihm schreiben. Das müsse ich ihm versprechen. Er habe nämlich eine Einladung nach Uppsala erhalten. Die Schweden interessierten sich für ihn. »Sie wissen, was das bedeutet?«

Ich nickte, aber ich musste ein Lachen unterdrücken. Am Tag zuvor hatte Max Frisch mit mir über sein Warten auf den Nobelpreis gesprochen und über seine Enttäuschung, dass Saul Bellow ihn an seiner Stelle erhalten hatte. Und es gab noch einen dritten Kandidaten an den Ufern des Züricher Sees, dem Max Frisch die größten Chancen zugebilligt hatte – Friedrich Dürrenmatt.

Unser Gespräch kam auf Franz Kafka, dessen Tod und das Problem der Selbsttötung. Unvorsichtigerweise brachte ich die Sprache auf Stefan Zweigs Selbstmord in Brasilien. Canetti warf sofort erregt ein, Zweig sei ein schlechter Schriftsteller, ich entgegnete aber, dass ich die »Schachnovelle« und »Die Welt von Gestern« gerne gelesen hätte. »Sie lesen Zweig?« Seine Augen blitzten kampflustig, und sein Kopf schraubte sich rasend schnell in die Höhe. Plötzlich schien Canetti einen halben Meter gewachsen zu sein, und er sprach wütend ein kategorisches Verdammungsurteil über Zweig aus.

Er stellte mich sodann vor die Alternative Musil oder Zweig, wobei es mir natürlich nicht schwerfiel, mich für Musil zu entscheiden. Ich wechselte rasch das Thema, und wir unterhielten uns über Bibliotheken, die Bücherkaufsucht und den Fetischcharakter von Büchern. Ich machte ihm die größte Freude, als ich meine Begeisterung über William Blake zeigte und bedauerte, dass es keine Ausgaben mit seinen Werken im deutschen Sprachraum gab. Wieder erhob sich Canetti, zog einen anderen Bildband heran und legte ihn vor mich hin. Wir bestaunten den Drachen Geryon aus der »Göttlichen Komödie«, Vergil und Dante und die

Bildfindungen des englischen Malers und Dichters zu »Inferno«, »Purgatorio« und »Paradiso«.

»Großartig, nicht?«, sagte Canetti begeistert, und als ich zustimmte, drückte er mir den Band in die Hände. »Er gehört Ihnen«, fügte er ernst hinzu. Ich widersprach, doch er bekräftigte seine Äußerung. Bis heute habe ich eine besondere Beziehung zu diesem Buch und zu William Blake, und ich denke jedes Mal an Canetti, wenn ich darin blättere.

Ich hatte öfter davon gehört, dass Canetti ein »schwarzes Tagebuch« führte, in das er alles, was er hasste, eintrug und in dem er auch missliebige Ereignisse des Alltags festhielt. Er soll seine Aufzeichnungen in drei verschiedenen Formen gemacht haben: eben als »Aufzeichnungen« und als Eintragungen in »Merkbüchern« und »Tagebüchern«. Seine »Tagebücher« waren dem Zorn vorbehalten. Er reflektierte darin vor allem die Begegnungen mit Menschen, seine »Eifersucht, meine private Spielform der Macht«, »jede Art von Wahn« und natürlich den Tod.

Über sein Tagebuchschreiben notierte er: »Ich habe mich nicht gern genug dazu. Bei einem Mann von meinem Selbstbewusstsein ist das zumindest erstaunlich.« Er verfasste seine Tagebücher allerdings jahrzehntelang, wenn auch, wie er festhielt, nur »zur Beruhigung« oder »um zu vergessen, was drinsteht«. Im Widerspruch dazu hob er sie allerdings für die Nachwelt auf, er ließ sie aber bis 2024 sperren.

Die »Merkbücher«, die von ihm als »nur für den Verfasser nachvollziehbares Kalendarium« bezeichnet wurden, sind nicht in den Nachlass gelangt oder überhaupt nie geführt worden. Die eigentlichen »Aufzeichnungen« hingegen sind als Aphorismen und Gedankensplittersammlung zum größten Teil an die Öffentlichkeit gelangt, Canetti bezeichnete sie als sein »kleines Lebenswerk. Sechs starke Bände ließen sich damit füllen … in seiner lockeren, unverbundenen Art wie eine sonderbare Ehe zwischen Pascal und Lichtenberg, wenn sie heute leben würden.«

Die Liste der von Canetti in Notizen und »Tagebüchern« geschmähten Schriftsteller und Freunde ist lang und kann nur auszugsweise wiedergegeben werden. Über Stefan Zweig, der den Erstdruck der »Blendung« nachdrücklich gefördert hatte, alterierte er sich unter anderem: »Wann immer ich an ihn denke, packt mich eine verzweifelte Langeweile. Er ist der einzige langweilige Mensch, den ich überhaupt gekannt habe. Sein Tod macht ihn nicht besser.«

Hermann Broch warf er vor, »plötzlich an einer Massenpsychologie zu arbeiten. Wie hatte er mir davon abgeraten. Wie hatte er mich verhöhnt!« Canetti bezeichnete ihn vor allem wegen seines riesigen Briefwerks als geschäftstüchtigen Epigonen, als jemand, der nichts Eigenes hatte und deshalb ständig an viele schreiben musste, der nie nein sagen konnte und der mit großem Geschäftssinn »für die Entstehung seines Namens sorgte« und dem das »posthum, wenn auch nicht sehr lange, geglückt ist«.

Über Karl Kraus, dem er anfangs geradezu hörig gewesen war, äußerte er sich 1934, nachdem der Verehrte den sozialdemokratischen Aufstand verurteilt und ausgerechnet bei Dollfuß Rettung gesucht hatte: »Ich schäme mich, von einem solchem Monstrum beeinflusst gewesen zu sein. Ich fürchte Spuren seines

Einflusses in meinen Dramen und möchte ausmerzen in jeder Arbeit und in mir, was an ihn erinnert. Ich möchte ihn, obwohl er so schwach ist, züchtigen. Welch ein Goebbels im Geiste! Wie für diesen Empfindsamen, um aller Kreatur Gequälten, plötzlich Blut kein Blut, Frauen keine Frauen, Kinder keine Kinder mehr sind!« Und: »Karl Kraus ist ein Monster der Phrase, er war so etwas wie ein Hitler der Intellektuellen.«

Über Anna Mahler, mit der er eine Liebschaft hatte: »Er (Broch) sagte mir, ahnungslos über Anna: ›Sie ist eine Suchende.‹ Eine Suchende sie, die nichts war als ein unweiblicher Abklatsch ihrer von Geilheit triefenden Mutter.« Über Adorno: »Das ekelhafteste Beispiel eines Philosophen«, der ihm »in Person bekannt« sei. Seine Kunst bestehe darin, alles »möglichst lange, möglichst viel, möglichst gescheit zu sagen, ohne ein einziges Wort, das den Geist ins Herz trifft«. Über Musil, den er ansonsten bewunderte: »Er ist käuflich. Er ist auf eine erschreckende Weise vom Erfolg fasziniert: unaufhörliches Ins-Auge-Fassen der Erfolgreichen. Der Krieg beschäftigte ihn kaum. Seine Bettel- und Drohbriefe haben nicht genug Würde.«

Über Heimito von Doderer: »Doderer ist zu sich selbst immer verlogen (ein Historiker).« Über die Dadaisten, die er als »Tröpfe« und »Schreihälse« bezeichnete: »Einer lächerlicher, hohler und leerer als der andere.« Über T. S. Eliot: »Selten ist mir etwas so widerlich gewesen wie die Erscheinung des englischen Dichters Eliot. Er ist unendlich geizig. Seine armselige Nüchternheit verbirgt er hinter einer gepflegten Verzweiflung. Er hat ein pickendes Hennenherz.« Hermann Hesses Rezension, in der dieser die »Blendung« überschwänglich lobte, fand er »beleidigend dumm«. Zu Joyce: »Als Dichter hat er mir nie sehr viel bedeutet. Jeder echte Schizophrene interessiert mich mehr.« Über das Glück, mit anderen Schriftstellerkollegen in einer Anthologie zu erscheinen: »Am meisten ekelt mich die Gesellschaft der Mitschreibenden. Eine Zeitschrift oder ein Buch, in dem ich mit anderen zusammen abgedruckt bin, kommt mir vor wie ein Konzentrationslager. Welche Erniedrigung, sich in einem Raum mit achtzig anderen entkleiden zu müssen. Der niedergeschriebene Satz, der Gültigkeit hat, ist nackter als ein Körper, und er darf sich, so wenig wie dieser, wahllos vermischen.«

Zu Dürrenmatt: »Einfälle plump, wie von Schulaufsätzen. Die Sprache eines Fetten. Der Hohn kraftlos. Nichts. Nichts.« Als Dürrenmatts Eigenart machte Canetti »erstaunliche Dummheit« aus. Zu Max Frisch, den er mit Vorliebe als »den Nasenlosen« bezeichnete: »Bei seiner Nase nimmt er sich nicht, er hat keine. Fürs Nachleben hat er ein Komitee eingerichtet, mit Richtern und Preisen. Es nützt nichts. Sein Name wird rascher verwelken als die seiner Verwalter.«

Unvermeidlich war, so besehen, wohl auch eine Auseinandersetzung mit Thomas Bernhard. Canetti warf ihm in einer Rede vor, dass er, wie andere Dichter, nachdem er »bittere und begabte Bücher verfasst habe«, statt zu verstummen immer wieder dasselbe Buch schreibe. »So verbesserungsunfähig und todeswürdig die Menschheit erschien, eine Funktion war ihr geblieben: ihnen (den Dichtern) zu applaudieren.«

Auf Bernhards böse Replik, in der er Canetti mit

einem Affen verglich und über sein hohes Alter spottete, in dem er noch ein Kind gezeugt hätte, verlangte Canetti eine Entschuldigung, die Bernhard nie aussprach. Von da an finden sich harsche Bemerkungen über Canettis Widersacher in den Notizen: »Er war im Mozarteum. Statt Singen hat er Keifen gelernt.« Oder: »Aus der erbärmlichsten Wehleidigkeit hat sich in hundert Wiederholungen ein ganzes Werk ergeben. Für jede Kränkung lässt er 10 000 Leser erschießen.«

Die Beschreibung von einem früheren Besuch enthält schon zahlreiche Invektiven wie: »Seine Loden, seine Stiefel, sein Vierkanthof mit 90-jähriger Bäuerin im Ausgedinge, ein Ganghofer mit negativem Vorzeichen.« Einige Monate später schrieb Canetti, Bernhard komme ihm vor, »als wäre er ein Krüppel von mir«. Die angeführten Zitate zeigen, wie sehr Canetti seine »Hassgötzen« brauchte, an denen er sich abreagierte.

Seine Abneigung konnte grenzenlos sein. Fritz Arnold, zu Canettis Zeiten Lektor im Hanser Verlag, erinnerte sich: »War ich so unvorsichtig, einen Autor, ein Buch oder einen gemeinsamen Bekannten zu loben, die er verachtete, ging auf mich ein Gewitter von Zorn und Schmähungen nieder, er sprang auf, seine Augen blitzten, seine Haare flammten, seine Stimme zitterte in einer Flut erschreckender Formulierungen.« Schon in den »Wiener Notizblöcken 1925–1930« hielt Canetti fest: »Hass, Hass, Hass gegen die blitzenden Goldzähne im Fettpolster, Hass gegen die trüben Scheuklappenaugen, die nur eigene Kinder sehen, gegen die menschlichen Kleiderhaufen, Hass gegen das Sattheitsgefühl, gegen die volle Magenresonanz und die hohlen Kopftöne. Hass, Hass, Hass.« Er verstand sich auch lange als »Dichter aus Bosheit«, und Ruth von Mayenburg, mit der er befreundet war, bezeichnete ihn als »geniales Untier« und »Menschenfresser«.

Sven Hanuscheks herausragende Biographie, die mit Reiner Stachs Kafka-Biographie in einem Atemzug genannt werden kann, entwirft ein komplexes Bild des Menschen Elias Canetti. Man erfährt unter anderem über sein Liebesleben in England, dass er gleichzeitig mit drei Frauen liiert war: mit der Schriftstellerin Friedl Benedikt, der Malerin Marie-Louise von Motesiczky, die ihn finanziell unterstützte, und seiner ersten Frau, der begnadeten Schriftstellerin Veza, die ihr Werk hintanstellte und von seiner Geliebten allmählich zur Ersatzmutter wurde, ihn allerdings ein Leben lang mit Selbstmordwünschen und -drohungen in Atem hielt. Dazu kamen kurzfristige Affären, die zusammen mit Canettis krankhafter Eifersucht eine nicht unkomische Groteske ergaben. Seine Eifersucht war für ihn nämlich umso schmerzlicher, als es die des Verführers war, der aus eigener Erfahrung weiß, wie leicht es ist, zu betrügen. Auch gegen seine Geliebten finden sich Hassausbrüche in seinen Notizen, abwechselnd mit Selbstbeschuldigungen und -beschimpfungen. Eine angebliche Ähnlichkeit mit Strindberg existierte also nicht nur äußerlich.

Seine Freundinnen Marie-Louise von Motesiczky und Friedl Benedikt sollen erlebt haben, dass es bei Spaziergängen unaufhörlich neben ihnen im Gebüsch geraschelt habe, die Malerin soll ihre irritierte Begleiterin hierauf beruhigt haben: »Das ist nur Canetti, er ist so eifersüchtig.« Canetti klagte sich dessen später, als er Hera Buschor kennenlernte, selbst an, und verurteilte auch den Lügner in sich: »Ich versuche es bloß im Schreiben, vollkommen ehrlich zu sein, aber wenn ich zu Menschen spreche, bin ich auf hundert Arten und aus tausend Gründen unwahrhaftig. Ich muss mir darüber klarwerden, was mir die Lüge bedeutet und warum ich sie brauche.« Und: »Ich lebe in vielen Romanen zugleich, statt sie zu schreiben. Die Unverträglichkeit dieser Romane miteinander, die Spannung zwischen ihnen, brauche ich. Die Gefahr von Konfrontationen liebe ich über alles in der Welt, im Kleinen wie im Großen führe ich sie selbst herbei und weiß sie dann im letzten Augenblick zu verhindern oder zu meistern.«

Canettis großes Vorbild, der französische Schriftsteller Henry Beyle Stendhal, beschrieb seine Leidenschaft, Grimassen zu schneiden, so: »In dieser Kunst machte ich reißende Fortschritte. Ich lachte selbst über die Gesichter, die ich schnitt, um die anderen zum Lachen zu bringen. Es war umsonst, dass man bald diese wachsende Neigung bei mir bekämpfte. Ich habe sie noch und lache oft über die Gesichter, die ich schneide, wenn ich allein bin!« Auch Canetti hatte viele Gesichter, er behauptete von sich selbst, er sei ein Genie des Fratzenschneidens gewesen und beherrsche zweitausend Masken, von denen ihm dann später, gegenüber dem eigenen Kind, seine zweite Frau, Hera, einige verboten habe – sie seien zu grässlich gewesen.

Aber auch ohne zu grimassieren, war Canettis wahres Gesicht einer Ensor-Maske nicht unähnlich. Hinter dem strengen Moralisten, dem unerbittlichen Verurteiler, verbarg sich ein »Menschenfresser«, hinter dem »Menschenfresser« ein besorgter, liebevoller Zeitgenosse, hinter dem Anteil nehmenden Künstler ein schräger Bohemien, dahinter ein Patriarch, dahinter ein lebenslanger Vorzugsschüler, dahinter ein eifersüchtiges Kind, dahinter ein Genie. Ein Dichter, der alles aufschreibt, was ihm widerfährt, steht andererseits in einem permanenten Verhör-Verhältnis zu sich selbst. Vom Richter zum Angeklagten, vom Staatsanwalt zum Verteidiger verwandelt sich der innere Dialogpartner je nach Bedarf. Hinter den Abertausenden Worten von Canettis Werk wird deshalb das Leben selbst sichtbar – die Verwandlung von Winzigkeit in Größe, von Eitelkeit in Kümmerlichkeit, von Selbstüberschätzung in Lächerlichkeit, von Hass in Liebe und umgekehrt.

Im Mai 1995 zeigte mir Uwe Schütte, Dozent in Birmingham, das Haus in Hampstead, in dem Canetti gewohnt hat. Wir besuchten dort auch die Häuser von John Keats und Sigmund Freud, den Canetti zeit seines Lebens ablehnte. Ich erinnere mich an die riesigen, blühenden Rhododendronbüsche in den Gastgärten und vor den Villen. Als wir im »Coffee Cup«, Canettis einstigem »Stammcafé«, saßen und ich mir seine kleine Gestalt vorstellte, wie sie im Staubmantel die Straße hinaufeilte, versunken in seiner Welt im Kopf, wie er sie in der »Blendung« beschrieben hat, glaubte ich ein Lachen zu hören, das nur aus den Geräuschen seines Atems kam.

Ein Jahr später, auf der Reise zu den Literaturtagen in Solothurn, machte ich in Zürich halt, wo mich meine Agentin Ruth Weibel zum Grab Canettis begleitete. Es befindet sich neben dem von James Joyce, dessen Bronzestatue sinnend in einen grünen Busch starrt und scheinbar die Schrift des Windes in den Blättern entziffert. Canettis auf dem Boden liegenden Grabstein kann man sich als großes weißes Blatt Papier vorstellen, auf dem seine Signatur und die Lebensdaten zu lesen sind. Ich empfand keine »geheime Genugtuung« auf dem Friedhof, wie Canetti sie im Kapitel »Über das Friedhofsgefühl« in »Masse und Macht« beschrieben hat, ich habe auch nie an diese »geheime Genugtuung« geglaubt. Mir fiel hingegen eine andere Stelle in »Masse und Macht« ein, in der der Dichter seine Bewunderung für Stendhal zum Ausdruck brachte. Zu Hause las ich das Zitat wieder – und fand, dass es auch auf Elias Canetti zutraf:

»Wer aber Stendhal aufschlägt, findet ihn selbst und alles wieder, das um ihn war, und er findet es hier in diesem Leben. So bieten sich die Toten den Lebenden als edelste Speise dar, ihre Unsterblichkeit kommt den Lebenden zugute, in dieser Umkehrung des Totenopfers fahren alle wohl. Das Überleben hat seinen Stachel verloren, und das Reich der Feindschaft ist zu Ende.«

THOMAS BERNHARD

Der lebendige Tote

ICH BIN EIN LIEBHABER von Thomas Bernhards Prosa geblieben, sie hat mich von Anfang an, vom suggestiven Roman »Frost«, in ihren Bann gezogen, manchmal wegen einer gewissen Auszehrung gelangweilt (der Roman »Korrektur«), manchmal wegen Inspirationslosigkeit geärgert (die Erzählung »Gehen«), mir zumeist aber wegen ihres sprachlichen Sogs, ihres existentiellen Atems, ihrer inneren Wahrhaftigkeit zu einem intensiven Leseerlebnis verholfen.

Thomas Bernhard, der als Autor eine komödiantisch-kabarettistische Ader hatte, promenierte in seinen späteren Stücken und Romanen nicht selten am Rande des Kalauers. In seinem letzten Roman »Auslöschung« allerdings erreichte er noch einmal, wenn auch auf ganz andere Weise als in seiner ersten großen Prosa, eine Verdichtung der österreichischen Wirklichkeit, wie sie selten jemals vor und nach ihm der Fall war.

Natürlich, Bernhard war ein Ärgernis, ein Verletzter, ein Ungerechter. Heute zum Beispiel bin ich mehr noch als damals der Meinung, dass er Bruno Kreisky als Politiker lächerlich falsch eingeschätzt hat, wie ich überhaupt den Eindruck habe, dass er es sich mit der

Politik in der Ablehnung aus einer Position der Stammtisch-Häme zu leicht machte. Bernhard hat kaum die Hintergründe seiner Schimpforgien sichtbar werden lassen oder transparent gemacht, am ehesten in den autobiographischen Schriften von der »Ursache« bis zu »Ein Kind«, wo er sich auch nie zum arroganten, stalinistischen Richter aufspielte, wie in dem Roman »Holzfällen«, in dem er die Figuren schon denunzierte, bevor er ihnen noch in Form eines Todesurteils den Gnadenstoß versetzte.

Ich habe »Holzfällen« immer als eine Selbst-Reinwaschung und Selbst-Erhöhung gelesen, im Unterschied zum Roman »Verstörung« oder den Erzählungen »Ungemach«, »Amras« und »Watten«, die ich zu Bernhards besten Werken zähle.

Mit den Theaterstücken hingegen hatte ich – abgesehen von »Heldenplatz« – immer schon meine Probleme, daran hat sich nichts geändert. Denn eigentlich war Bernhard kein Dramatiker, sondern ein komödiantischer Dichter-Kabarettist. Auch wenn es wunderbare Rollen für Schauspieler gab, auch wenn Minetti im gleichnamigen, ihm gewidmeten Stück oder in »Die Macht der Gewohnheit« neue Maßstäbe in der Interpretation setzte und »Ritter Dene Voss« ein hell leuchtender Fixstern im Akademietheater war, nicht zuletzt dank der überragenden Regie Claus Peymanns, der überhaupt dem Dramatiker Bernhard erst Bühnenwirksamkeit verlieh – des Öfteren ist das Rascheln von Papier nicht zu überhören.

Das Komödiantisch-Kabarettistische hingegen lag Bernhard wie gesagt im Blut, komödiantisch-kabarettistisch unterhielt er die Fernseher in Krista Fleischmanns Portraitfilmen, komödiantisch-kabarettistisch und herablassend verriss er auch in der Regel seine Gegner – besonders ungerecht, eitel und deplatziert Elias Canetti in einem »Spiegel«-Leserbrief als Antwort auf eine Kritik.

Er hatte seinen Schopenhauer gut studiert: In den »Aphorismen zur Lebensweisheit« findet sich im 4. Kapitel / 4 »Von dem, was einer vorstellt« der Schlüssel zu seiner Strategie: »Wie Geschimpftwerden eine Schande«, heißt es dort, »so ist Schimpfen eine Ehre. Zum Beispiel auf der Seite meines Gegners sei Wahrheit, Recht und Vernunft, ich aber schimpfe; so müssen diese alle einpacken, und Recht und Ehre ist auf meiner Seite: Er hingegen hat vorläufig seine Ehre verloren«, und so zwei Seiten lang weiter.

Im Gegensatz zu allem, was sich gegen Bernhard vorbringen lässt, war seine Prosa rein und überaus kunstvoll, indem sie das sogenannte Negative, das Hässliche, das Böse, das Irre, die Verzweiflung ins Unermessliche vergrößerte und dadurch eine darin verborgene Schönheit und Anziehungskraft mit großer Intensität sichtbar und spürbar machte.

Häufig stand Bernhard als öffentliche Figur seinem Prosawerk im Weg – jedenfalls mehr, als er es vermitteln half. Er war ein schlauer und provokanter Öffentlichkeitssucher, der schauspielerte und posierte und sich mitunter so in seine Rolle hineinsteigerte, dass er die Grenze zwischen Spiel und Leben nicht mehr wahrnahm. Österreich hatte zeit seines schriftstellerischen Lebens neben dem Bundeskanzler zum allgemeinen Ärgernis auch einen Ab-Kanzler.

Diesem Phänomen – und nicht nur seinem Prosawerk –, auch der »Hetz«, die er verursachte, und der Schadenfreude, die er auslöste, verdankte Bernhard neben seinem Charisma seine fanatischsten Anhänger, die Bernhard-Jünger, die Bernhard-Diener, die meist Leute aus sogenannten besseren, auch adeligen Häusern, Gebildete waren, aber auch intelligente, sensible Jugendliche, für die er so etwas wie einen Fürsprecher ihres inneren Zornes, ihrer inneren Selbstmordsehnsucht darstellte.

Manchmal hatte man bei einem echten Bernhard-Diener das Gefühl, mit einem Sektenmitglied zu sprechen, denn es war und ist verpönt, diesen in ihren Kreisen zu kritisieren, Kritik an *ihm* bedeutet automatisch Feindseligkeit. Untereinander tauschten hingegen echte Bernhard-Anhänger gerne Anekdoten, Klatsch, kleine Geheimnisse über ihr Idol aus, wie es unter Kaplänen gegenüber den vorgesetzten Bischöfen der Fall sein soll.

Die Erregung, die Bernhard als Öffentlichkeitsmensch, als sprachgewaltiger, witzig-böser Räsonierer, jüngster Richter und Verdammer »naturgemäß«, wie er es nennen würde, mit seinen an den Humor grenzenden polemisch-pauschalierenden Befunden hervorrief, die nicht selten ein neues Werk ankündigten wie ein fernes Wetterleuchten und grollendes Donnern das herannahende Gewitter, schloss mitunter auch Intellektuelle, Schriftsteller oder Philosophen nicht aus, die sich von ihm im selben Kanon schuldig gesprochen fühlten wie jene, auf die er zielte. Zuletzt im »Heldenplatz« spielte er dann wirklich einer gegen alle und erlitt einen Pyrrhussieg.

Es gibt Bernhard-Verächter, die ihn nicht mochten,

weil er ihnen gegen das Schienbein trat, weil sie sich von ihm provozieren ließen, weil sie ihn nicht oder zu gut begriffen oder weil sie sich gegen ihn von bestimmten Zeitungen und noch bestimmteren Journalisten aufhetzen ließen – in erster Linie waren das gefühlsmäßige, unwissende Thomas-Bernhard-Gegner, wie es andererseits damals auch gefühlsmäßige, unwissende Waldheim-Anhänger und -Verteidiger gegeben hat. Aber es gibt auch Thomas-Bernhard-Kritiker, die schwerlich in diesen Rahmen passen, denen er überheblich vorkam und auf die Nerven ging wie dem französischen Philosophen Jean Baudrillard, der sich zu einer antibernhardischen Philippika hinreißen ließ, die selbst profunde Kenntnisse von schopenhauerischen Schmähungstechniken und dessen »göttlicher Grobheit« verrät: »Thomas Bernhard. Weshalb diese Begeisterung für eine halbherzige Gotteslästerung, die so ganz der halbherzigen Deflation unserer Zeit entspricht? Sein Hass gegen Österreich entspricht ebenfalls dem Land – provinziell. Seine boshafte Parodie der Preisverleihung (Wittgenstein) ist ebenso zäh wie die Zeremonie selbst. Sein Erfolg rührt daher, dass er schamlos alle Eigenschaften seiner Zeit verkörpert, einschließlich der alltäglichen Komplizenschaft mit dem entlarvten oder parodierten Gegenstand.

Sein Schrei? Armer Büchner, armer Beckett, armer Joyce, armer Genet! Man ermesse die außerordentliche Selbstgefälligkeit dieses heiligen Thomas in seinem Schrei nach Österreicher Art, seinem Philisterschrei. Der Schrei des schlauen Totengräbers in einer Aasfresser-Oper.

Sein Exil? Er befindet sich durchaus nicht im Exil vor seiner Gesellschaft. Er ist der typische Ablehner und Schmäher vom Dienst einer fetten Gesellschaft, deren plumpe Energie er aussaugt, um sie zu einem konventionellen Schrei zu destillieren – das Vaudevillestück von Zorn und Hass. Er hat etwas von Boulevardtheater und von Sacha Guitry. In ihm steckt schlichtweg ein Hochstapler. Und natürlich gehört die Begeisterung der Bewunderer mit zur Hochstapelei.«

Was Baudrillard übersieht, sofern er Thomas Bernhards Werk in seiner Gesamtheit überhaupt kennt, ist die in späteren Jahren immer krassere und auch von anderen Schriftstellern rigoros geforderte Ablehnung des gesamten innenpolitischen Geschehens, vielleicht gerade weil er in seiner Jugend selbst für ein, zwei oder drei Tage SPÖ-Mitglied war, für eine sozialdemokratische Salzburger Zeitung Gerichtsreportagen schrieb und schließlich als klammheimliches Mitglied der ÖVP endete. Das wird gerne unterschlagen – trotzdem: Er kannte die Gefahr der Vereinnahmung. Er wusste, dass alles, was sich in Österreich äußert, Gefahr läuft, vereinnahmt zu werden, und instinktiv bekämpfte er diese permanente Vereinnahmung, der er in seinem Werk auch nie zum Opfer fiel. Der Kampf gegen die Vereinnahmung trug ihm neben seiner Erkenntnis des ungebrochenen klerikal-nationalsozialisten Gedankengutes in den Köpfen seiner Landsleute vielleicht mehr Hass ein als seine scharfen spöttischen Bemerkungen – hatte aber auf die folgende Schriftstellergeneration vermutlich einen tieferen Einfluss als sein unverwechselbares Werk.

Letztendlich war sein Testament, nennen wir es die Enterbung der Österreicher von seinen Theaterstücken, nur eine allerletzte Konsequenz. Dass Thomas Bernhard nun entgegen seiner testamentarischen Verfügung auf den Entschluss eines Gremiums in Österreich wieder gespielt werden darf, ist weder menschlich noch rechtlich, noch künstlerisch glaubwürdig zu begründen. Es geht, wie sollte es anders sein, ums Geschäft, um das finanzielle Ausschlachten der Stücke. Denn jederzeit könnte jeder in Österreich die Bühnentexte wie das gesamte Bernhard'sche Werk gedruckt lesen und sich ein Bild darüber machen.

Vermutlich wird Thomas Bernhard, wenn er es nicht schon ist, das, worauf er wohl am wenigsten Wert legte, ein österreichischer Klassiker wie Grillparzer, der als Österreich-Beschimpfer gewissermaßen auf einer embryonaleren Entwicklungsstufe im Vergleich zu Bernhard steckenblieb: Er schimpfte sich nur in seinen Tagebüchern über Österreich aus, schmähte die Habsburger nur vor Freunden oder Künstlern wie Beethoven und Hebbel, während er öffentlich das Land in seinen Stücken, der Familie bei Hochzeiten und Taufen in Versen huldigte. Er verbot zu Lebensende seine Stücke zwar nicht, vielleicht weil er bereits wusste, dass das in Österreich umsonst ist, versteckte die letzten drei dafür aber zwanzig Jahre in der Schreibtischlade, so dass sie erst nach seinem Tod aufgeführt werden konnten. Sie haben trotz aller immer wieder von der Kritik festgestellten und festgeschriebenen und von den Zuschauern miterlebten Schwächen bis heute überlebt. Seine grandiosen Tagebücher aber versenkte man bislang erfolgreich jeweils in teuren Gesamtausgaben – vom Schicksal des Werkes eines anderen aufmüpfigen Österreichers, des ebenso unvergleichlichen Friedrich Heer, gar nicht zu reden.

BRUNO KREISKY

Ein österreichisches Schauspiel

MALLORCA

4. 4. 1980 – 6. 4. 1980

Karfreitag –
Das Haus in Mallorca sieht von der Straße aus wie ein Bungalow, blickt man vom Garten her den Hang hinauf, ist es ein hübsches, zweistöckiges Gebäude mit einem Swimmingpool. Als wir – der Fotograf und ich – das Haus betreten, trägt Kreisky keine Brille, aber einen grünen Trainingsanzug mit grünen Socken und Clogs. »In Österreich ist Weltuntergang«, begrüßt er uns, »in Salzburg hat es minus zehn Grad, und in Wien schneit es.« Wir dürfen auf dem Balkon Platz nehmen, wo nur ein schwacher Wind weht. Der Swimmingpool unter uns ist grün von Blütenstaub, und ringsum stehen alte weiße Häuser mit hellroten Dächern, Baukräne, Wolkenkratzer, vor uns liegt das Meer.

»Ich habe ein anderes Ideologieverständnis«, sagt er zum Fotografen und mir. »Das führt zum Vorurteil, ich sei kein Sozialist. Wahrscheinlich bin ich ein konsequenterer Sozialist als viele jungen Freunde. Ich kenne die Schriften von Marx sehr gut, weil ich lange genug eingesperrt war, um ihn zu lesen. Man kann nicht nebenberuflich Marx studieren, denn das Werk ist zu umfangreich und weitverzweigt. Bei Marx sind gewisse Denkmethoden etwas, an das man sich halten muss, andere wiederum sind blühender Unsinn.«

»Ich habe jetzt eine subtilere Einstellung zum Marxismus als in meiner Jugend«, fährt er fort, »einerseits bestätigt sich gerade in der gegenwärtigen Ölkrise die Theorie von der ›Materialistischen Wirklichkeit‹, andererseits ist das Warten auf die Weltrevolution ein Warten auf Godot.«

Nach einem längeren Gespräch:

»Ich bin glücklich, wenn ich da sitzen kann, da aufs Meer schau, ein wenig lesen kann. Glück ist potenzierte Zufriedenheit. Wenn man lang da sitzt, sieht man die Häuser nicht mehr ... aber in den Häusern wohnen Menschen ... vielleicht nicht immer die richtigen.«

Der Essraum neben der Küche hat etwas Austauschbares. Sessel mit geflochtenen Sitzflächen, Bambustische mit Glasplatten, Fernsehapparat, Wollteppich, Steinboden. Seine Frau kommt ab und zu herein, rauchend, schweigend, deckt den Tisch. Zusammen mit einer etwa fünfzigjährigen entfernten Verwandten des Kanzlers richtet sie das Mittagessen in der Küche an. Kreisky telefoniert auf Englisch. Allerlei Figuren, Vasen, Keramikkerzenleuchter, eine viereckige Standuhr, ein Barometer an der Wand, verschiedene Bilder, ein Kofferradio sind sorglos zueinander angeordnet. Kreisky ist beim Essen völlig ungezwungen. (So macht es am meisten Freude.) Das Sprechen wird dabei nur hin und wieder unterbrochen.

Manchmal fällt es auf, dass sein rechtes Auge geschlossen ist. Er kommt nur einmal darauf zu sprechen, als er mit einer unbedachten Bewegung eine Bierflasche vom Tisch stößt, die auf dem Boden zersplittert. Die Bierflasche habe er nicht bemerkt, erklärt er aufstehend. Die entfernte Verwandte und seine Frau kehren die Scherben zusammen, Kreisky geht in die Küche und ruft: »Wo ist die Brotsäge?«

Nach dem Essen (Fischsalat, Wurst, Gemüse, buntgefärbte Ostereier, Brot und Kuchen) telefoniert er wieder, während die entfernte Verwandte und seine Frau abräumen. Später gehen wir durch das Haus in den Garten. Ein kurzer Blick durch die offene Tür in ein helles Schlafzimmer, dann außen die Treppe hinunter in den schrägen Garten mit einem Wäschetrockengestell. Gegenüber dem Swimmingpool die Terrasse, dahinter das Arbeitszimmer, in dem der Bundeskanzler seine Erinnerungen diktieren will, wenn er, wie er sagt, sein Amt nicht mehr ausübt. Vor dem Arbeitszimmer schmiedeeiserne Gitter. Der Raum ist groß und licht, hat ein kleines Bad und ist mit diversen Bildern und Gegenständen geschmückt, u.a. einer kolorierten Fotografie von Albert Einstein, einem Moldovan-Original und zwei Österreich-Plakaten von Leherb sowie Kanzlergeschenken: Kuhglocke, Standuhr etc. Überall abgestellte Gartenstühle, Gartenmöbel mit geblümten Polstern, ein Golfwagen, aus dem die Griffe der Schläger herausragen. Kreisky nimmt hinter dem Schreibtisch auf einem breiten Lederstuhl mit hoher Lehne Platz: »Haben Sie genug Licht?«, fragt er den Fotografen. Einmal setzt er die Brille auf, dann nimmt er sie ab.

Als wir hinausgehen, macht ihn seine Frau darauf

aufmerksam, die Tür zu schließen, sonst kämen in der Nacht die Katzen herein.

»Die Hunde auch. Hunde und Katzen«, bestätigt der Bundeskanzler.

Vor dem Haus steht ein gelbes VW-Kabriolett mit Stoffdach und spanischer Nummer. Während wir in das Auto klettern – der Bundeskanzler bringt den Fotografen und mich zum Hotel zurück –, schauen die beiden spanischen Sicherheitsbeamten zu uns herüber. Langsam fahren wir den Berg hinunter, zwischen hellroten und gelbbraunen Erdwällen, Pinien und Villen mit Swimmingpools, die leer wirken. Einmal eine Dogge, einmal ein dunkelgefleckter Hund, die dem Wagen stumm nachschauen. Immer wieder Baustellen. Wegen der halb aufgebauten Häuser – oft stehen nur Grundmauern, innerhalb deren schütteres Gras wächst – und weil wir keinem Menschen begegnen, habe ich für Augenblicke den Eindruck, durch ein von Bewohnern aufgegebenes Dorf zu fahren. »Da hinten, im Inneren der Insel ist nur Wald«, sagt Kreisky. »Alles nur Wald. Pinien.« Wir fahren eine öde Straße hinunter, an zerbeulten Benzintonnen vorbei. Der Pinienwald macht auf mich einen Eindruck von Trockenheit und Verfilztheit. »Sehen Sie, nur Wald«, fährt Kreisky fort, »da kann man lange Spaziergänge machen.« Es geht bergauf und bergab, die Bucht wird wieder sichtbar, und dort stehen wieder Häuser und Neubaugerüste. Kreisky trägt jetzt eine Brille. »Weiter hinten gibt es fruchtbares Land«, sagt er. »Hier ist es trocken. Weiter hinten gibt es Klee, Viehzucht, da gibt es Weizen, alle Obstsorten. Es gibt so viel Weizen, dass sich die Insel selbst versorgen kann. Da gibt es auch Dörfer mit Gasthäusern, in die gehe ich hinein.« Man kenne ihn dort, erklärt er uns, und nenne ihn Don Kreisky.

Währenddessen, beim Bergabfahren, kommen wir zu einem betonierten Rondeau, einer Art Einbahnstraße, und müssen umkehren. Wir fahren langsam im Kreis, biegen zu einer anderen Straße ab, aber dort ist wieder ein Rondeau, und wir drehen auf die gleiche Weise um. »Kennen Sie das Kloster, in dem Chopin und George Sand gewohnt haben?«, fragt Kreisky uns beim Umdrehen. »Es ist nicht weit von hier. Schrecklich. Wenn man den Raum sieht, in dem sie zusammengelebt haben, schrecklich … auf diesem Bett! … aber, wer weiß … bei der George Sand weiß man ohnehin nichts Genaues, die war ein Mannweib.« Wir haben die letzte Kehre genommen und fahren auf derselben Straße wieder zurück.

Am Taxistand angekommen – der Fotograf hat schweigend fotografiert, ich habe Aufzeichnungen gemacht, der Kanzler hat schweigend chauffiert – sagt Kreisky: »Ich zeige Ihnen noch den Tennisplatz.« Zuerst fahren wir an einem Marineland, dann an einer Steinmauer vorbei. »Da haben wir unseren Badestrand«, erklärte Kreisky, »da können wir auch baden.« Durch ein Gittertor sehen wir kurz eine Wiese mit gelben Blumen, Olivenbäume und Mandelbäume. »Die Bäume blühen hier im Jänner«, fährt Kreisky fort, »aber im Winter kann es sehr stürmisch sein.« Wir fahren an einer weiteren Steinmauer vorbei, die mit roten Buchstaben beschrieben ist. »Das ist der Tennisplatz. Ein sehr schöner Tennisplatz.« Wir schauen hinaus auf die Steinmauer. Dann bleiben wir stehen.

Ein paar Schritte weiter eine Treppe, die zum Clubhaus führt. Wir besichtigen die Plätze, die direkt am Meer liegen und auf denen gerade gespielt wird. Der Chef kommt und begrüßt Kreisky herzlich, aber nicht untertänig. »Im letzten Sommer habe ich nicht so viel gespielt«, sagt Kreisky mehr für sich. In einem geheizten Swimmingpool schwimmt ein junger Mann im blauen Wasser. Plopp – Poch, klingt es von den Tennisplätzen herauf.

Wieder auf der Straße, bemerkt der Fotograf, es sei in Deutschland undenkbar, dass ein Bundeskanzler ohne Sicherheitsbeamte und Chauffeur eine Fahrt mit dem Auto unternehme und spazieren gehe. »Sie haben eine andere politische Situation«, antwortet Kreisky (übrigens seit dem Mittagessen in einem blauen Hemd und in einer braunen Hose), man könne seinem Schicksal ohnedies nicht entgehen.

Mittlerweile ist es fünf Uhr geworden, und in Mallorca sich erholende Rentner warten auf Kreisky vor seinem Haus. »Die verbringen hier ihren Winter«, erläutert er uns, während wir vorsichtig über zwei »Sleeping-Policemen« holpern, »brauchen nicht zu heizen, haben günstige Arrangements in den Hotels und fahren erst wieder nach Hause, wenn es im Schrebergarten etwas zu tun gibt.« Er findet die Formulierung mit dem Schrebergarten selbst lustig und wiederholt sie, während wir – anstatt wie beabsichtigt ins Hotel – dieselbe Strecke zurückfahren.

Vor dem Haus wartet schon eine Schar Männer und Frauen: grauhaarig, mit Hüten, Kopftüchern, Polaroidkamera, Regenmäntel, Filmapparat. Sie haben die Straße in einen seltsamen Ausläufer eines Wiener Parks oder die Vorstadtpromenade eines österreichischen Provinzortes knapp vor den Wahlen verwandelt. Während der Bundeskanzler fotografiert und beklatscht wird, während man ihm dankt und die Hände schüttelt, während man schüchtern vor ihm zurückweicht, wird er von einem Pensionisten gefilmt. »Geht's zur Seit'n!«, ruft dieser, schiebt Menschen vor sich her und schreit: »Immer steht wer vor!« Nachdem alle den Bundeskanzler gegrüßt und ihm gedankt haben, gehen die Pensionisten – sich immer wieder umdrehend und winkend – die Straße hinunter. Die spanischen Sicherheitsbeamten schauen ein paar Schritte weiter weg unbeteiligt zu.

Hotel, nachts.
Als wir auf dem Balkon saßen, hatte ich Kreisky die Frage gestellt, ob er sich auch den nächsten Nationalratswahlen stellen würde, und er hatte geantwortet, er weigere sich, darüber nachzudenken, er sei 69 Jahre alt und habe noch drei Jahre Regierungstätigkeit vor sich. Allgemein gesprochen (hatte er laut nachgedacht) müsse er – sollte er tatsächlich vor diese Frage gestellt werden – sich im Klaren sein, ob er sich das gesundheitlich zumuten könne. Er lege strengste Maßstäbe an. In seiner Situation dürfe es keine geistigen Erschöpfungszustände geben. Er habe warnende Beispiele vor sich. Ein politisches Leben nach dem politischen Tod komme für ihn nicht in Frage. Auch körperlich dürfe er kein Problem für die Umwelt darstellen. »Und zweitens», hatte er wieder auflebend hinzugefügt, »besteht das Problem, dass ich die Nachfolge nicht ungebührlich verlängere. Es muss also die Frage geklärt sein, ob ich das meinen Freunden zumu-

ten kann.« Daraufhin begann er, auf meine weiteren Fragen nach möglichen Nachfolgern ohne Zurückhaltung über einzelne Politiker zu sprechen, wobei ich ihm versichern musste, nicht darüber zu schreiben. Im Hotelfoyer fügte ich jedoch mit dem Fotografen das Gespräch Satz für Satz zusammen. Inzwischen ist vieles davon in Zeitungen zu lesen gewesen. Daher gebe ich den betreffenden Passus ohne Namen und ohne seine Gefühle zu beschreiben wieder.

Ein Arbeiterführer, erklärte Kreisky sinngemäß, dürfe nicht zu wenig in der Arbeiterschaft verwurzelt sein. Sein Sozialismus dürfe nicht nur vom Verstand her kommen. Er dürfe in der Arbeiterbewegung auch nicht das Wesentliche darin sehen, mit den Funktionären gut zu stehen – gut stehen muss er mit dem proletarischen Kern. Reden jedoch müsse ein Arbeiterführer mit allen können. (Er selbst habe sich zum Beispiel, als er eingesperrt gewesen sei, nicht aussuchen dürfen, mit wem er in einer Zelle sitzen und die Notdurft verrichten wolle. Man komme im Leben nicht ohne Kompromisse aus.) Ferner müsse ein Arbeiterführer fleißig sein, er dürfe sich nicht dem Vorwurf aussetzen, zu wenig zu tun. Zusätzlich müsse sich seine Freude am Exklusiven in Grenzen halten, auch und gerade wenn der Betreffende wisse, dass die Arbeiter ihm das nicht krummnähmen. Dass er wenn möglich über ein angenehmes Äußeres verfügen, auf alle Fälle jedoch charakterlich sauber und intelligent hochstehend sein müsse, sei überflüssig zu erwähnen. Was nützen ihm aber alle diese guten Eigenschaften, wenn der Mut fehle? Ein sozialdemokratischer Parteiführer dürfe nicht feige sein. Er müsse provozieren können, müsse wissen, was er sich herausnehmen dürfe. Naturgemäß müsse er von dem Grundsatz ausgehen: »Ich muss mein eigener linker Flügel in der Partei sein.« Und mit Sicherheit dürfe ein Arbeiterführer (auch) nicht ein Mann des Geldes sein. Allgemein gesprochen, könne man den Wunsch, Politiker zu sein und reich werden zu wollen, nicht vereinen. Außerdem dürfe ein sozialdemokratischer Parteiführer nicht – mit welchem Geschick auch immer – eine Gruppe von Mitarbeitern aufbauen, die zwar tüchtig sein könnten, jedoch in erster Linie dem Zweck dienten, die eigene Macht zu festigen und zu erweitern. Jedenfalls müsse ein Arbeiterführer ein gewachsener Sozialist sein. Der deutsche Bundeskanzler Schmidt zum Beispiel entspreche allen diesen Anforderungen. Er sei integer und auch kein eiskalter Mann. Es sei wichtig, dass ein Arbeiterführer einen menschlichen Eindruck hervorrufe.

Am nächsten Tag sucht der Bundeskanzler zusammen mit seiner Frau und der entfernten Verwandten den größten Picknickkorb heraus und überwacht, dass die Orangen, der Gugelhupf und die Leberwurst nicht vergessen werden. Der Ausflug führt in das Landesinnere zu einem Bankier, bei dem wir (auf Vermittlung des amerikanischen Konsuls) zu Gast sind. Der Wind weht so heftig, dass die nass gebürstete Frisur Kreiskys durcheinandergerät, als wir ins Freie treten, um uns in das Auto zu setzen.

Gemächlich zuckeln wir zwischen Oliven- und Mandelbäumen dahin, an Steinmauern entlang, dann folgen Wiesen mit gefleckten Kühen, Schafen und Blumen, dann wieder umgepflügte rote Äcker mit Obstbäumen. Kreisky hat sich mit Freunden und Bekannten verabredet, die uns in zwei anderen Fahrzeugen begleiten, während die spanischen Sicherheitsbeamten vor dem Haus zurückgeblieben sind. Ich erfahre unterwegs, dass der inzwischen verstorbene Vater unserer Gastgeber ein bekannter Faschist gewesen sei, und automatisch kommen wir auf Franco zu sprechen.

Die meisten Felder liegen verlassen da – es ist Ostern –, auch in den Dörfern sehen wir niemanden. Es ist, als hätten wir uns in eine verlassene Einbahnstraße verfahren. Niedrige, rechteckige Betonhäuser mit blassfarbenen Aufschriften, einmal kommt ein unvorsichtiger Motorradfahrer zwischen den Steinmauern heraus, ein anderes Mal sehen wir ein einsames Dromedar zwischen Kakteen. In einer Dorfstraße, in der wir endlich Menschen, Kinder sehen, bleiben wir stehen, der Bundeskanzler holt eine zusammenklappbare, halbkreisförmige Hornbrille heraus, kontrolliert den Scheibenwischer des gelben VW. Zusammengeklappt ist die Brille nicht größer als eine Zündholzschachtel, und – wie von der Hand eines Schwarzkünstlers vertauscht –, ist sie plötzlich verschwunden, und Kreisky hat hinter dem Lenkrad wieder die übliche Brille aufgesetzt.

Das Landgut des Bankiers wird von Flurhütern auf Motor- und Fahrrädern bewacht. Sie tragen Stöcke und Gewehre, breite Hüte und Ledergürtel. Einer von ihnen fährt uns – ohne dass uns jemand begrüßt hätte – mit dem Motorrad voran zum Meer. Die Rollläden des Gebäudes waren heruntergelassen gewesen, außer den Flurhütern begegnete uns niemand. »Das dauert bestimmt noch eine halbe Stunde, bis wir ans Meer kommen«, sagt Vera Kreisky. Seine Frau übertreffe sogar die Kassandra, antwortet Kreisky. Er sei immer optimistisch, richtet er sich an mich, allerdings mit Einbeziehung der Realität. »In Schweden im Exil«, fährt er fort, während er durch eine flache Landschaft chauffiert, aus der Heuhaufen mit Wetterfähnchen ragen, an Weizenfeldern und Wiesen vorbei in eine Aulandschaft mit kleinen und größeren Teichen, »war ich mit dem Herausgeber des Steirischen Arbeiterblattes zusammen, einem tieftraurigen Mann. Ich habe ihn jeden Tag um vier Uhr im Café gesehen. Andere Emigranten haben mich gefragt: ›Wie kannst du dir das jeden Tag anhören?‹ – Ich habe gesagt: ›Er ist ein Pessimist, und ich bin Optimist, ich höre mir zuerst an, was er spricht, und antworte ihm dann, was ich denke, und das gleicht sich wieder aus.‹« Wir haben einen kleinen See erreicht, zwei Rebhühner fliegen aus einem Getreidefeld. »Ich habe mich gut mit den Emigranten in Schweden vertragen«, führt Kreisky aus, »gell Vera. In den zwölf Jahren, die ich dort war, hatte ich mit niemandem einen Streit – bis auf Vera … Die New York Times hat mich gefragt, welches die glücklichste Zeit in meinem Leben war, und ich habe gesagt: ›Die zwölf Jahre in Schweden … die glücklichsten Jahre sind nicht immer auch die erfolgreichsten.‹« Der sandgelbe, holprige Weg führt weiter durch die flache Landschaft, deren Vegetation nun plötzlich, nachdem wir hinter dem Motorradfahrer in den Wald gelangt sind, etwas von einem Moor hat, mit verschiedenen Büschen und Bäumen. Zwischen den Bäumen sehen wir ein geräumiges Haus am Strand auftauchen. Wir halten an, und die Picknickkörbe werden in das Haus getragen. Das Meer mit leichthüpfenden Wellen läuft am langen, menschenleeren Strand aus. Wir sind eine halbe Stunde gefahren.

Das Haus ist im Inneren halbdunkel. Ein langer Holztisch, Korbstühle, weiße Wände mit eingelassenen Keramiktellern. Auf dem Tisch steht ein geöffneter Karton mit Kuchen, stehen Weingläser und -flaschen, Teller, verschiedene mit Spinat, Fleisch und Rosinen gefüllte Mehlspeisen. Der Bundeskanzler spricht mit seiner Frau auf Schwedisch, bringt dem Flurhüter Wein und geht beim Essen auf und ab, parliert hier auf Schwedisch, dort auf Englisch, dann wiederum Französisch. Schließlich erklärt er sich bereit, auf Wunsch des Fotografen einen Spaziergang zu machen.

Der Himmel ist regnerisch, aber hoch – vor uns das von Wasserpflanzen gefärbte Meer. Zunächst gehen wir zwischen Gebüschen auf Sand und Felsen hinunter zum Wasser. »Das ist ein großes Gut«, sage ich, »gehört alles einem allein.« Kreisky: »Der Vater hat Franco unterstützt, aber die Söhne sind unpolitisch.« Ich: »Glauben Sie nicht, dass die Uniformierten hier eine persönliche Wache sind?« Kreisky: »Das sind Flurhüter, sicher privat, ja …« Ich: »Wenn man das Land aufteilen würde …« Kreisky: »Ja, dann würde es so aussehen wie in Palma. Denn die Leute würden das Land verkaufen – es ist zu wenig rentabel für viele kleine –, und hier würden die Hotels stehen, und die Straßen würden hier verlaufen. Wissen Sie, dass in Spanien die Küste überall frei zugänglich ist?« Der Fotograf: »Haben Sie die Wirtschaftsgebäude gesehen?

Ein eigenes Haus nur für die Tauben, eines für die Jagdhunde, es sollen an die achtzig sein, da hundert Stück Vieh in den Ställen, das gehört alles einem.« Kreisky: »Wenn man das nach dem Muster einer russischen Kolchose bewirtschaften würde, wäre es heruntergekommen, glauben Sie mir. Oder die Hotels würden hier stehen. Wenn die Leute nicht gut bezahlt würden, gingen sie davon. Sie können jederzeit in einem Hotel, im Fremdenverkehr arbeiten.« Ich: »Aber es gibt Menschen, die nicht im Fremdenverkehr arbeiten wollen.« Kreisky: »Ja, es ist nicht jedermanns Sache, auf einen Pfiff zu reagieren ... das ist wahr, aber ich glaube, der Besitzer kann es sich nicht erlauben, die Landarbeiter schlecht zu bezahlen. Oft sind gerade die Unternehmer die besseren, die nicht aus Humanität gut bezahlen, sondern aus geschäftlichen Überlegungen ... Dem Arbeiter ist es gleichgültig, aus welchen Gründen er gut bezahlt wird ... wenn der Unternehmer dabei sein Geschäft im Auge hat, ist es nur gut ... so ist halt die Landschaft hier nicht zerstört ...« Angeschwemmtes Seegras liegt überall dort, wohin das Wasser reicht, zu einem großen Haufen zusammengeworfen, wie abgefallenes Laub im Herbst in den Gärten. Kleinere Mengen sind von den Witterungseinflüssen zu federleichten Bällchen zusammengepresst, die manchmal im Wind über den Strand laufen. Überall Spuren von Müll: angeschwemmte Sonnencremetuben, eine Plastiksandale, eine gelbe Holzkugel aus einer Halskette, Teerklumpen und anderer Unrat.

Über Willy Brandt sagt Kreisky: »... Guillaume hat ihm das Genick gebrochen. Leber hat Brandt den

Mann empfohlen, er sei aufopferungsvoll und verlässlich. Guillaume soll seine Sache, erklärte man Brandt, sehr gut gemacht haben, sich nicht mit den Jusos eingelassen, aber auch nicht gegen sie gearbeitet haben. Wir hatten mit dem Palme einmal ein Gespräch, da haben sich die Übrigen alle an einen anderen Tisch gesetzt, nur Guillaume nicht ... Er hat ihm sehr vertraut ... ich war da vorsichtig ... der Guillaume ist an unserem Tisch gesessen, als Einziger ... das muss schrecklich sein: die Vertrauensenttäuschung, das kann ich mir schon vorstellen ... bei mir – ich treffe da auch keine besonderen Maßnahmen – ist das so: Die ganze Post wird geöffnet, die an mich gerichtet ist, nur nicht die, auf der steht: ›An Bruno Kreisky persönlich‹ – die wird dann in meiner Gegenwart geöffnet. Aber sonst liest mein Sekretär ... wenn ich mir vorstelle, dass der ... das muss schlimm sein, ein Vertrauensverlust.«

Manchmal, wenn Kreisky die Kamera erblickt oder wenn er ihr Geräusch hört, geht eine kaum wahrnehmbare Schutzbewegung durch seinen Körper. Er wendet sich kurz ab, um jedoch sofort die vom Fotografen gewünschte Situation zu wiederholen. Nie aber kommt er ihm entgegen, wenn es nicht mit größerer Selbstverständlichkeit möglich ist ... also bleibt er etwas länger vor einer Pflanze stehen, schaut ausführlicher den Horizont an, blickt länger in die Zeitung. Unterwegs hat der Fotograf von hinten Kreiskys Füße aufgenommen, Kreisky war für einen Augenblick irritiert, blieb stehen, ging dann aber sogleich, ohne sich zu kümmern, weiter.

Es fängt zu regnen an. Kreisky verändert nicht die

Geschwindigkeit beim Gehen, verschränkt die Arme hinter dem Rücken, spricht im gleichen Tonfall weiter. Auf seiner Weste klebt noch Zuckerstaub vom Kuchen. Über den Iran äußert er sich vorsichtig. Jedenfalls würde eines übrig bleiben: dass Khomeini den Schah weggebracht habe. Würden die italienischen Kommunisten auf einem Platz zusammenkommen und die Regierung das Militär aufmarschieren und auf sie schießen lassen, würden die Kommunisten die Flucht ergreifen. »Bereit zum Sterben sind die Menschen nur für die Religion.« Wir haben das Haus wieder erreicht, in dem gerade die Reste des Picknicks in Körbe verstaut werden.

Auf der Rückfahrt halten wir vor dem Schloss an. Auf der einen Seite das von Bougainvillea bewachsene Gebäude, auf der anderen Seite der grüne Rasen und die Tribüne eines Skeetschussplatzes neben einem riesigen Kakteengarten. Mittlerweile hat es wieder zu regnen aufgehört, es ist ganz still. Wir steigen die Treppen hinunter zum Kakteengarten, Kreisky bleibt stehen, pflückt Blüten von Orangen- und Zitronenbäumen und riecht daran, lässt auch seine Frau riechen. Er zerreibt die Blüten zwischen den Fingern und riecht nochmals. »Das riecht phantastisch.« Dann schaut er die riesige Kakteenlandschaft an und erklärt, seine Frau müsse noch lange warten, bis ihre Kakteen so groß seien. Der Weg führt auf ein kleines Plateau, dann wieder in die Ebene hinunter, so dass man in stetig wechselnder Perspektive jedes Mal eine neue Ansicht auf die Pflanzen hat. Kreisky liest ab und zu die Namensschilder unter den Kakteen, schüttelt den Kopf, schließlich erreichen wir ein nachgebildetes

Amphitheater. Inzwischen ist er jedoch der Kakteen müde geworden und geht, ohne sich weiter aufzuhalten, zum Schloss zurück.

Nachdem dem Bundeskanzler ein Flügel des Schlosses gezeigt wurde: Ölgemälde, Spiegel, Lüster, Teppiche, Fauteuils, Stukkaturen, nimmt er in der Bibliothek auf einem Polsterstuhl Platz. Die Männer sitzen auf Polsterstühlen, die Frauen in Fauteuils am anderen Ende der Bibliothek.

Das Gespräch mit dem Bankier und seinem Bruder, rund um ein kleines Kartenspieltischchen, führt Kreisky auf Englisch. Ein Bedienter serviert Kaffee, Tee und Schnäpse. Breschnew sei krank, sagt Kreisky, Kossygin könne nur noch ein paar Stunden am Tag arbeiten, Suslow sei achtzig … als Nachfolger könne er sich am ehesten Romanow vorstellen, aber ein Mann namens Romanow würde wohl kaum an die Spitze des russischen Staates gelangen, das wäre das Gleiche, wenn in Österreich ein Mann namens Habsburg Präsident würde. Einer der Bankiers raucht eine dicke, lange Zigarre, die Rauchwolken ziehen auf Kreiskys Gesicht. Das Auge des Bundeskanzlers ist geschlossen, er macht jedoch einen frischen Eindruck und spricht lebhaft.

In Afghanistan drohe eine Balkanisierung, erklärt er, es sei interessant, dass die afghanische Bevölkerung – er habe mit einigen Leuten gesprochen – den bisherigen Regierungen noch immer die Monarchie vorzüge. Zur Geiselaffäre in Teheran bemerkt er, dass Arafat – das sagte er nur den Herren hier, denn sie seien keine Journalisten – ihm einen Brief geschrieben habe, in dem er festgestellt habe, dass er überhaupt keine Voraussage in dieser Angelegenheit treffen könne. Es gebe derzeit sechs Machtgruppen im Iran. Bani Sadr sei zwar ein guter Mann, aber er habe nicht die Macht. Man könne nicht entscheiden, welche der Gruppen sich durchsetzen würde. Bani Sadr sei – wie gesagt – ein guter Mann, aber es gebe 100 000 ebenso gut ausgebildete Leute im Iran, er sei keine Ausnahme. Und später wieder zu Afghanistan: »Ich halte nichts von dem Vorschlag, Afghanistan zu neutralisieren; angeboten werden müsste ein neutraler Gürtel, der Pakistan, Indien und Afghanistan umfasst.« Man müsse den Russen etwas anbieten, worauf sie sich einlassen könnten, sie seien sicher froh, wenn sie das Problem lösen könnten. Als wir nach einer Stunde gehen, bleibt Kreisky im Vorraum vor einem alten Globus stehen und studiert ihn kurz. Der Mutter des Hauses – Donna Carmen – küsst er die Hand, dann steigen wir in das Auto und fahren zurück.

Während der Rückfahrt kurbelt Kreisky aus Gewohnheit das Seitenfenster hinunter. Seine Frau: »Nein, mach es wieder zu ...« Kreisky: »Der Himmel ist so blau ... das ist so herrlich ... aber wenn du aufhörst zu rauchen, bitte ...« Vera Kreisky: »Ich rauche ja nicht.« Er macht das Fenster zu. Wir fahren durch eines der Dörfer, und Kreisky betont, wie ihm die geraden Straßen zwischen den Häusern gefallen.

Später erklärt die entfernte Verwandte, Donna Carmen habe ihr erzählt, unter Franco sei es viel ruhiger in Spanien gewesen. Kreisky: »In der Diktatur ist es immer ruhig.« Er macht eine kurze Pause und ergänzt: »Und am Friedhof ist es am ruhigsten.«

An einer starkbefahrenen Kurve in Palma stirbt uns

der Motor ab. Einer unserer Begleiter und ein junger Mann schieben an, so dass wir ruckartig wieder losfahren. Unterwegs hantiert der Bundeskanzler dann am Armaturenbrett und schaltet die Nebelscheinwerfer und alle Lichter ein, die es einzuschalten gibt.

»Wir müssen den Mülleimer hinausstellen«, sagt er zu seiner Frau, »sonst holen ihn die nicht ab, die sind so unfreundlich.«

Als wir das Haus erreichen, geht er hinter den Zaun, öffnet die Tür und stellt den Mülleimer auf die Straße. Dann gibt er uns zum Abschied die Hand und geht rasch in sein Haus.

BELGRAD

8. 4. 1980–10. 4. 1980

Dienstag, 8. 4. 1980

Im Turboprop-Flugzeug der Lauda-Air, das 44 Personen fasst, studiert der Bundeskanzler Akten, Zeitungen und verbessert seine Rede mit einem Filzstift. Ich sitze hinter ihm und sehe, dass er sich die Finger mit Tinte befleckt. Zwischendurch schüttelt er mit den blauen Fingern die Hände der Journalisten, die ihn begleiten, und begrüßt den Kärntner und den steirischen Landeshauptmann. Das Flugzeug ist eine Fokker-F 27 mit Namen »Friendship« und löst das bemerkenswerteste Ereignis des Staatsbesuches aus. Allgemein wird dem Staatsbesuch in Jugoslawien deswegen größere Aufmerksamkeit geschenkt, weil Tito zwar noch lebt, aber seine Nachfolger nun begonnen haben, sich auf ein politisches Leben ohne ihn einzustellen.

Als wir am Flughafen in Belgrad ausrollen, wird von einem Tragger eine Gangway herangeschleppt, deren Höhe das Flugzeug bei weitem überragt. Der Fahrer des Traggers erkennt die Lage und fährt mit der Gangway sofort weiter. Die Luke der Fokker ist geöffnet, und wir sehen vor uns einen roten Teppich, die wartenden jugoslawischen Politiker, die Ehrengarde, die Militärmusik und Journalisten. Kreisky steht vor der Luke und wartet darauf auszusteigen. Es ist notwendig, hier die Freude der mitfliegenden Journalisten über den Zwischenfall zu beschreiben. Ein zunächst heimliches, dann offenes Lachen, das zum Gelächter wird, entsteht, als im nächsten Versuch eine Küchenleiter vor den Ausstieg gestellt wird, auf die sich der Bundeskanzler zu steigen mit Erfolg weigert. Und im Laufe des Staatsbesuches wird auch deutlich, weshalb die Freude der Journalisten so besonders groß ist; denn bis auf dieses Ereignis wird es im Laufe des Staatsbesuches keine größeren Neuigkeiten geben. Während die jugoslawischen Zeitungen den Zwischenfall, der übrigens noch nicht ausgestanden ist, auf die feine englische Art verschweigen, wird er von den westlichen Korrespondenten genussvoll ausgewalzt. Denn zur noch größeren Freude der Journalisten findet sich keine passende Gangway am Flughafen, offensichtlich hat man die österreichische Delegation in einem nicht so kleinen Flieger erwartet, so dass man schließlich, nach etwa einer halben Stunde, eine Kiste herbeischafft, auf die der Bundeskanzler, unterstützt von einem jugoslawischen Sicherheitsbeamten und einer Stewardess, springen muss. Auch Kreiskys Frau und wir steigen auf dieselbe Weise aus. Allgemeine Heiterkeit der Flugpassagiere, die jugoslawischen Politiker und Beamten sind unangenehm berührt. Während Kreisky unter Tschinderassabum die Ehrengarde abschreitet, verstaut ein Flughafenarbeiter die ominöse Kiste in einem VW-Transporter.

16.00 Uhr. Zuerst legt Kreisky am Berg Avala, vor dem Denkmal für den unbekannten Soldaten, einen Kranz nieder, wobei er hundert Stufen hinauf- und hinunterzusteigen hat, den Hut in der Hand, begleitet vom jugoslawischen Ministerpräsidenten mit einem zusammengeklappten Schirm unter dem Arm. Bei dieser Zeremonie gibt es keine zufälligen Zuschauer. Sie spielt sich im Kreis engster Beteiligter ab. Sodann braust die Autokolonne mit 120 Stundenkilometern nach Belgrad zurück und durch die Stadt. Im letzten Augenblick können der Fotograf und ich noch in den Kleinwagen einer österreichischen Korrespondentin springen, die uns, stets auf Sichtweite von der Kolonne getrennt, versichert, dass sie seit über vierzig Jahren ohne ernstliche Zwischenfälle Auto fährt.

Die ersten Gespräche im Palast der Föderation erleben wir wie im Fernsehen. Wir dürfen den Verhandlungsraum – einen braunen, holzgetäfelten Saal mit einem langen Verhandlungstisch, Mineralwasserflaschen und Aschenbechern – kurz betreten. Kreisky hat einen Berg Akten neben sich aufgestapelt, die Fernsehscheinwerfer verlöschen, noch ein paar Blitzlichter, und wir werden hinausgebeten. Bei einem Staatsbesuch wie diesem stehen die Ergebnisse schon im Vorhinein in großen Umrissen fest, und es kommt nur selten zu einer Überraschung. So ist der politische Journalismus bei solchen Anlässen häufig ein Luftgeschäft, das nur durch den großen Aufwand, mit dem es betrieben wird, Bedeutsamkeit vermittelt.

20.15 Uhr. Beim Empfang am Abend dasselbe. Journalisten, Kameramänner und Fotografen warten in den geräumigen Vorhallen des Hauses der Föderation. Langsam treffen die Gäste des Dinners ein. Das Haus drückt gleichzeitig Angst vor der Größe und Sehnsucht nach ihr aus: hohe Räume, Teppiche, Partisanengemälde, kleinbürgerliches Mobiliar. Der Bundeskanzler kommt, schaut sich um und sagt zu seinen jugoslawischen Kollegen: »Sehr schön. Schöne Räume.« Die Gäste haben Aufstellung genommen wie bei einem Maturaball und werden einzeln begrüßt und Kreisky vorgestellt. Es ist interessant zu sehen, wie sehr gerade kommunistische Länder an der Etikette hängen. Diese Beobachtung konnte ich auch bei anderen Gelegenheiten machen. Die bürgerlichen Rituale erinnern an die fünfziger Jahre und scheinen unreflektiert von den politischen Vorgängern und zum eigenen Vorteil übernommen. Als die Gäste Platz genommen haben, werden die Reden verlesen. Im Nebenraum warten hinter einer aufziehbaren Klapptür sechs Musikanten im Smoking. Während der Rede blicken die Eingeladenen durchwegs auf das Tischtuch. Ober in weißen Jacketts schwirren herum, in silbernen Kandelabern brennen Kerzen auf den Tischen. Wie wir hinausgehen, fängt die Musik zu spielen an, und eine Brigade von Kellnern trägt in Zweierreihen die Vorspeise auf Silbertabletts auf.

Um 22.50 Uhr hat Kreisky noch ein Briefing, ein Gespräch mit den österreichischen Journalisten angesetzt, um ihnen Auskunft über die Ergebnisse der Verhandlungen zu geben und sie über Ansichten der jugoslawischen Regierung, außenpolitische Aspekte betreffend, zu informieren. Die Villa, in der Kreisky untergebracht ist, entspricht im Kleineren, was über das Haus der Föderation gesagt wurde. Kreisky ist überraschend schnell vom Empfang zurückgekommen, so dass es anfangs ziemlich laut im Raum ist, da noch immer Journalisten eintreffen. Vor den Journalisten beherrscht und genießt Kreisky den Wechsel von vertrauensvoller Ausführlichkeit und zugeknöpfter Knappheit. Nach einiger Zeit verschränkt er die Hände über dem Bauch und lehnt sich beim Sprechen genießerisch zurück. (Augenblicklich glänzt er gerade durch Namens- und Ortskenntnisse.) Das Sakko rutscht zur Seite, kurz sieht man Hosenträger, bevor er sich wieder zurechtrichtet. Die Landeshauptleute Wagner und Sebastian sitzen daneben und schweigen. Kreisky lässt durch eine energische, verstärkende Geste mit der Hand neben dem schon bekannten Stück Hosenträger nun auch die Initialen B.K., die in sein Hemd gestickt sind, sichtbar werden. Um Mitternacht beendet er das Briefing, nachdem keine Fragen mehr gestellt werden. Er steht auf und ruft seinen Sekretär: »Petritsch!«, und lässt sich das Programm für den nächsten Tag geben.

Mittwoch, 9. 4. 1980

Am Vormittag sind Gespräche der österreichischen Delegation im Haus der Konföderation mit Bakarić angesetzt, zu Mittag ist ein Treffen Kreiskys mit Lazar

Koliševski geplant und um 13.00 Uhr ein Mittagessen zu Ehren des Bundeskanzlers. Da ich den Palast der Konföderation und das Kommen und Gehen der Delegation mittlerweile kennengelernt habe, ist der nächste interessante Termin ein neuerliches Briefing um 15.30 Uhr in der Villa des Bundeskanzlers. Am Nachmittag, so lese ich im Terminplan, ist die Besichtigung des Kongresszentrums und der serbischen Nationalbibliothek sowie ein Besuch in der österreichischen Botschaft vorgesehen. Um 20.00 Uhr hat Kreisky laut Protokoll ein »intimes Abendessen« mit Djuranović, während die Journalisten zu einem Abendessen beim jugoslawischen Informationsminister eingeladen sind.

Nach dem Frühstück spaziere ich mit dem Fotografen durch Belgrad. Unterwegs gehen wir in eine Buchhandlung, und ich kaufe mir in einem schnellen Entschluss ein Buch, das ich gerade in der Auslage gesehen habe. Es ist der »Collins Guide to Birdwatching«. Ich blättere darin herum, schaue die Beobachtungsgeräte an, und mir wird klar, dass mein Unbehagen schuld an diesem Kauf ist. Dieses Unbehagen stellte sich schon in Mallorca ein, es ist das drückende Gewissen des professionellen Beobachters. Wir setzen uns in das Café Moskwa. Ein schmutziger Fußboden, durch das große Fenster sieht man auf die Straße. Ein Baum, dessen Wurzeln durch ein rundes Eisengitter geschützt sind, wie in Paris. Passanten ziehen, strömen vorbei, auf der Straße lebhafter Verkehr. Innen im Café rote Plastikpolster auf den Stühlen und Sitzbänken, Lüster, Marmortischchen, hohe Spiegel. Eine angenehme, ruhige Atmosphäre: Wir sitzen unter älteren Männern mit faltigen Gesichtern, grauen Haaren und tiefen Tränensäcken unter den Augen, an einem Tisch zwei hübsche Mädchen. Das Vogelbeobachtungsbuch liegt vor mir auf dem Tisch.

15.40 Uhr. Die Residenz des österreichischen Bundeskanzlers liegt etwas außerhalb von Belgrad im Villenviertel. Im Garten blühen zaghaft einige Bäume. Das Haus ist von einer Steinmauer umgeben, vor dem Eingang parken Fahrzeuge. Kreisky kommt rasch zur Tür herein, sagt: »So« – und setzt sich auf die Sitzbank. Sofort beginnt er über den Gesprächsverlauf zu reden, diesmal jedoch mit leiser Stimme, so dass man ihn oft nur schwer versteht. »Ja?«, fragt er häufig, wenn er eine Feststellung gemacht hat. Er denkt zwischendurch lange nach, so dass bereits wieder eine Frage gestellt wird, auf die er bei seiner Antwort dann aber noch nicht eingeht. Er führt seine Gedanken fort, fragt nochmals »ja?« und fordert den betreffenden Journalisten auf, seine Frage neuerlich zu stellen. Häufig kommt Kreisky erst beim Sprechen mit sich ins Klare.

Die österreichische Botschaft in Belgrad. Auf einem kleinen Tischchen mit gehäkeltem Tuch liegt das aufgeschlagene Gästebuch, in das sich der Bundeskanzler einträgt. Dann spricht er mit jedem einzelnen Botschaftsangehörigen, gibt ihm die Hand, fragt etwas und folgt schließlich der Einladung in den ersten Stock, wo in biedermeierlichen Zimmern (das Biedermeier ist noch immer der Repräsentant Österreichs im In- und Ausland) mit Standuhr, goldgerahmten Ölgemälden, alten Spiegeln und Glaslüstern, Wein und Konfekt für den Empfang gerichtet sind. Die drei Politikerfrauen werden in den ersten Raum gebeten, wo einige Botschaftsangehörige sich mit ihnen unterhalten, in der Bibliothek sitzen die Männer unter sich.

Bei der Besichtigung des (zu) großen Kongresszentrums übergibt Kreisky nach einiger Zeit schwitzend Hut und Mantel einem Sekretär und wischt sich mit einem großen weißen Taschentuch die Stirn, faltet es, steckt es ein, nimmt es wieder heraus, worauf sich der Vorgang wiederholt. Beim Gehen verschränkt er seine Arme auf dem Rücken, manchmal baumelt das Taschentuch in der Hand hin und her. Auch in der Nationalbibliothek absolviert Kreisky das vorgeschriebene Programm. Es ist schwer zu sagen, ob er sein Interesse nur vorgibt oder aus den Gegebenheiten das Beste zu machen versucht.

Donnerstag, 10. 4. 1980

Bei der Pressekonferenz zu Mittag lässt Kreisky seine Aussagen von einem Dolmetscher übersetzen. Diesmal fällt bei einigen Formulierungen auf, dass Kreisky, wenn er ablenken will, sehr präzise *nichts* sagen kann.

Schließlich steht vor unserem Flugzeug eine nagelneu zusammengeschweißte, frischlackierte Gangway. Aus den vielen Fenstern auf die Landebahn schauend warten wir auf den Bundeskanzler. »Erstens habe ich nie Zeit und zweitens habe ich nie etwas versäumt«, ist Kreiskys Meinung, wenn die Sprache aufs Zuspätkommen gebracht wird, und das trifft mit Sicherheit den Sachverhalt.

WIEN, 1. MAI

Donnerstag, 1. 5. 1980

Der 1. Mai ist ein sonniger Frühlingstag. Vor dem Wiener Rathaus marschieren uniformierte Musikkapellen, Luftballonwolken schweben an Schnüren, und über die Zuschauer am Straßenrand hinweg sieht man sich bewegende rote Transparente. Ein Lautsprecher kündigt mit gedämpfter Begeisterung die Gruppen an, die an der Ehrentribüne vorbeimarschieren.

Um auf die Ehrentribüne zu gelangen, muss man im Besitz einer Eintrittskarte sein, die nicht für jedermann erhältlich ist. Man geht durch eine Gruppe von Funktionären hindurch und bekommt ein rotes Stück Stoff zum Winken, steigt dann die Holzstufen hinunter nach vorne, wo man schon den Bundeskanzler und den Wiener Bürgermeister winken sieht. Der Bundeskanzler hat sich mit seinem Enkel Oliver verabredet, der dem Aufmarsch nur eine Zeitlang interessiert folgt. Man schaut nun auch selbst auf den Platz hinunter. Vor der Tribüne teilen sich die Marschierenden und ziehen dann in zwei verschiedenen Richtungen weiter. Ein Rauchfangkehrer streckt einen Strauß roter Nelken auf die Bühne zum Kanzler hinauf. Unten gehen Krankenschwestern in ihrer Tracht vorbei mit einem Transparent: »Wir arbeiten, daher Lohn statt Taschengeld.«

Die Tribüne ist mit rot-weiß-roten Tüchern und Grünpflanzen geschmückt, manchmal ziehen links und rechts gleichzeitig zwei Musikkapellen vorbei, so dass sich die Klänge überdecken und nur langsam aus ihrer unfreiwilligen Umarmung lösen. Vor der Tribüne hat sich inzwischen ein Mongoloider in Hut und Mantel mit seiner Mutter aufgestellt, er nimmt den Hut ab, winkt den Vorbeiziehenden zu, dreht sich zur Ehrentribüne, studiert das Verhalten des Wiener Bürgermeisters und des Bundeskanzlers und bemüht sich, ihnen nachzueifern. Ordner in blauen Jacken schauen sich unterhaltend zu.

Ein Stuhl wird vor uns hingestellt, und der ehemalige Vizekanzler Pittermann wird im schwarzen Mantel mit schwarzem Hut nach vorne geführt. Er ist ein kranker Mann in einem Nadelstreifanzug, der vom Klappsessel aus weißhaarig, blass und halb gelähmt den Aufmarschierenden zuschaut. Zwischendurch zieht er den Hut mit einer langsamen Bewegung, wenn er die »Freundschaft!«-Rufe der Vorbeiziehenden hört, und winkt verloren. Der Kulturstadtrat Zilk beugt sich zu ihm hinunter und sagt ihm, wer gerade an der Tribüne vorbeikommt, später begrüßt Kreisky ihn, indem er eine Hand auf seine Schultern legt und einige Worte mit ihm wechselt. Radfahrer mit rot-weißen Papierstreifen in den Speichen klingeln mit der Fahrradglocke. Alle, die an der Tribüne vorbeikommen, richten ihre Blicke auf den Bundeskanzler, der in der Mitte der Tribüne steht, jubeln ihm zu, während der alte Vizekanzler auf dem Stuhl gerade mit dem Kopf über das Geländer ragt.

Es ziehen vorbei: Die Brigittenauer und die Penzinger, die Floridsdorfer und die Ottakringer, Ärzte in weißen Kitteln, Familien mit Kinderwagen, Pensionisten mit alten Kameras, Fiaker mit Fähnchen geschmückt, alte Frauen, Herr und Hund, Bergknappenkapellen und die Straßenbahnerkapelle, Luftballonträger, Papiernelkenträger, zahnlose Männer in verdrückten Anzügen, die Roten Falken, Sportler, Menschen mit Knirpsregenschirmen und Stöcken, Jugendliche in Jeans, Kinder, die zur Tribüne hinaufgehoben werden, um dem ohne Unterbrechung mit dem roten Stofftuch oder einem Nelkenstrauß winkenden Bundeskanzler und dem Wiener Bürgermeister die Hand zu schütteln. Weiter ziehen vorbei: die Hietzinger und die Favoritner, Vizekanzler Androsch und der Sohn Kreiskys, Pensionistinnen mit Handtaschen, ein Mann mit einem Hut aus roten Nelken, Beamte, Köche, Portiers, Arbeiter und Verkäufer, Invalide, Einbeinige mit Krücken, Blinde mit Blindenschleifen, Akademiker, Kellner und Eisenbahner, Uhrmacher und Taxichauffeure, Ingenieure und Briefträger, Lehrer, Konditoren, Bäckermeister, Goldschmiede, Schüler, Studenten, Fleischhauer, Friseure, Lehrlinge, Hausmeister, Zoologen, Mechaniker, Professoren, Naturfreunde, Schrebergärtner, Museumsdiener, Fußpfleger, Rechtsanwälte, Richter, Funktionäre, Journalisten, Straßenbahner, Zahntechniker, Gemeindebedienstete, Wirte, Schuhmacher, Klavierspieler, Drogisten, Apotheker, Müllkutscher, Bademeister, Tapezierer, Maler und Tischler, und Kreisky gibt Autogramme auf Fähnchen und Notizzetteln, schüttelt Hände, winkt …

Die Maifeiern in den kleinen Gemeinden in Niederösterreich, die Kreisky am Nachmittag besucht, haben mit den Fahnen und der Blasmusik etwas von ländlichen Fronleichnamsprozessionen. Kreisky modifiziert seine Rede, die er am Wiener Rathausplatz gehalten hat, nimmt sich Zeit für Autogramme und erinnert sich unterwegs in verschiedenen Orten an seine politische Jugend: Raufereien mit Nationalsozialisten, die erste öffentliche Rede in einem Gasthaus zur Heiligen Dreifaltigkeit, mehrmals sagt er, aus dem Auto hinausschauend: »Da kenne ich jeden Stein. Im Waldviertel, im ›Zweiundsechzigerjahr‹, sind sechs bis acht Leute zu einer Versammlung gekommen, aber hinter den Mauern, hinter den Hoftüren, sind die anderen gestanden und haben sich die Reden angehört. Unter den Hoftüren, die nicht bis zur Straße reichen, hat man die Schuhe gesehen. Jetzt ist das nicht mehr so. In den dreißiger Jahren sind wir von Dorf zu Dorf gezogen, das Einzige, was uns damals offengestanden ist, waren die Gefängnistüren, die haben sich aber rasch hinter einem geschlossen.«

Um 19.00 Uhr hat Kreisky nach zwei Maiveranstaltungen ein Geheimtreffen mit dem kubanischen Außenminister in einem Restaurant in Stockerau. Ein Extrazimmer ist reserviert, und als der Außenminister mit weiteren Herren eintrifft, lässt sich Kreisky mit ihm im Hinterhof fotografieren. »Ich befinde mich gerade zwischen zwei Veranstaltungen«, plaudert Kreisky währenddessen und blickt auf einen Gummifußball in der Wiese, »falls die Zeit jedoch nicht ausreicht, um alles zu besprechen, sollten wir uns morgen bei mir zum Frühstück treffen.« Ein Kubaner übersetzt das seinem Chef, der keine Miene verzieht. Kreisky hat noch immer die rote Nelke im Knopfloch und wirkt leutselig wie ein illuminierter Hochzeitsgast. Ich erinnere mich daran, wie er mir am Vorabend im Parlament nachgerufen hatte: »Morgen gibt's was Interessantes, aber Sie müssen darüber schweigen: Da treffe ich den kubanischen

Außenminister geheim in einem Gasthaus auf dem Land.«

Kreisky verhandelt in einer Nische des Extrazimmers, seine Frau und einige Mitarbeiter essen an einem anderen Tisch zu Abend. Der Chauffeur Rubey erzählt, dass Kreisky im Wahljahr in zwei Wochen an ungefähr zweihundert Veranstaltungen teilgenommen hat. Bei einigen davon sei er von seiner Frau begleitet worden. Einmal sei sie im Burgenland nach einer Wahlversammlung in der Menge vergessen worden. Alle Autos seien bereits abgefahren gewesen, Geld habe sie keines bei sich gehabt, es war im Winter. Nicht einmal die passenden Schuhe habe sie gehabt, so dass sie auf der Straße ausgerutscht sei. Nach einer Stunde erst sei er zurückgekommen, weil ihm aufgefallen war, dass sie fehlte. Auf die Frage, wie sie dazu stehe, dass ihr Mann bei den nächsten Nationalratswahlen wieder kandidiere, schüttelt sie nur den Kopf. »Ich habe es schon das letzte Mal nicht gewollt«, antwortet sie knapp, »es hat nichts genützt.« Um 21.00 Uhr hat Kreisky das Gespräch beendet.

»Morgen kommen sechs Leute zum Frühstück«, sagt er im Auto zu seiner Frau. Vera Kreisky widerspricht vage (wer wird servieren? Die und die sind ja nicht da). Daraufhin gibt ihr Kreisky auf Schwedisch eine unwillige Antwort und beendet so das Thema.

In der Dunkelheit, auf dem Hauptplatz von Stockerau, hält Kreisky die letzte 1.-Mai-Rede. Der Platz ist voll von Menschen. Scheinwerfer sind auf die Tribüne gerichtet, die Kreiskys leicht zerzaustes Haar durchleuchten. Nach dem »Lied der Arbeit« geht er mit seinen Begleitern zum Auto zurück und wird dabei von einem betrunkenen Paar angesprochen. Kreisky hält eine große rote Papiernelke, die man ihm als Geschenk überreicht hat, in der Hand und geht langsam weiter.

Die Frau: »Darf ich Ihnen meinen Gatten vorstellen, er ist der Größte.«

Kreisky: »Da bin ich gespannt.«

Die Frau zieht ihren betrunkenen Mann ans Licht: »Entschuldigen«, sagt der Mann, »wir haben was gsoffn.« Kreisky gibt ihm die rote Papiernelke und geht etwas schneller zum Auto zurück.

WIEN, 25 JAHRE STAATSVERTRAG*

15. 5. 1980–17. 5. 1980
Terminkalender

Donnerstag, 15. 5. 1980

10.15 Uhr	Kranzniederlegung der Bundesregierung an der Präsidentengruft
10.45 Uhr	Ankunft des amerikanischen Außenministers Muskie in Wien- Schwechat
12.15 Uhr	Ankunft des britischen Außenministers Lord Carrington in Schwechat

* Nach dem Ende des Zweiten Weltkriegs und der nationalsozialistischen Herrschaft im Jahr 1945 war Deutschland zweigeteilt, Österreich von den alliierten Befreiern Amerika, England, Frankreich und dem kommunistischen Russland besetzt und Osteuropa, der sogenannte »Ostblock«, hinter dem kommunistischen »Eisernen Vorhang«, wie die Stacheldrahtgrenze zu den demokratischen Staaten genannt wurde, gefan-

12.45 Uhr	Ankunft des französischen Außenministers François-Poncet in Schwechat
13.15 Uhr	Essen des Außenministers Pahr zu Ehren der anwesenden Außenminister im Palais Pallavicini, bei dem der Bundeskanzler Ehrengast ist
14.45 Uhr	Gespräch des Bundeskanzlers mit Außenminister Muskie am Ballhausplatz
15.45 Uhr	Gespräch des Bundeskanzlers mit Lord Carrington
16.20 Uhr	Staatsakt in der Hofburg
19.00 Uhr	Don Carlos in der Staatsoper (in der Pause Gespräch des Bundeskanzlers mit François-Poncet)

Freitag, 16. 5. 1980

11.00 Uhr	Ankunft des sowjetischen Außenministers Gromyko in Schwechat
12.30 Uhr	Enthüllung der Gedenktafel zum Staatsvertrag im Belvedere
14.00 Uhr	Empfang des Bundespräsidenten und Essen in der Hofburg

gen. Zehn Jahre später konnte Österreich am 15. Mai 1955 mit den vier Außenministern der Siegermächte – Dulles (Amerika), Macmillan (England), Pinay (Frankreich) und Molotow (Russland) – den »Staatsvertrag« abschließen, mit dem das Land wieder zu einem unabhängigen und demokratischen Staat wurde.

Noch im selben Jahr verließ der letzte »Besatzungssoldat« Österreich, und die Regierung beschloss die »immerwährende Neutralität«. Der spätere Bundeskanzler Bruno Kreisky war als Staatssekretär im Außenministerium aktiv an den Verhandlungen mit den Alliierten beteiligt.

Eine besondere Bedeutung gewann der Staatsvertrag auch durch den Umstand, dass Österreich der einzige europäische Staat blieb, der – bis zum Zerfall des Kommunismus 1989 – auf friedlichem Weg frei von Besatzungsmächten wurde und seine volle staatliche Souveränität wiedererlangte.

16.00 Uhr	Gespräch des Bundeskanzlers mit dem österreichischen Botschafter in Moskau (am Ballhausplatz)
16.30 Uhr	Interview des Bundeskanzlers mit dem Nouvel Observateur
16.45 Uhr	Gespräch mit UNO-Generalsekretär Waldheim
17.00 Uhr	Gespräch mit dem Außenminister der BRD, Genscher
19.00 Uhr	SPÖ-Liesing über den Staatsvertrag im Haus der Begegnung

Samstag, 17. 5. 1980

11.30 Uhr	Gespräch mit dem sowjetischen Außenminister Gromyko am Ballhausplatz Anschließend: Interview mit dem ORF und österreichischen Journalisten
19.30 Uhr	Abschlussveranstaltung der SPÖ für die Präsidentenwahl im XX. Wiener Gemeindebezirk.

Donnerstag, 15. 5. 1980

Der Chauffeur des Bundeskanzlers, Rubey, schaut aus dem Fenster in der Armbrustergasse und lässt uns in das Haus. In der Küche liegt die Pistole des Abteilungsinspektors Stranka auf dem Tisch, als wir hinaufkommen, rasch verstaut er sie unter seiner Jacke. Eine Weile warten wir im sonnigen Vorraum, dann kommt Kreisky mit einem Homburg und einem hellbraunen Mantel.

Unterwegs fahren wir am Gefängnis Rossauerlände vorbei, in dem der österreichische Bundeskanzler eingesperrt war. »Was ich nicht verstehe«, wendet er sich beim Anblick von Baugerüsten an uns, »ist, dass man Gefängnisse von außen verschönert …« Er beginnt von seiner Zeit als Häftling zu erzählen und freut sich darüber: »Der Wächter hat Erbsensackl geheißen, Backen hat der gehabt wie ein Hamster. Wenn jemand sich aufgeregt hat, hat er geantwortet: ›Was wolln S' denn, ich bin auch eingsperrt!« Ich habe geantwortet: ›Aufs Heimgehen kommt's an.‹ Daraufhin hat er erwidert: ›Glaubn S' i hab a Hetz daham?‹ … Mir hat damals eine befreundete Schauspielerin Bücher in das Gefängnis geschickt. Eines hieß: »Aufruhr des Herzens«. Als der Erbsensackl den Titel gelesen hat, hat er mich angefahren: ›*Aufruhr,* das gibt's net! Des kennan S' Ihnen hamschickn lassn … Aufruhr gibt's da kan!‹«

»Zwei Dinge habe ich nicht durchsetzen können«, erinnert sich Kreisky, »dass die Bundeshymne ›Oh, du mein Österreich‹ wird und ein einziger Orden vergeben werden soll, und zwar in außergewöhnlichen Fällen, wenn Hintanstellung persönlicher Vorteile und des eigenen Lebens vorliegen. Ich war nicht für die gegenwärtige Bundeshymne, die ist mir zu hochgestochen. ›Oh, du mein Österreich‹ wäre viel populärer.« Wir haben die Mauer des Zentralfriedhofes erreicht, und Kreisky zitiert Alfred Polgar: »Die Simmeringer Hauptstraße ist die traurigste Straße der Welt: Sie fängt mit einer Kaserne an und hört mit einem Friedhof auf.« Wir schauen zur anderen Seite hinaus, wo Schrebergärten angelegt sind. Auch Kreisky schaut zu den kleinen Hütten, den Wassertonnen, Pflanzen, Gebüschen und Zäunen und sagt: »Da werden bald unsere Freunde aus Mallorca sein. Im Winter haben sie das gute Klima, im Sommer den Garten. Auf diese Weise leben die Menschen länger, die Versicherungsgesellschaften werden pleite, die Steuern höher …

und die Soziologen wundern sich, wieso die Demokratien abgeschafft werden.«

Am Zentralfriedhof läuft alles mechanisch ab. Der Gesundheitsminister ist mit einem Gipsfuß erschienen und humpelt in der Reihe der Regierungsmitglieder. Einige Zuschauer entlang der Straße am Friedhof betrachten die Kranzniederlegung. Die Gardemusik spielt, Düsenjäger fliegen über den Friedhof, der Bundeskanzler begrüßt den Bundespräsidenten, und die hinterdrein spazierenden Minister plaudern in gedämpftem Tonfall lebhaft über Verschiedenes. Dadurch wird auch das steifste Ritual unterhaltsam.

Im Flughafengebäude haben wir, der Fotograf und ich, von einem Beamten ein Abzeichen auf den Rockaufschlag gesteckt bekommen, das uns als Angehörige der Staatspolizei ausweist. Auf diese Weise haben wir plötzlich überall Zutritt und können uns ohne Schwierigkeiten frei bewegen. Trotzdem oder gerade deswegen ist es ein fremdes und seltsames Gefühl. Als Staatspolizisten getarnt, werden wir mit dem Flughafenbus zur Maschine des amerikanischen Außenministers gefahren und sehen Muskie, wie er gerade die Gangway herunterkommt. Er ist ein großgewachsener Mann mit einem verwitterten Gesicht, umgeben von Leibwächtern mit Plastikohrhörern. Sofort herrscht ein unbeschreibliches Gedränge. Es ist Muskies erster größerer Auftritt im Ausland als Außenminister, denn Vance ist erst kurz zuvor zurückgetreten, und die Fotografen, die Journalisten, der Stab des Kanzlers und des Außenministers, die Leibwächter und die »neuen Staatspolizisten«, alle durch verschiedene Ansteckkärtchen, Abzeichen und Nadeln gekennzeichnet, sowie der Kanzler und der amerikanische Außenminister selbst sind in einen wirren Haufen zusammengeballt, der seine eigenen Bewegungsgesetze entwickelt hat. Die Fotografen stoßen sich gegenseitig zur Seite und werden von den Sicherheitsbeamten zur Seite gestoßen, die Stäbe rudern im Fahrwasser von Kreisky und Muskie, die Journalisten schwirren am Rand dieses Schwarmes herum, und über allen schwanken drohend die Kameras der verschiedenen Fernsehgesellschaften. Es stellt sich heraus, dass alle Außenminister vom Flugzeug mit dem Bus zum VIP-Raum gebracht werden, das erweckt die Vorstellung, als käme ein Außenminister eines anderen Landes mit der Straßenbahn auf Staatsbesuch.

Nach der äußerst kurzen Pressekonferenz im VIP-Raum, bei dem die vierzig oder mehr Fotografen sich zur Seite rempelten, niederdrückten, mit den Ellbögen stießen, anfauchten, fährt Muskie in die Stadt. Das Ganze hatte etwas durchaus Lächerliches: Kreisky und Muskie saßen auf einer Couch, eingeschlossen von Fotografen, die Hunderte von Bildern der beiden Sitzenden machten, dazu hielten mehrere Reporter ihre Mikrophone vor Muskie hin, der – wie vorauszusehen – bei der Ankunft am Flughafen nichtssagende Antworten gab. Vielleicht hätte man Muskie überhaupt nicht zu befragen brauchen, auch Gromyko nicht, sondern mit Hilfe einer vom Außenministerium zu erstellenden Kartei höflicher, aber nichtssagender Auskünfte betreffend die Ankunft eines Außenministers im Ausland das Nötige frei erfinden können. Dies, so war ich mir sicher, hätte den Zweck bestens erfüllt.

Zornig ließ Kreisky sich im reservierten Arbeitsraum des VIP-Gebäudes mit dem Chef des Bundespressedienstes verbinden. Er nimmt den Hörer und sagt heftig: »Das Gedränge war skandalös ... ja, alle sind schuld, ich weiß, das Protokoll, die Sicherheitsbeamten, nur ihr seid's nicht schuld. Es geht nicht an, dass, wenn der amerikanische Außenminister kommt, am Flugplatz gerauft wird ... Da muss man eine Absperrung machen, hinter der können die Fotografen fotografieren ...« Als er aufgelegt hat, schimpft er halblaut weiter: »Das geht nicht, dass, wenn der amerikanische Außenminister am Flughafen ankommt, so etwas passiert.« Er lässt sich dann auf einen Fauteuil nieder und diktiert seiner Sekretärin, Frau Schmidt, völlig ruhig die Rede für die Enthüllung der Gedenktafel im Belvedere. Aber der Ärger ist nicht ausgestanden. Der Protokollchef macht ihn aufmerksam, das Protokoll sehe nicht vor, dass die Stellvertretenden Landeshauptmänner in derselben Reihe säßen wie die Landeshauptmänner selbst. Von diesem für Österreich äußerst wichtigen Problem, das Debatten, Entrüstung, Beleidigungen und Intrigen auszulösen imstande ist, will der Bundeskanzler im Augenblick nichts wissen. »Die werden sich wundern«, braust er auf, »rufen Sie an und stellen Sie klar, wie das bei *mir* ist!« Der Protokollchef läuft zum Telefon, inzwischen diktiert Kreisky weiter.

Als der englische Außenminister Lord Carrington kommt, ist der Flugplatz menschenleer. Es ist ein kleiner, weißer Privatjet, der ausrollt, und nachdem sich die Luke geöffnet hat, steigt ein greiser, gebückter weißhaariger Mann auf einen Stock gestützt schwankend die Treppen hinunter. Der Nadelstreifanzug schlottert auf seinem Körper. Kreisky geht ihm entgegen und schüttelt ihm die Hand, er hat den ehemaligen englischen Außenminister Macmillan vor sich, der zusammen mit Pinay, Molotow und Dulles vor 25 Jahren den Staatsvertrag unterschrieben hat. (Übrigens würde auch Pinay kommen.) Macmillan trägt das Haar lang, unter dem unregelmäßig geschnittenen weißen Schnurrbart ragen die Zähne ein wenig hervor, und eine goldene Uhrenkette hängt über der beigefarbenen Samtweste. Auf den Stock gestützt, in sich ver- und zusammengesunken, steigt er in den Bus und nimmt auf dem Notsitz Platz. Kreisky bemüht sich die ganze Zeit über um ihn, erzählt ihm Anekdoten und vergisst dabei beinahe den Außenminister Carrington.

14.30 Uhr. Nach dem Essen im Palais Pallavicini kommt Kreisky zum Ballhausplatz zurück, um Muskie zu empfangen. Während wir im Vorzimmer auf das Ende der Unterredung warten, öffnet sich plötzlich die Tür, und Muskie nimmt im Sekretariat ein Gespräch von Carter entgegen. Er scherzt mit ihm, gibt dann einige unwesentliche Antworten und verschwindet wieder im Arbeitszimmer des Kanzlers. Das Gespräch mit Kreisky hat folgenden Inhalt:

Muskie: Die Geiselfrage müsse, das sei die Meinung der USA, mit dem Iran auf diplomatischem Weg gelöst werden. Dafür solle jeder mögliche Kanal benutzt werden. Man stehe unter enormem Druck. Die Geiselfrage habe im Wahljahr in den USA eine ungeduldige Stimmung erzeugt. Der gescheiterte, gewaltsame Befreiungsversuch sei in einem gewissen Sinne notwendig gewesen, um sagen zu können, man habe alles unternommen. Nach dem Fehlschlag würde man zu den bisherigen Methoden zurückkehren. Es bestünden keine Vergeltungsabsichten von Seiten der USA. Da im Iran nun langsam auch staatliche Institutionen eingerichtet seien, müsse man beginnen, mit diesen zusammenzuarbeiten. Man könne sich sogar vorstellen, dass die USA dem Iran Hilfe leisten. Derzeit würden Kontakte geschaffen. Beim Problem Afghanistan erhebe sich die Frage, welches die Zielsetzungen der UdSSR seien. Die UdSSR möge erklären, Carter habe sich nicht wirklich um die Salt-2-Ratifizierung bemüht – für Jänner 1980 sei jedoch eine Debatte im Senat vorgesehen gewesen. Es habe eine gute Chance für eine Ratifizierung bestanden. Afghanistan stehe nun wie ein Block im Wege. Jetzt müsse die UdSSR etwas unternehmen. Das Volk in den Vereinigten Staaten sei von einem Schock getroffen. Die UdSSR habe durch das ständige Rüsten in den letzten fünfzehn Jahren den USA erhöhte Rüstungsausgaben gebracht. Afghanistan könne einen Rüstungssprung zur Folge haben, der sämtliche Budgetanstrengungen gefährde. Er, Muskie, wolle Gromyko zwei Dinge klarmachen:

1. Afghanistan habe eine neue Sicht der Dinge von amerikanischer Seite aus bewirkt.
2. Man sei noch immer für Rüstungsbeschränkungen. Die Entspannung könne aber nicht einfach eine Waffe für den Krieg sein.

Zum Nahen Osten: Der Prozess in Camp David (Direktverhandlungen zwischen dem israelischen Premier Begin und dem ägyptischen Staatschef Sadat) möge sich ohne jeglichen äußeren Einfluss fortsetzen. Europäische Initiativen könnten nichts ausrichten.

Der Prozess habe mehr erreicht als jede andere bisherige Bemühung. Erst nach einem Scheitern der Gespräche müssten europäische Interventionen überlegt werden. Bundeskanzler Kreisky stellt daraufhin fest, dass er, was den Ausgang der Verhandlungen in Camp David betreffe, pessimistisch sei. Begin wolle keine Lösung. Dahinter stecke kein böser Wille, sondern die Grundphilosophie Begins. Begin wünsche nur Frieden mit Ägypten, jedoch keine palästinensische Lösung. Begin zerstöre die Zukunft Israels und schaffe gewaltige Probleme für Sadat. Sadat befinde sich in einer sehr schwierigen Situation. Ein ägyptischer Oppositionspolitiker, der bei ihm, Kreisky, gewesen sei, habe ihm erklärt, man müsse annehmen, Sadat habe es bereits aufgegeben, mit Begin eine Lösung erzielen zu können. Kreisky hofft, so sagt er, auf Wahlen. Auch Sadat könne nur auf andere Partner hoffen. Die arabische Welt sei heute tief gespalten. Sie würde Sadat mit offenen Armen aufnehmen, um der größeren Einigkeit willen. Ohne die PLO werde es keine Nahost-Lösung geben. Das wisse der israelische Oppositionsführer Shimon Peres. Es könne keine Lösung ohne Palästinenser geben. Wenn aber Arafat kein Echo findet, sei die Gefahr einer Radikalisierung der PLO umso größer. Ein Entgegenkommen sei notwendig. Es müsse ja nicht sofort ein Palästinenserstaat sein, aber Brücken dorthin müssen möglich sein. Hier bestehe die echte Chance. Begins Vorgehen erzeuge in Europa nur Abneigung. In der Knesseth seien derzeit einige Abgeordnete an einem Treffen mit Arafat interessiert.

Was den Iran betreffe, so würde eine Gruppe um

Bani Sadr daran interessiert sein, die Geiseln freizugeben, auf der anderen Seite stünden jedoch die Mullahs. Diese wüssten, so berichte man, nicht um die Gefährlichkeit der heutigen Situation. In Kürze erwarte er, Kreisky, Besuch aus Teheran. Die Lösung der Geiselfrage sei eine Vorbedingung, dass die Sozialdemokraten die iranische Revolution akzeptierten. Die Situation sei nicht hoffnungslos.

Was Afghanistan betreffe, so glaube er, dass ein Kompromiss möglich sei. Der sowjetische Einmarsch sei seiner Ansicht nach eine isolierte Aktion. Natürlich sei die UdSSR am Golf und an der Nahost-Frage interessiert, er glaube aber, dass die UdSSR hinsichtlich Israel eine größere Kooperationsbereitschaft hätte, als angenommen würde.

Muskie bezeichnet am Ende des Gesprächs den österreichischen Bundeskanzler als »very keen observer«.

Kreisky antwortet, in Österreich bestünde große Sympathie für Amerika. Vielleicht sei Österreich überhaupt das proamerikanischste Land in Europa. Natürlich wolle Österreich dabei eine sehr unabhängige Politik betreiben.

Der bekannte Amtsdiener, Herr Ofner, ein kleiner, schusseliger Mann, stürzt durch das Sekretariat: »Der Carrington wartet, wartet, wartet ...«, und verschwindet durch die nächste Tür. Gleich darauf kommt Muskie heraus und begibt sich in den Steinsaal zur vorgesehenen Pressekonferenz, wohin wir ihn kurz begleiten. Alle Lampen und Lüster sind dort erleuchtet, Muskie mit seinem Grand-Canyon-Gesicht nimmt hinter einem Tisch mit Mikrophon Platz. Niemand hat sich auf die bereitgestellten Stühle gesetzt, alles drängt und stößt sich um den Tisch. Und als Muskie nach wenig aufschlussreichen Antworten zehn Minuten später wieder den Raum verlässt, um sich mit UNO-Generalsekretär Waldheim in der Hofburg zu treffen, stürzen, eilen, hasten die Fernsehleute hinter ihm her, ohne Rücksicht auf die verbleibenden Journalisten, die noch der Übersetzung folgen wollen, was jedoch aufgrund der gedämpften Rufe, des Krachens der Parketten und des Klapperns, das beim Abbauen der Scheinwerfer entsteht, nicht mehr möglich ist. Es ist erstaunlich, auf welche Weise politische Nachrichten bisweilen zustande kommen.

Um 16.20 Uhr kommen der österreichische Bundeskanzler und Lord Carrington heraus. Nun geht alles sehr rasch. Kreisky klettert mit dem englischen Außenminister in die erste Limousine, die Tür fällt ins Schloss, und der Kanzler lässt sich mit seinem Gast zum Staatsakt in die Hofburg fahren. Der Wagen mit den Sicherheitsbeamten folgt ihm augenblicklich, und nur noch ein letztes Fahrzeug steht im Hof. Es ist der Rolls-Royce des britischen Außenministers mit dem »Union Jack« auf dem Kühler. Das Abzeichen der Staatspolizei vorweisend, nehme ich auf dem verwaisten Hintersitz Platz. Sofort verlassen wir die Toreinfahrt des Kanzleramtes. Links und rechts der Straße stehen mehrere Reihen von Menschen, die neugierig versuchen, einen Blick in den Wagen zu werfen, um den britischen Außenminister zu sehen, und als sie meine Gestalt auf dem Rücksitz ausmachen, werden irrtümlich Bravo-Rufe laut. Bei diesem Manöver habe ich allerdings den Fotografen verloren, und das

Wiedersehen mit ihm gestaltet sich auch für mich überraschend.

Kreisky eilt mit Verspätung über Stufen neben Stechpalmen und weißen Büsten zum prunkvollen Marmorsaal, kommt durch eine Seitentüre vorne, wo die Wiener Philharmoniker Aufstellung genommen haben, herein und nimmt neben dem Bundespräsidenten Platz. In der ersten Reihe verschläft eine ältere Frau die Veranstaltung, auch MacMillan und Muskie nicken ein, und ihre Köpfe schwanken über der Brust. Kreisky hat die Begrüßung vorgenommen, und als ich zwischen den folgenden Reden nach dem Fotografen Ausschau halte, entdecke ich ihn mit seiner Kamera auf dem Podium unter den geigenden Philharmonikern, von wo aus er die Politiker fotografiert.

Freitag, 16. 5. 1980

Diesmal fahren wir in der Früh von der Armbrustergasse zum Flughafen, den russischen Außenminister Gromyko abzuholen. Kreisky sitzt mit Mantel und Hut und Brille, ohne sich angeschnallt zu haben, auf dem Vordersitz, der Kabinettschef Lacina reicht ihm die Akten. Der Bundeskanzler ist nicht in besonderer Laune. Als Erstes wird ihm ein Schriftstück vorgelesen, dass eine U-Bahn-Station am Bundeskanzleramt gebaut werden soll, es bestünden jedoch Sicherheitsbedenken. Kreisky braust auf: »Ich habe keinerlei Bedenken … (zum Kabinettschef) schreiben Sie das … die Leute wollen ja mit der U-Bahn zum Ballhaus fahren …« Gleich darauf ist er wieder ruhig. Er nimmt einen blau-weiß gepunkteten Schal aus der Manteltasche, legt ihn sich um den Hals und öffnet das Seitenfenster, während weiter Akten durchgegangen werden. Einmal bezeichnet er einen Abgeordneten als Dummkopf, während er einer Staatssekretärin – nicht ohne Bewunderung – bescheinigt, sie habe »eine Goschn wie ein Schwert«. In seiner Umgebung herrscht heimliche bis offene Freude über solche Formulierungen, aber Kreiskys Schimpflaune geht ebenso schnell vorbei, wie sie kommt, und bedeutet im Grund nur eine Art Unterhaltung.

Den Umschwung bringt diesmal ein Schreiben eines Herrn Schellander, der für eine Alphabetisierungskampagne in Nicaragua Brillen sammelt und den Bundeskanzler um eine bittet. Kreisky gibt Zusage. Wir sind knapp mit der Zeit, und unser Wagen fährt mit unerlaubt hoher Geschwindigkeit. »Es sind schon Anzeigen gekommen«, sagt der Kabinettschef, »die haben wir dann bezahlt.« Als wir vor dem Flughafen aussteigen, bemerken wir den Geruch von verbranntem Gummi; der nachfolgende Wagen der Sicherheitsbeamten raucht.

Mit Gromyko geht alles sehr eilig. Er bewegt sich rasch die Gangway hinunter und schaut Kreisky an, ohne ihn wirklich anzuschauen. Gromyko hat keine Lippen, und das Gesicht in seiner Unbeweglichkeit hat etwas Eidechsenhaftes.

»Die Russen müssen etwas erfunden haben, weil sie alle so gut in Form sind«, wundert sich Kreisky später über Gromyko, dem man die 71 Jahre nicht anmerkt, »der Breschnew hat auch so gut ausgeschaut in Belgrad« (beim Begräbnis Titos). Gromyko ist im Flughafenbus freundlich reserviert, stellt kaum Fragen, versucht kein Gespräch in Gang zu bringen und erweckt den Eindruck eiliger Zielstrebigkeit. Auch diesmal drängen und stoßen sich die Fotografen im VIP-Raum, und auch diesmal erhalten die Journalisten ähnlich tiefsinnige Auskünfte wie beim Interview mit dem amerikanischen Außenminister. Gromyko fährt sodann im eigenen, großen schwarzen Wagen mit Vorhängen, ohne sich aufzuhalten, davon.

Da Gromyko verfrüht gekommen ist, ist plötzlich eine Lücke im Terminplan entstanden, und auf dem Weg zum Belvedere lässt Kreisky anhalten, um im Café »Palais Schwarzenberg« eine Pause einzulegen. Es ist ein schöner, heller Tag, und während wir auf den Gartenstühlen sitzen und in den Park schauen, ist der Bundeskanzler voller Erinnerungen. Dass die Sonne scheint, ist ihm recht, denn dadurch könne er beim Fotografieren ohne Ausrede sein Gesicht verziehen. Im Gefängnis habe er übrigens einen Bart und beim Aufseher deshalb den Spitznamen »Reservechristus« gehabt. Da er sich aber für die Kartei habe fotografieren lassen müssen, sei er zuvor rasiert worden. »Natürlich hat es im Gefängnis keinen Friseur gegeben, das hat ein Häftling, der Pudelscherer war, mit der Pudelschere gemacht. Der hat mir zuerst den halben Bart rasiert und die andere Hälfte stehen lassen, um einen Spiegel zu holen, damit ich sehen kann, wie ich mit dem halben Bart ausschau. Er ist aber nicht wiedergekommen und hat mich mit dem halben Bart einen Tag warten lassen. Vor dem Spaziergang im Gefängnishof habe ich einen Wärter angesprochen: ›Wie schaut das aus, wenn ich da mit dem halben Bart …‹ Er hat aber geantwortet: ›Da gibt's nix, spazieren wird gegangen.‹«

Um 12.00 Uhr fahren wir zum Belvedere. Kreisky

passt die Absperrung des Parks durch die Polizei nicht. »Wieso darf niemand vor dem Belvedere stehen, sondern nur draußen vor dem Park?«, fragt er den Kabinettschef. (Er verbittet sich auch, von einer Polizeieskorte zum Flughafen oder sonst wohin begleitet zu werden.)

Wir steigen die Treppen hinauf in einen nicht sehr großen, mit braunen Marmorplatten getäfelten Saal, wo vor 25 Jahren der Staatsvertrag unterzeichnet wurde. In einem Glasschrein liegt der Staatsvertrag, dahinter stehen die rotgepolsterten, weißen, goldgeschmückten Stühle und der Tisch mit dem roten Tuch. Der Bundeskanzler hält seine Rede (es ist eine der wenigen, die er vom Blatt liest). Bei der Begrüßung vergisst er den französischen Außenminister François-Poncet, aber noch während der Aufzählung weiterer Gäste erhält er einen Zettel. Er wirft kurz einen Blick darauf und erklärt, dass es bei Begrüßungen offensichtlich unabwendbar sei, jemanden zu vergessen, und streicht daraufhin François-Poncet besonders hervor.

Dann spricht Gromyko. Draußen – durch die getönten Scheiben – sehe ich die Wipfel von blühenden Kastanienbäumen im Wind nicken, und ich verspüre den Wunsch, ins Freie zu gehen. Gromyko hat einen Übersetzer, einen korpulenten Mann, der – obwohl die Rede mit Hilfe einer Kopfhöreranlage für alle Teilnehmer übersetzt wird – seine eigene Übersetzung verliest. Als Muskie das Rednerpult betritt, zittern seine Hände, und nachdem er das Papier mit der Rede zwischen den Fingern hält, zittert dieses so sehr, dass es jedermann im Saal bemerkt.

Samstag, 17. 5. 1980
10.35 Uhr. Kreisky kommt im hellgrauen Anzug, außer Atem. Ich stehe gerade im Arbeitszimmer Kreiskys, das Sonnenlicht fällt durch das Fenster vor mich auf den Boden. Kreisky tritt ein, liest die Post, ein Windstoß bewegt die Vorhänge.

Ich begrüße ihn und frage, ob er gelesen habe, dass Muskie nach dem Gespräch mit Gromyko gewankt habe. Kreisky antwortet, Muskie würde müde gewesen sein. »Wissen Sie, die Politiker sind nur gewohnt, Reden zu halten, aber Verhandlungen sind eine anstrengende Sache. Muskie ist ein unzynischer Mensch, der unter dem Druck der Öffentlichkeit steht, und Gromyko ist ein erfahrener Mann.« Kurz darauf erscheint Gromyko. Er macht einen wachen Eindruck. Seine unauffällige und drahtige Erscheinung vermittelt Hartnäckigkeit. Er nimmt mit Kreisky in dessen Arbeitszimmer Platz. Links von der Tür steht eine lederne Sitzgarnitur vor einem niederen Tisch. Dort werden fast alle Verhandlungen geführt.

Kreisky hat drei Standpunkte:

1. den aus Formulierungs- und Gesprächslust
2. den der Öffentlichkeit gegenüber
3. den persönlichen

Aber diese drei, zumindest jeweils zwei, vermischen sich zumeist. Deshalb ist es nicht leicht, sie auseinanderzuhalten.

Gromyko kommt gutgelaunt und scherzend mit Kreisky aus dem Zimmer, der Fotograf und ich sitzen auf der gepolsterten Bank im Vorraum, und Gromyko verabschiedet sich von uns mit: »Auf Widärrsen!«

Am selben Nachmittag verabredet sich Kreisky nach

längerer Zeit für ein Tennismatch. Es ist ein wechselhaftes Vergnügen, den schnellen Bällen nachzulaufen und sie, so gut es geht, wieder zurückzuspielen.

WIEN, ARMBRUSTERGASSE 15

30. 4. 1980

Um 8.30 Uhr – wie verabredet – läuten wir an der Tür in der Armbrustergasse 15. Hinter einem schwarzen Eisenzaun ein kleiner Vorgarten, auf der anderen Straßenseite parkt ein bemannter VW-Bus. Die Eingangstür ist zu unserer Überraschung offen, und so steigen wir eine Treppe hinauf in den ersten Stock. Auf halbem Weg kommt uns ein Hausmädchen entgegen und erklärt uns, dass der Bundeskanzler schon auf uns wartet. Als Erstes begegnen wir im Vorraum einer Frau, die mit einer Maschine Wäsche bügelt. Neben der Garderobe fällt uns – auch während wir uns beeilen – ein Schirmständer mit zahlreichen Stöcken und Schirmen auf, wir haben jedoch keine Zeit, uns weiter umzusehen.

Das Mädchen führt uns zu einer Tür, aus der uns im selben Augenblick Kreisky entgegenkommt. Diesmal trägt er einen blauen Trainingsanzug, Ledersandalen und ein weißes Tuch um den Hals. Sein Haar ist locker, er macht einen geschäftigen Eindruck. Er eilt uns voraus in sein Schlafzimmer, setzt sich auf den Hometrainer, und während er seine Füße in die Pedalschlaufen fädelt, sagt er zum Fotografen: »Schaun Sie her, das können Sie gleich aufnehmen.« Es ist ein schmaler, dunkler Raum mit einem Fenster zum Garten. Kreisky beginnt unverzüglich zu treten. »Ich fahre jeden Tag 3 bis 5 Kilometer mit dem Hometrainer«, erläutert er, »manchmal auch bergauf. Ich habe da, wie Sie sehen, einen Berggang.« Er beugt sich vor und dreht an einer schwarzen Schraube und kann sofort nur noch langsamer treten. Interessiert folgen wir dem Vorgang. Während er mühsam den imaginären Berg hinauffährt, erklärt er uns, dass er heute seine Übungen eigentlich schon gemacht habe. »Zuerst am offenen Fenster, dann auf dem Teppich. Die Übungen mach ich jeden Tag, wenn ich Zeit habe.«

Linker Hand – gegenüber dem Hometrainer – befindet sich das Bett, es ist schmal, etwas spartanisch. Die Decke ist in einen weißen Leinenüberzug geschlagen, das Leintuch ist zerdrückt, die weißen Kissen bilden einen eigenen Teil dieser morgendlich-polaren Bettlandschaft. Davor ist eine Art Teewagen hingestellt, auf dem Bücher liegen. Kreisky – noch immer auf dem unsichtbaren Berg unterwegs – bemerkt meine Blicke und erklärt mir, dass er gerade das Buch von »Frau Gräfin Dönhoff« – wie er sagt – über den deutschen Bundeskanzler Schmidt liest. Er ist jetzt tief über den Lenker gebeugt und strebt angestrengt und eilig dem hypothetischen Berggipfel zu. Wir schauen zu, wie er die Beine ausstreckt und die Schulter zur Seite neigt, um den jeweils folgenden Tritt kraftvoll ausführen zu können. Er hat etwas Federndes, als er schließlich vom Rad steigt.

Rechts an der Wand verschiedene Karikaturen, links zum Fenster hin eine Kommode mit Büchern. Hinter dem Büchermittelgebirge tauchen Bilder wie

Wolken am Horizont auf. Kreisky deutet auf einige Fotografien: »Das waren meine Großeltern. Und das war mein Großonkel, der war Abgeordneter im Reichsrat.«

Vom Schlafzimmer gehen wir in den hellen, straßenseitig gelegenen und geräumigen Frühstücksraum. Der Tisch ist reichlich gedeckt. Wir sehen Grapefruits, Semmeln, verschiedene Brotsorten, Wurst und Schinken, ein kleines Körbchen mit Eiern, Radieschen, Gurken, Paprika, eine Glasschale mit rohem Sauerkraut, einen Teller mit Joghurt, ein Porzellankännchen mit Honig, Weichselmarmelade, eine große Kanne Kaffee. Beim Hinsetzen sagt der Bundeskanzler: »Ich esse jeden Tag eine halbe Grapefruit.«

Und noch bevor er sitzt, hält er den Telefonhörer in der Hand. In der Folge verwandelt er zwei Tätigkeiten, nämlich Essen und Telefonieren, in eine. Man gewinnt den Eindruck, dass das Telefonieren eigentlich seit jeher zum Frühstück gehört, und wundert sich, dass man nicht von selbst dahintergekommen ist. Er beginnt die Grapefruit auszuschälen, den Hörer zwischen Kopf und hochgezogener Schulter, was wie eine Yoga-Übung aussieht. Mit Unterbrechungen, die von neuen Telefongesprächen bestimmt werden – bekanntlich steht die Privatnummer Kreiskys im Telefonbuch –, erfahren wir den Inhalt des Anrufes. Eine Frau bekommt ein Kind, der Mann leistet beim Bundesheer den Wehrdienst ab und ist bei einer Übung. Nun benötigt aber die Frau den seelischen Beistand des Mannes – sie hat eine Frühgeburt –, der Vorgesetzte jedoch weigert sich, den Soldaten zu beurlauben. Kreisky verspricht, sich einzusetzen, und ruft seinen Sekretär, Herrn Bernthaler, im Büro an (auf der Fahrt zum Ballhausplatz wird dem Bundeskanzler später mitgeteilt, dass die Angelegenheit mit dem Soldaten bereits erledigt sei, noch am Nachmittag würde er bei seiner Frau sein können). Inzwischen kommt Vera Kreisky im geblümten Morgenmantel mit goldenen Hausschuhen herein, und auch der Leibkriminalist des Bundeskanzlers, Herr Ehrenreich, der bislang gemütlich eine Morgenzigarette in der geräumigen Küche geraucht hat, tritt auf. Herr Ehrenreich ist unauffällig, bis auf seine Augen, die wieselflink sind. Er erkundigt sich nach der Blutgruppe von Frau Kreisky, welche zur Information der deutschen Behörden benötigt wird, denn der Bundeskanzler und seine Frau sind in der nächsten Woche auf Staatsbesuch in der Bundesrepublik. Vera Kreisky geht in ihr Schlafzimmer und sucht den Ausweis, Kreisky legt gerade den Hörer auf und sagt: »Die Deutschen sind sehr genau.«

Kreisky isst rasch und heftig, der Schweiß von der »Bergtour« steht ihm noch auf der Stirn, er telefoniert, reicht Teller und Brotkörbe herum – nichts entgeht ihm. Fehlt etwas, so läutet er an einer hinter dem Vorhang versteckten Klingel, worauf das Mädchen erscheint. Man könnte sagen, es funktioniert alles in einer Art Kurzschriftsprache, jeder ahnt schon nach dem ersten Wort, worum es geht, so dass kein langes Gerede entsteht, was ja auch wegen des Telefons nicht möglich wäre.

Kreisky hat sich inzwischen über seinen Terminkalender informiert, der der Kürze halber ohne nähere Erläuterung wiedergegeben sei:

10.15 Ballhausplatz, Gespräche mit Finanzminister Androsch und dem norwegischen Planungsminister
10.45 Gespräche mit einer Delegation der Polisario
11.00 Gespräche mit Vertretern des österreichischen Buchhandels
11.30 Gespräche mit den neueingesetzten Treuhändern der Steuerberatungsfirma des Finanzministers »Consultatio«
12.00 Interview für die holländische Zeitung »Het Parool« mit dem Journalisten Mark Blaisse
12.30 Durchuntersuchung im Krankenhaus
15.45 Gespräch mit dem Afghanistan-Komitee
17.00 Interview mit der österreichischen Tageszeitung »Kurier«
21.45 Rede bei der 1.-Mai-Feier in Krems.

Man kann allerdings nicht behaupten, dies sei ein typischer Tag im Terminkalender des Bundeskanzlers. Er verbringt nicht selten ganze Tage im Parlament, verhandelt mit Betriebsräten, hält Vorträge, nimmt an Partei- und Ministerratssitzungen teil, empfängt Delegationen und ausländische Politiker, gibt Pressekonferenzen, Fernsehinterviews, studiert Akten, berät sich mit Mitarbeitern, diktiert Briefe und Reden etc. Jedoch selbst an diesem »leichten Tag«, wie ihn Kreisky bezeichnet, sind die Termine zumeist dichtgedrängt, dazu kommen stets – wenn die Situation es erfordert – neue Termine, oder es treten Verschiebungen im Zeitplan auf. Ich habe Bundeskanzler Kreisky mehrere Wochen lang begleitet, ihm jedoch niemals – auch nur für Augenblicke – Ermüdungserscheinungen angemerkt. Den Stolz auf seine Ausdauer und Gesundheit kann Kreisky auch nicht verbergen: »Bei der letzten Untersuchung hatte ich einen leicht erhöhten Nierenwert«, sagt er und schüttet eine tüchtige Prise Salz auf ein Radieschen, »das ist alles.«

Während Bundeskanzler Kreisky sich zum Umziehen in das Schlafzimmer begeben hat, streifen der Fotograf und ich unbewacht durch das geräumige Haus, schauen die Zimmer an, die voller Porzellanfiguren, Vasen und Nippes sind. Einige gewidmete Fotografien von Politikern, zwei Pfeifen in einem Aschenbecher, Fauteuils, ein langer Speisetisch mit Stühlen, und während wir so durch das aufgeräumte Haus wandeln, haben wir ein Gefühl, wie wenn wir ein Museum besichtigen: Nirgends ein Mensch, Ruhe, alles steht an seinem Platz. Das helle, mit einem Scherengitter abgeschlossene Arbeitszimmer ist bis zur Decke vollgepfropft mit Büchern, von dort sieht man in den Garten mit einem Swimmingpool und einer großen, alten Zeder.

SIMON WIESENTHAL

Der Ingenieur der Erinnerung

ICH BEHAUPTE, DASS SIMON WIESENTHAL der wichtigste und bedeutendste Mann der II. Republik war. Seine größte Tragödie war, dass die Österreicher es bis heute nicht wissen. Simon Wiesenthal stand für Mut, Unbestechlichkeit, Hartnäckigkeit und Aufrichtigkeit – für Mut zuerst.

Ohne ihn hätte es nicht die Konfrontation der Österreicher mit ihrer Mitschuld an den Verbrechen des Nationalsozialismus schon nach dem Ende des Zweiten Weltkrieges gegeben und auch später, als noch immer alle vergessen wollten. In einem Land, das seine Nachforschungen mit wütendem Geheul begleitete – bestenfalls mit Gleichgültigkeit –, das aus dem Verfolger einen Verfolgten, aus dem Aufdecker von Verbrechen selbst einen Verbrecher machen wollte, stellte er zahllose Täter und lieferte sie der sogenannten Gerechtigkeit aus, sofern es eine gab.

Es war eine unmögliche Gratwanderung, auf die er sich einließ und die er ohne abzustürzen schaffte, trotz Fußfallen der Justiz, Stürmen der Entrüstung und Wolken giftigen Hasses der Öffentlichkeit, trotz Steinschlägen von Seiten der Politik und des Gestanks brauner Abwässer.

Simon Wiesenthal war ein Anwalt der Toten. Er lieh dem Schweigen eine Stimme, er sprach mit Nachdruck, Würde und Weisheit aus, was sonst nie gesagt worden wäre, und er beharrte umso mehr auf seiner Mission, als man sie ihm in Abrede stellen wollte.

Ich besuchte ihn in seinem Büro, er war damals – viele Jahre nach Kreiskys Tod – noch immer verbittert über die Unterstellungen des Bundeskanzlers, der ihn der Kooperation im KZ mit den Nazis beschuldigt hatte, ohne einen Beweis dafür zu haben. Es war für niemanden, der Wiesenthal nicht übelwollte, eine Überraschung, dass es keinen gibt.

In meinem Gespräch und in zwei Telefonaten mit ihm lernte ich einen hochgebildeten Mann von besonderer Charakterfestigkeit und Gedankenschärfe kennen, der den kürzesten Weg zum Kern eines Problems fand und mit Präzision und Klugheit Zusammenhänge analysierte.

Er war der Ingenieur, der eine andere österreichische Erinnerung aus Verdrängtem, Vergessenem, Geleugnetem und Verschwiegenem konstruierte und entscheidend daran beteiligt war, dem Land über die Erkenntnisse der Wahrheit zu einem neuen Bewusstsein und einer neuen Identität zu verhelfen.

Österreich, das – wenn man so sagen darf – sich selbst gerne verzeiht, bevor noch die anderen ihm verzeihen wollen, benötigte diesen diamentharten und doch differenzierenden Mann, der nie von einer Kollektivschuld sprach, sondern sie stets vehement in Abrede stellte. Es steht selbst tief in der Schuld dieses so lange Verhassten, der verhinderte, dass das Land in einem Sumpf der Verantwortungslosigkeit und des Selbstbetrugs versank.

Sein Tod möge der letzte Anstoß dafür sein, dass der österreichische Staat endlich seinen seit sechzig Jahren offenen Verpflichtungen gegenüber den Opfern des Nationalsozialismus im Allgemeinen und der Israelitischen Kultusgemeinde im Speziellen nachkommt.

FRANZ FUCHS

Das Bombenhirn

DER SOGENANNTE »BRIEFBOMBER« Franz Fuchs, 1949 geboren im südsteirischen Gralla, verübte zwischen 1993 und 1997 im Namen einer »Bajuwarischen Befreiungs-Armee« (»BBA«) 26 fremdenfeindlich und rassistisch motivierte Anschläge mit Brief- und Rohrbomben. In sechs Serien von Attentaten ermordete er vier Menschen und verletzte fünfzehn zum Teil schwer. Alle vier Todesopfer waren Roma. Unter den Schwerverletzten befand sich auch der damalige Wiener Bürgermeister Helmut Zilk.

Am 1. Oktober 1997, bei einer Verkehrskontrolle, zündete Fuchs – weil er glaubte, entlarvt zu sein – eine Rohrbombe, um sich zu töten. Der Versuch misslang, aber die Explosion verletzte zwei Polizisten schwer und trennte ihm selbst beide Hände ab. Am 10. März 1999 wurde Franz Fuchs in Graz zu lebenslangem Kerker und einer Unterbringung in einer Anstalt für geistig abnorme Rechtsbrecher verurteilt.

Ein Jahr nach seiner Verurteilung erhängte sich Fuchs in seiner Zelle.

Bis heute bleiben Fragen offen, vor allem, ob Fuchs wirklich ein Einzeltäter war, wie das Gericht befand, oder ob die »Bajuwarische Befreiungs-Armee« aus mehr als einem Mann bestand.

Jeden Sommer schreibe ich – circa 25 Kilometer von Fuchs' Heimatort Gralla entfernt – an meinen Manuskripten, lese Zeitungen und Bücher, rede und trinke mit Freunden und ein paar Nachbarn. Ich bin früher oft und viel in der »Gegend« herumgewandert, kenne sie seither wie die sprichwörtliche Westentasche. Später schrieb ich den Roman »Der Stille Ozean«, in dem ein tollwütiger Fuchs die Gegend in Angst und Schrecken versetzt und ein Mann aus Rache für ihm zugefügtes Leid drei Menschen erschießt. Fast jeder der Bewohner wird waffentragend dargestellt. Lange hat man mir deshalb »Einseitigkeit« vorgeworfen.

Die Landschaft hat mich inspiriert, manche Menschen haben mich beeindruckt, manche sind mir entgegengekommen, viele haben mir ausdauernd misstraut. Einer der Hauptanziehungspunkte waren für mich beruflich und privat die eigensinnigen, wunderbar beschreibbaren Randexistenzen (freundlicher auch als unverwechselbare Typen oder Originale bezeichnet), die Eigenbrötler und Verkannten, die kleinen Genies und Erfinder, verschrobenen Querdenker und eloquenten Querulanten.

Nicht wenige waren Bastler, es gibt sogar einen einarmigen Tischler, der besonders geschickt ist – und in der Oststeiermark den großartigsten von allen, Franz Gsellmann, den Erbauer der kunstvollen »Weltmaschine«, das absolute Gegenstück zum derzeit begreiflicherweise berühmteren Franz Fuchs, seinerseits Konstrukteur von technisch komplizierten »Höllenmaschinen«. Was sie beide verbindet, ist wohl nur der Status des »Sonderlings«. Es mangelte ihnen nämlich beiden an dem, was man »Lebensintelligenz« nennen könnte. Offenbar besaßen sie für das, was man unter Bewältigung der Anforderungen des Alltags oder des Lebens versteht, Freundschaften aufzubauen, Beziehungen zu knüpfen, Rückschläge zu verdauen, nur wenig Talent, dafür in überreichem Ausmaß die Veranlagung, komplizierteste mechanische und technische Vorgänge zu begreifen und mit Geschicktheit auszuführen.

Aber gerade das zieht in der Regel den Spott und die Häme der Bewohner auf sich: wenn jemand überdurchschnittlich »gescheit« ist, aber kein Kapital daraus schlagen kann. »Advokat« habe Franz Fuchs in seiner Gegend geheißen, da kommt neben dem Misstrauen gegenüber Rechtsanwälten auch unbeabsichtigt etwas zum Vorschein, was schon eine lange Tradition hat: die ironische Distanz zur Intelligenz, der Widerstand gegen »die« Lehrer und »das« Lesen- und Schreibenlernen, weil dadurch die Jungen nur auf »unnütze Gedanken« kommen. Nicht Fortbildung und Wissen sind gefragt, sondern bäuerliche Schlauheit.

Da die kleinen Landwirtschaften ohne Bastler nicht existieren könnten, ohne Universalisten des Handwerks, die vom Auto über die Waschmaschine und die Solarheizung alles reparieren und installieren können und nebenbei noch Tischler, Schlosser, Maler, Dachdecker und Mechaniker in einer Person sind, ist der Bastler hier gewissermaßen der Normalfall. Ein Sonderling spezialisiert sich darüber hinaus noch auf irgendetwas zumeist Ausgefallenes, weist oft geradezu phantastische Spezialkenntnisse auf, von »Geschichte« über »Astronomie« bis meinetwegen zur »Datenverarbeitung«, ohne deswegen ein großes Tamtam zu machen. Aber meine Nomenklatur weicht von der gebräuchlichen insofern ab, als ich den »Sonderling« gewissermaßen subsumiere, während es im allgemeinen Sprachgebrauch zahlreiche Facetten gibt wie: den »Verkehrten«, das ist jemand, der *möglicherweise* ein kleiner Ganove ist (auch ein Homosexueller kann so bezeichnet werden), den »Spinner«, ein von einer Idee Besessener oder ein Alkoholiker, wenn er nicht mehr arbeiten kann, beziehungsweise ein Geisteskranker – für die man, sofern sie in einem Familienverband integriert sind, erstaunlich viel Toleranz übrig hat, wohl auch weil es mittlerweile zur Routine der Landärzte gehört, Beruhigungsmittel in größeren Mengen zu verschreiben, diese »Schwäche« also keine Ausnahme darstellt.

Der *Sonderling* ist in der Südsteiermark etwas ganz Bestimmtes, exakt Umrissenes: Er ist jemand, der *nirgendwo dabei ist*, weder bei der Feuerwehr noch bei der Blasmusik, noch beim Kameradschaftsbund, noch beim Sportverein oder einer politischen Partei oder wenigstens der katholischen Kirche. Dem »Sonderling« geht es wie dem »Spinner«: Lebt er im Schutz einer »normalen« Familie, so wird er achselzuckend zur Kenntnis genommen; ist er jedoch allein, dann bekommt er den Mangel an Verbrüderung als gegen ihn gerichtete Aggression in den verschiedensten Formen zu spüren.

Wer sich nicht anpassen kann, droht zu scheitern, isoliert zu werden, zwischen den Mühlsteinen Einsamkeit und Ablehnung zerrieben zu werden. Jene, die diesen Einflüssen widerstehen können, werden dadurch eigensinniger, beharren bestimmter auf ihrer Individualität, werden stur, oft wunderlich und ziehen sich zurück. Das *Überleben* ist es, worauf es ankommt, »nur die Harten kommen durch«, ein gängiger Spruch bei schwerer körperlicher Arbeit, und selbstverständlich kennt »ein Indianer keinen Schmerz«. Die geheimen Landeshymnen sind »Bei uns in d' Steiermark, sand Leit so groß und stark« und neuerdings auch »Steirer-Men are very good for Hollywood«, die »Arnold-Schwarzenegger-Hymne«. Der Mythos der Stärke, Härte und Schmerzlosigkeit geistert in den Köpfen nicht nur der Angepassten, sondern auch der »Sonderlinge«. Man wird es den anderen schon zeigen, Selbstüberschätzung tritt an die Stelle der Minderwertigkeitsgefühle. Stärke soll die gleichzeitig vorhandene Gutmütigkeit und Leidensbereitschaft übertünchen.

Die Kameradschaftsbündler haben es jedenfalls seinerzeit als Soldaten allen gezeigt im Krieg, vor allem *den Russen*. Das Militär ist noch immer gesund für einen jungen Mann. Die Freiwillige Feuerwehr, obwohl sehr nützlich, bezieht ihre Anziehungskraft aus dem Umstand, dass sie eine paramilitärische Organisation ist und daher auch Tummelplatz für junge Leute, die von Heldentaten träumen. Und naturgemäß hat der Starke Munition und Waffen, irgendeine Waffe wenigstens, als Erbstück oder weil er Jäger ist oder seine Schweine selbst schlachtet. Das Schießen gehört zu den Freuden des Alltags, die Böller werden zum Zeichen der »österlichen Wiederauferstehung des Herrn« abgeschossen, Freudenböller mithin. Auch bei Umzügen der Pfarrgemeinde, bei Hochzeiten und Geburtstagen kracht es. Während der herbstlichen Treibjagden ist die Luft schrothaltig, und bei den Hausschlachtungen und den feierlichen Jägerbegräbnissen knallt es sowieso.

Ein Waffenbesitzer ist auf keinen Fall a priori ein Sonderling, aber wie wir aus dem Fernsehen erfahren durften, wurde Franz Fuchs als ein solcher bezeichnet, weil er nachts mit dem Fernrohr den Himmel beobachtete. Allerdings könnte das auch nur eine Umschreibung sein, denn die landläufige Gerüchtewelle berichtet hartnäckig, der als »Bombenhirn« Bezeichnete sei ein »Spanner« gewesen. Wie dem auch sei, ob Spinner oder Spanner, dass Franz Fuchs auf Kürbisse schoss, sie zum Explodieren brachte, fiel nicht weiter auf, davon erzählte später nur eine inzwischen verheiratete Frau, der er beim Rendezvous angeblich vorschwärmte, wie großartig es sei, wenn die Kürbisse zerplatzten.

Wie leicht ersichtlich, wird hier der Versuch unternommen, eine Männerwelt zu beschreiben, die Frauenwelt steht traditionsgemäß im Hintergrund, zur Familienbetreuung kommt jetzt noch mehr Arbeit dazu, weil viele Männer tagsüber in die Stadt pendeln oder die Landwirtschaft alleine nicht betreiben können.

Doch das ist ein anderes Kapitel, wir wollen einen Blick in die Finsternisse des Herzens von Franz Fuchs werfen, dem es bei seinen heimlichen Machtgenüssen natürlich auch um seine Männlichkeit, sein Mannsein ging. Von Anfang an war ich überzeugt, dass ein Bombenbauer – nach diesem Muster – es in der Regel auch *stellvertretend* explodieren lässt für seine auf irgendeine Weise ohnmächtige Sexualität. Bekanntlich drohte

Fuchs seinem Vater ja, aus enttäuschter Liebe zu einer Slowenin mit der eigenen Schusswaffe Selbstmord zu begehen, weshalb er für einige Wochen in ein Krankenhaus eingeliefert wurde. So richtete dieser offenbar so stille, korrekte, pedantische Aggressive seine Aggressionen zuerst gegen sich selbst und später vielleicht sogar gegen das ihm Fremde, die Fremden, die fremde Welt, die es nicht gut mit ihm meinte. Man kann davon ausgehen, dass auch er seine Minderwertigkeitsgefühle später mit Selbstüberschätzung bekämpfte.

Die Landschaft, in der sich dies alles ereignet, ist im Gegensatz dazu von einer geradezu paradiesischen Schönheit, um dieses Klischee zu verwenden, es ist das von den Bewohnern nicht zu Unrecht selbstverliehene Gütesiegel, wie man sich leicht überzeugen kann. Doch was kann man sich von der »Schönheit« abschneiden, wenn die Touristen nicht in Massen kommen, da weder ein großer See noch ein hoher Berg vorhanden sind, also der Sport kein Betätigungsfeld hat? Die Autobahn führt mitten durch diese lieblich-herbe Landschaft, und auf ihr ziehen die endlosen Trecks von Urlaubssuchern nach Süden zur Adria. Kaum einer bleibt stehen, und so ist der knappe Profit nur aus der nicht sehr einträglichen Landwirtschaft zu ziehen und der heimatphilosophischen Beobachtung der Natur, die ewige Wahrheiten für das Leben anbietet wie »Ein Baum, der nicht trägt, gehört gefällt« und viele ähnliche als Weltformeln getarnte Kalendersprüche. Auch sie sind mit der Mentalität rückgekoppelt, beeinflussen das Denken zumindest der älteren Generation.

Industrie finden wir nur vereinzelt, früher war die kommunistische, jugoslawische Grenze die Mauer, an der Handel und Frachtverkehr abprallten, und außerdem sollte das Gebiet sowieso bleiben, wie es war, Industrie bedeutete für die steirischen ÖVP-Politiker, die das Land leicht absolutistisch regierten, zugleich rote Wählerstimmen, die man nicht so gut brauchen konnte. Nun ist vieles unterentwickelt, dafür »erhalten geblieben«, beim »Alten«, wie man sagt. Nur die Antiquitätenhändler haben noch rechtzeitig Haus für Haus abgegrast, um die Embleme der vergangenen Kultur für das zahlungswillige Bürgertum in der Stadt aufzutreiben. Es versteht sich von selbst, dass es um ein Spottgeld geschah. Zusammen mit den ersten Bausparverträgen, der Eternitis und den Massenmöbeln verlor der Landstrich so sein Gesicht, und das »Alte« erhielt sich augenscheinlich mehr oder weniger nur in der landschaftlichen Gestaltung (wenngleich Pestizide und Herbizide inzwischen das unsichtbare Grundwasser geschädigt haben). Der ungenützte Vorteil der erhaltenen Landschaft steht so dem Nachteil der nicht vorhandenen Wirtschaft gegenüber.

Die ökonomische Rückständigkeit, die sich allmählich auch zur geistigen entwickelte, wird zwar öffentlich als Idylle geschätzt, aber insgeheim häufig als schmerzhaft empfunden, der harte Lebenskampf als ungerecht. Wieder gehen Minderwertigkeitsgefühle rasch in Selbstüberschätzung über und umgekehrt.

Wenn vieles zwangsläufig beim Alten bleibt, dann verändern sich auch bestimmte Gewohnheiten, Bräuche und Ideale nicht.

Die »Nazizeit« – von der irgendwann auch einmal

die Rede sein muss, will man etwas mehr von den Bewohnern begreifen – hat im Grenzland anfangs und auch noch später Begeisterung hervorgerufen. In den wenigsten Köpfen ist sie »aufgearbeitet«, was mit dem oft geschickt resignativ betonten Einwand »Alles war nicht schlecht« beginnt, endet dann meist beim eifernden Aufdecken einer »jüdischen Weltverschwörung«. Die »Rechtsrechtsrechten« sind ebenfalls Tradition, sie haben nur ein anderes Deckmäntelchen umgehängt. Ganz wenige bezeichnen sich selbst als »Nazis« oder »Nazi-Sympathisanten«, wenngleich auch das gelegentlich vorkommt und der Bekennermut in letzter Zeit gewachsen ist; die meisten aber, die mit dem Vorwurf konfrontiert werden, reagieren darauf erstaunt, ungehalten oder sogar empört, selbst wenn sie kurz zuvor im Zusammenhang mit der Rohrbombe von Oberwart eingewandt haben, dass »die Zigeuner eh weggehören«.

Man kann diese Einstellung sozusagen durch die Bank finden, auch bei Parteimitgliedern der ÖVP und SPÖ. Das Paradoxe als Realität. Wir befinden uns bereits im undurchdringlichen Dickicht des geistigen Hinterwaldes der Südsteiermark – der sogenannten lokalen Mentalität. Ein Riss geht durch alles: Gläubige sind auch heidnisch, Demokraten wünschen sich einen »kleinen Hitler«, man kann zu Jesus, Maria, Joseph und den Aposteln beten und zugleich *die* Juden hassen. Ein Gegengefühl, ein Gegenstandpunkt ist immer zugleich präsent, im Gefühlsüberschwang die Brutalität, in der Freude die Träne, in der Selbstüberschätzung, wie gesagt, das Minderwertigkeitsgefühl. Die allgemeine menschliche Begabung, sich auch in das

Gegenteil einfühlen zu können, besteht hier weitgehend als Charakterzwang. So soll Franz Fuchs gleichzeitig auch Geldbeträge an Hilfsorganisationen für Ausländer und Flüchtlinge überwiesen haben.

Manches von der »Grenzland«-Mentalität ist aus der Tradition gewachsen. Türken und Kuruzzen brachen einst über die wehrbereiten Bewohner herein, im Zweiten Weltkrieg, wie man immer noch hört, die kommunistischen Partisanen, »*die* Tito« genannt. »Alles Unheil kommt aus *dem* Osten« ist ein geflügeltes Wort. Und natürlich beschwören die Kameradschaftsbünde, salutierend und die Hacken zusammenknallend, die Kameradschaft bei der »Heldenehrung« vor den Krieger-« beziehungsweise »Heldendenkmälern«. Man errichtet unermüdlich und immer noch die Bollwerk-Gemeinschaft.

Die relativ vielen durchaus begabten Außenseiter, Spinner, Sonderlinge, Verlierer, um die es geht, sind demnach Folgen der Vorurteile, der Zerrissenheit, Folgen der ökonomischen Probleme, der Rückständigkeit, der Enge, der noch immer traditionellen katholischen Einstellung, die zu wenig Spielraum für eine individuelle Entwicklung lässt und nach wie vor die Sexualität als Sünde sieht. Alles wird vom Mitmachen und dem Schein bestimmt. Das Andersartige fällt auf und wird zum Gesprächsstoff. Das größte Problem aber ist der augenscheinliche Informationsmangel. Da es keinen Umgang mit Informationen gibt, gibt es auch keinen Umgang mit Kritik; Kritik wird als Angriff interpretiert. Eine Tageszeitung zu abonnieren galt lange Zeit als Luxus, war »hinausgeschmissenes Geld«, man verbrachte sein ganzes Leben abgeschottet in seiner kleinen Welt. Die teuren Nachrichtenmagazine waren ein noch größerer Luxus und »zu viel zum Lesen«, und außerdem wusste man und weiß man nicht, mit ihnen umzugehen. Sie stellen ja nicht selten die eigenen Ansichten, die eigene Lebensweise in Frage. Da man mit Informationen nicht gelernt hatte umzugehen und, wie gesagt, weder Zeit noch Geld dafür erübrigen konnte, blüht seit je die gefühlsmäßige Meinung, ist man empfänglich für Propaganda. Es gibt in den Köpfen zu Problemen zwar immer mehrere nebeneinander bestehende Wahrheiten, die sich möglicherweise sogar widersprechen, aber gerade deshalb wird umso sehnsüchtiger *eine* verlangt – *die* Wahrheit: Staat und Kirche verkünden sie jahrhundertelang.

Zu der *einen* Wahrheit flüchtet man, in die Gruppenzugehörigkeit, zum Verein, in dem *die* Wahrheit und *das* Selbstverständnis gepflegt werden: Und geradezu zwangsläufig als Folgen der *einen* Wahrheit müssen für alle Probleme auch *die* Schuldigen ausgemacht werden. Wer sie pauschal und propagandistisch geschickt anbietet, findet ein offenes Ohr. Billige Massenzeitungen mit simplen Erklärungen, politische Parteien, die nach *ausmisten und ordnungmachen* rufen.

Den zwar verständlichen, aber kaum erfüllbaren Wunsch nach *der* Wahrheit kann man vollends nur mit Verschwörungstheorien befriedigen. Auch die Verschwörungstheorien haben hier eine lange Tradition und sind lebendig wie eh und je. Da sind »Weltverschwörungen, Europaverschwörungen, Österreichverschwörungen«, nicht zuletzt *die* in Wien.

Schuld sind *die*. Die Roten, Kommunisten, Sozialisten, die Schwarzen, die Grünen, die Koalitionsregierung, die Gewerkschaft, die politisch Korrekten, die Juden, die Zigeuner, aber auch *die* EU in Brüssel und *die* Ausländer.

Gleichzeitig jedoch sind die Bewohner, wie wir wissen, Rebellen selbst gegen ihr eigenes Diktat, gegen Autoritäten, Kirche, Obrigkeit, Politik, die eigenen Väter, dadurch sind sie erst wirklich zu einem »eigenen Menschenschlag« geworden: autoritätsgläubige Anarchisten, *zerrissene*, die es zerreißt, die einer lebenslangen Zerreißprobe ausgesetzt sind. Ventile werden gesucht, Radikalität ist verlangt, Auftrumpfen, um über die eigene Unentschlossenheit hinwegzuspielen.

Die Anarchie wächst und blüht auf dem Misstrauen. Aber nur *einerseits, andererseits* ist der Gehorsam schon, wie man sagt, mit der Muttermilch eingesogen. Einerseits sind *alle* Politiker *Gauner,* andererseits hofiert man sie und verlangt Interventionen und Maßnahmen, die mit demokratischen Prinzipien nicht vereinbar sind.

So steht ein kälteempfindlicher Hoffnungsbaum ungeschützt im wild wuchernden Vorgarten der Skepsis.

All das, versteht sich, wird immer im Maßstab des Dorfes gedacht, im Schwunge des Dorfgeistes ... Schon das Nachbardorf ist nicht »wir«. Wer von noch weiter weg herkommt, ist ein »Zuagroaster«. »Wir« sind eine eigene Welt.

Der Dörflergeist ist übrigens überall anzutreffen im tiefen Österreich. Wenn der Horizont beim nächsten

Hügel aufhört, ist das dahinterliegende Dorf schon die Vorhut der Ausländer.

Der wirkliche, der echte »Ausländer«, der aus *dem Osten*, bekommt dann das volle Misstrauen zu spüren.

Fremdenfeindlichkeit ist nicht mehr nur Wahn, sondern wird zur Realität, Normalität. Sie gilt daher nicht als Ausdruck von Aggression, sondern als berechtigte Notwehr. Hat nicht Franz Fuchs in einem Bekennerschreiben zuletzt den ganzen Staat in der Hand von »Ausländern« gesehen, von Vranitzky, Zilk über Petrovic und Stoisits – eine Ausländerverschwörung an der Spitze der Republik?

Die kurzen Überlegungen, logische und intuitive, wollen nichts beweisen, keine Milieutheorie anbieten, keine Verschwörung aufdecken, sie sind nicht mehr als eine Skizze, ein Versuch, den vielgesichtigen, schweigsamen Franz Fuchs, der zwar ein Mörder ist und sich zuletzt selbst mit einer Rohrbombe in Stücke reißen wollte, trotz allem auch als einen nicht ganz untypischen Bewohner der fremden Heimat Österreich zu erkennen.

FRANZ GSELLMANN

Die Weltmaschine am Ende der Welt

Wolf
Maschine

DAS EINDRINGEN IN DIE LANDSCHAFT

Das Haus des 1910 geborenen Franz Gsellmann liegt in der Gemeinde Kaag bei Feldbach in der Oststeiermark. Als ich am 29. November 1985, vier Jahre nach dem Tod des Erbauers der »Weltmaschine«, den Landstrich aufsuche, verirre ich mich in einem Labyrinth verschneiter Hügel. Und sofort erkenne ich, dass dieser Landstrich ein System der Verwirrung darstellt. Ein Aderngeflecht von Irrwegen schlängelt sich zwischen den Hügeln, verzweigt sich, vergabelt sich, splittert sich in die feinsten Irr-Kapillaren auf, wie Arterien und Venen in einem Riesengehirn. Die Landschaft, die Hirnlandschaft denkt. Sie erfindet die Menschen, die in ihr leben, und deren Handlungen.

DER BESUCH

Die Asphaltstraße endet vor einem kleinen Gehöft. Ein frisch verputztes Haus, durch dessen Fenster man ein Stück eines Bettes mit einem gelbgeblümten Überwurf sieht. Unter dem Dach steht ein Sofa, vor ihm ist der Schnee angehäuft. Vom Dach selbst hängen Eiszapfen und bilden ein eindrucksvolles, in die Länge gezogenes Zahnrad. Als Erstes erscheinen die Hühner. Frau Gsellmann, 81 Jahre alt, kommt vom Mittagessen, klein, korpulent, mit Kopftuch, Schürze und gemächlichem Gang. Sie sperrt eine Tür auf, und man steht in einem kahlen Raum vor der sechs Meter langen und drei Meter hohen »Weltmaschine«. Die erste Überraschung: Ordnung, Sauberkeit. Dann verliert sich der Blick in dem Wirrwarr von Rohren, Ventilatorflügeln, Glühbirnen und Motoren. Auf den zweiten Blick passt nichts zusammen – so sieht ein Zufallsgenerator aus, der Selbstmord begangen hat. Aber schon hat Frau Gsellmann die Maschine in Betrieb genommen. Es schrillt, pfeift, knattert, dröhnt, das »Atomium« beginnt sich rasend zu drehen, die Maschine löst sich auf in Licht, Klang und Bewegung. Blaulicht flackert, eine mit Rosen umkränzte Madonna erstrahlt, Fahrradfelgen drehen sich zwischen einem eifrig schlagenden Gong, Spielzeugraketen sausen in Aluminiumbahnen … die Maschine (im Ruhezustand noch quasi in ihre Bestandteile zerlegt) wird zum mechanischen Universum, in dem alles nach den verwirrenden Gesetzen ihres Schöpfers abläuft. Man steht in dem kleinen Raum mit Holzdecke, der von vier Scheinwerfern angestrahlt wird, an den Wänden hängen bunte Amateurfotografien, die Besucher von Herrn Gsellmann angefertigt haben, und es ist, wie wenn man zum ersten Mal eine Halle mit blinkenden, klingelnden Spielautomaten betritt. Besonders augenfällig sind die Gebote des Erbauers angebracht: »Das Anlassen dieser Maschine ist Unbefugten strengstens verboten« … und: »Unfälle auf eigene Gefahr«.

GEDANKEN ZU FRANZ GSELLMANN UND DER WELTMASCHINE

Acht Jahre verschwieg Franz Gsellmann, woran er arbeitete. Er sammelte in der Umgebung Müll, fuhr auf Fetzenmärkte, schwieg. Er montierte etwas ihm selbst Unbekanntes aus Teilen von Maschinen und Gegenständen zusammen: eine Denk-Spieluhr. Er erklärte nichts, gab keine Auskünfte. Auch später gab er keine Erklärungen, antwortete er nicht auf Fragen nach einer Bedeutung oder Absicht. Aber seine Maschine verrät, was sein Denken ausmachte: das Vorgeformte, die Assoziationsketten, die Verwandlung durch Bewegung, kurz die Funktion des Gehirnwerkls. Gsellmann baute eine viel komplexere Maschine, als es den Anschein hat, er baute eine Maschine, die schöpferisches Denken und den schöpferischen Prozess in einem darstellt. Das Kunstwerk an sich war der Entstehungsprozess, das Suchen, Finden, Verwerfen, Korrigieren, Zusammensetzen. Gsellmann baute keine logische Maschine, sondern eine intuitive – mit Hilfe der Logik. Die Maschine im Kopf wurde zur Kopfmaschine. Gsellmanns Ausweglosigkeit, das zwangsläufige »Sich-im-Kreise-Drehen« seiner Vorstellungen, die Wucherung seines Denkens, dort, wo es keine Lösung gab, werden ebenso aus ihr ersichtlich wie der Eigensinn ihres Erbauers. Natürlich träumte er vom Perpetuum mobile, stattdessen gelang ihm eine Karikatur darauf: die Maschine per se, die alle übrigen enthält und ad absurdum führt. Gleichzeitig ist sie eine Persiflage auf das Denken (das selbst wiederum gedacht wird). Kein Denk*gebäude*, sondern etwas Bewegliches und doch in sich selbst Gefangenes.*

GESPRÄCH MIT FRAU GSELLMANN

In der Resopal-Küche mit »Letztem Abendmahl«-Druck und einem Gipszwerg mit Ziehharmonika auf dem Fernsehapparat setzt sich aus Gesprächssplittern, routinierten Antworten und Ratlosigkeit ein fragmentarisches Bild von Franz Gsellmann zusammen. Sein »eigentliches« Leben begann 1958, als er in einer Regionalzeitung eine Abbildung des Brüsseler Atomiums sah. Gsellmann packte einen Rucksack, fuhr mit der Bahn zur Weltausstellung nach Brüssel, zeichnete das Atomium ab und reiste – ohne übernachtet zu haben – wieder nach Kaag. Von da an baute er 23 Jahre an seiner Maschine. Zuerst – in der Auszugsstube seines Vaters – an einem strombetriebenen »Atomium« aus Hula-Hoop-Reifen, dann, als der Raum zu klein wurde, im eigenen Zubau. Um die Maschine durch das Haus transportieren zu können, musste eine Mauer durchbrochen werden. Jetzt wuchs die Maschine. Bald war auch der Zubau zu klein, und mehrere Besucher erinnern sich daran, welch ungeheuerlichen Eindruck sie in dem beengten Raum machte.

* Die Nachbarn glaubten die ersten Jahre, er baue einen »Flieger«, Gsellmann baute aber wirklich an so etwas wie einer »Weltmaschine«: nutzlos, scheinbar unendlich und doch Ausdruck menschlicher Verlassenheit.

1981 starb Gsellmann. Seine Frau führt mich in das Schlafzimmer, zeigt auf das Bett, das man von außen durch das Fenster sieht. Einige Wochen vorher habe er gesagt, jetzt sei die Maschine fertig, man könne damit machen, was man wolle. Dann sei er schon zu schwach gewesen, um zu sprechen, sie sei »bis zum Schluss« neben ihm im Bett gelegen. Über das weitere Schicksal der Maschine habe ja Ungewissheit geherrscht, denn die Schwiegertochter habe Gsellmann mit dem Verkauf gedroht, sobald er gestorben sei.

AUS EINEM BRIEF VON ALFRED KOLLERITSCH VOM 8.12.1985

du hast mir von der weltmaschine geschrieben! ja, dort war ich oft, in ganz früher zeit, wo noch viele teile fehlten. ich habe viel mit dem herrn gsellmann geredet und ihn fotografiert. einmal hat er listig gemeint, daß die maschine vielleicht eines tages von alleine laufen werde. damals stand noch die frau und vor allem der jetzt schon verstorbene sohn finster umher (der sohn war schüler eines onkels von mir, der in edelsbach oberlehrer war) ich war auch einmal mit der autorenversammlung bei ihm, im autobus, dem prießnitz hat sie besonders gefallen und er wollte zu bildern, die er davon machte, für die manuskripte einen aufsatz schreiben. in ihrem alten raum, in dem die wände eng an die maschine heranreichten, man konnte die jetzt offene seite gar nicht so richtig sehen, wirkte für mich die maschine viel ungeheuerlicher, man stand so nah davor, daß man sich wie ein teil der maschine vorkam. der alte hatte vor allem lust an der bewegung und an metaphysischen reden, seinen gott wollte er immer preisen. zum abschluß der besichtigung tranken wir immer einen schnaps und die augen seiner familie hellten sich erst auf, wenn er ein wenig trinkgeld bekam. hast du die falschgeschriebenen sinnsprüche gelesen, von der »müh und blarg«? er hat mich immer an gewisse bauern bei uns erinnert, die alles mechanische liebten und zusammenkauften und zu allem, was automatisiert war, »amerikanisch« sagten.

ZWISCHENBEMERKUNG

Die Bezeichnung »Weltmaschine« stammt nicht von Gsellmann selbst, sondern, wie seine Frau versichert, vom Kärntner Landeshauptmann, der sie bei einer Besichtigung so genannt hat. Er fotografierte Gsellmann auch, und dieser baute das Bild und den Namen in die Maschine ein. Insofern handelt es sich tatsächlich um eine Weltmaschine, weil sie vom Nutzdenken nicht pervertiert ist.* Und doch ist die Maschine ein Paradoxon im Paradoxon. Bei aller Absichtslosigkeit, die ihren Schöpfer getrieben haben mag, ist sie undenkbar

* Die Natur scheint mir sehr viel mehr dem entgegengesetzten Grundsatz zu folgen: »Nicht wissen, sondern wirken! Daraus könnte man folgern, dass man wirken kann, ohne zu wissen« – Kasimir Malewitsch, »Suprematismus – Die gegenstandslose Kunst«.

ohne die Habgier des Sammlers. Es ist das Schicksal der Sammler, von den gesammelten Gegenständen vertrieben oder unter ihnen begraben zu werden. Das gesamte Haus wurde zum Schauplatz der Weltmaschinenschöpfung. Über dem Küchenherd hingen gefärbte Glühbirnen zum Trocknen, auf dem Dachboden befanden sich Apparate und Lampen einer aufgelassenen Zahnarztpraxis, im Schlafzimmer die noch nicht eingebauten Teile. Den ganzen Tag über »murkste« (so seine Frau) Herr Gsellmann an seiner Maschine herum. Er hat das Antriebsrad einer Bergseilbahn beim Dorfschmied Zahn um Zahn selbst angefertigt, er bestellte in einem Grazer Spielzeuggeschäft eine Mondrakete aus Japan, mit der er ein Kind in der Umgebung spielen sah, und bezahlte für das nicht mehr nach Europa ausgelieferte Modell vor zehn Jahren tausend Schilling.

FORTSETZUNG DES GESPRÄCHS MIT FRAU GSELLMANN

Während mir Frau Gsellmann verschiedene Zeitschriften mit Artikeln über die Weltmaschine vorlegt, wie »art« oder das »zeitmagazin«, erfahre ich weitere Einzelheiten aus seinem Leben und über die Maschine. Gsellmann, erklärte sie, habe daran geglaubt, dass die Maschine eines Tages *etwas produzieren* werde. Er glaubte an ein *Eigenleben* der Maschine. Abgesehen davon, dass die Maschine – denkt man an den Besucherstrom oder die Publikationen – wirklich etwas produziert, so ist Gsellmanns Hoffnung nur Ausdruck eines Menschheitsgefühls: der Glaube an das »Unmögliche«. Aber etwas Alltäglicheres beschäftigte den Schöpfer dieser Maschine viel mehr: der *Fehler.* Um die Maschine vor dem Verfall zu schützen, aber auch als Ausdruck seiner Liebe zu ihr, putzte er sie jeden Vormittag. Schweigend widmete er sich dem kleinsten Detail, nichts wurde bei der Reinigung vergessen. Und selbstverständlich durfte ihm niemand bei seiner Arbeit zusehen, Herr Gsellmann schloss sich ein. Er verschwand für seine Umgebung in der Maschine und tauchte erst zu Mittag wieder aus ihr auf. Eine Eigenart blieb trotz allem nicht verborgen: Baute Gsellmann einen neuen Teil in seine Maschine ein oder putzte er einen Abschnitt, so deckte er die umliegenden Teile mit Tüchern zu.* Er ging sehr sorgfältig vor, er liebte seine Arbeit, und er machte keinen Unterschied zwischen dem Auffinden von Teilen, dem Einbauen, Putzen oder Fehlersuchen, alles geschah mit der gleichen Genauigkeit. Beim Rasieren reparierte er in Gedanken Defekte, die ihn oft zur Verzweiflung brachten (wir werden sehen, weshalb), und nicht selten weinte er (»er weinte leicht, beim Weinen haben wir ihn stehengelassen, er hörte sowieso wieder auf«), nicht zuletzt wegen des fortgesetzten Unverständnisses und der Kritik seiner Schwiegertochter, die sich von der Maschine verdrängt fühlte und Gsellmanns Arbeit als »eine Art Wahn« empfand. Eine Katze kommt herein, setzt sich hin, schnurrt – Herrn Gsellmanns Katze.

* Wegen »der Neugier der Leut« – die ihn gar nicht sehen konnten.

NEUERLICHE BESICHTIGUNG DER MASCHINE

Während wir noch einmal zur Maschine zurückkehren, um jetzt ihrem Anblick gefasster und kenntnisreicher gegenüberzutreten, erfahre ich, dass Gsellmann nur die Volksschule besucht hat, Elektriker, später Ingenieur werden wollte (was ihm beides vom Vater, der auch Uhren reparierte, verwehrt wurde), mit Vorliebe utopische »Heftln« las, »das ganze utopische Zeug«*, aber auch Romane, die er sich in der Umgebung auslieh, ferner dass er sehr gläubig gewesen sei und zumindest jeden Sonntag in die Kirche ging. ... Er rauchte viel, trank Most und aß wenig. Das Grundstück, das er besaß, macht 20 Joch aus, man lebte von Äpfeln, Most und einem halben Dutzend Stück Vieh, einem Dutzend Schweinen, verkaufte Eier. Gsellmann erhielt mit 60 Jahren eine minimale Frührente. Er war sehr klein, wog nur etwa 40 kg und fror immer. Im Sommer zog er zwei, im Winter drei Jacken an.

... Die Motoren werden eingeschaltet, und die Maschine setzt sich in Bewegung. Diesmal kündet ihr Lärm von der ewigen, alles umfassenden Vergänglichkeit. (Vorerst lässt die Landesregierung die Maschine für die nächsten zehn Jahre warten, bezahlt den Stromverbrauch und kümmert sich um die Räumlichkeit.) Die Tonlage erreicht das schrille Kreischen einer Kreissäge, man hat den Eindruck, der Fußboden bebt und das Gebäude zittert. Natürlich gerät man in Ver-

* »Gern hätte er in der Raumfahrt gearbeitet. Er wäre aber nicht mit hinauf (zum Mond) gefahren.«

suchung, alle einzelnen Teile wissen zu wollen, aus der die Maschine besteht, und natürlich beginnt man, sobald die Motoren wieder abgestellt sind, mit der Erstellung einer Liste: Karaffenstoppeln, Mercedesstern, Keramikobstschüssel, Lampenschirme, Spieluhren, Glockenrad, Schalter, Steckdose, Kabel, Metronom … aber was besagt eine Summe von Einzelheiten bei einer Maschine, die aufs Ganze gebaut ist? Ursprünglich auf den kleinen Holzwagen gestellt, auf dem der Benzinmotor befestigt war, der dem Gebäude Strom gab, bevor es an ein Elektrizitätswerk angeschlossen wurde, war ihre erste Baueinheit das »Atomium«. Je mächtiger aber die Maschine sich ausdehnte, desto wichtiger wurden die Befestigungsteile. Der größte und eindrucksvollste gleicht einem verzierten, schmiedeeisernen Gitter, es ist ein alter Blitzableiter. Um die Fehler zu beheben, baute sich Gsellmann einen »Computer«, eine Art Zählmaschine, deren Ziffernstand angeblich das Nichtfunktionieren eines bestimmten Teiles anzeigen sollte. Aber damit stellte sich Gsellmann die Falle, in die er (vielleicht?) selbst ging. Der »Computer« ist eine Fiktion. Gsellmann jedoch nahm ihn in Kenntnis seiner Beschaffenheit für eine tatsächliche mechanische Fehleranzeige und machte sich daran, die von ihm aufgezeigten Fehler zu suchen, auch wenn sie gar nicht existierten. Und so verschwand sein Geist lange und oft im nichtexistierenden Bauplan der Maschine wie der Don Quichottes in alten Ritterromanen. (Trat wirklich ein Fehler auf, so verzichtete Gsellmann in der Regel auf seinen »Computer« und fand die Ursachen über kurz oder lang selber. Er hätte ja auch niemanden fragen können.)

»ICH MUSS IMMER WEIT INS LAND HINEINHORCHEN FÜR MEINE TEILE«

(Zusammenfassung eines Gesprächs mit dem Fotografen Franz Killmeyer, der Gsellmann mehr als ein Dutzend Mal, davon einmal über einen Zeitraum von sechs Wochen, besuchte.)

Gsellmann war ein eher verinnerlichter Mensch, mitunter gesprächig (man hat ja auf ihn gezeigt und ihn ausgelacht). Sein Schweigen auf Fragen nach der Bedeutung der Maschine war kompetent. Er litt an Schuldgefühlen, da er sich nicht an der Landwirtschaft beteiligte, was ihm von seiner Familie auch vorgeworfen wurde. Allerdings hat er nie geklagt, weder über sein Leben noch über Menschen, noch über das Unverständnis, das ihm entgegengebracht wurde. Vermutlich fand er Halt in seinem Glauben. Er begründete sein Tun immer mit der Bemerkung: »Gott hat mir die Gabe gegeben.« Als das Interesse an der Maschine langsam größer wurde, erschien der Pfarrer von Edelsbach, ein damals sechzigjähriger Mann, der zu Gsellmann ansonsten keine besondere Beziehung unterhielt, und versuchte ihn für die Idee zu gewinnen, seine Maschine zu verkaufen und mit dem Geld die Kirche renovieren zu lassen. Er stieß auf wenig Gegenliebe. Natürlich war Gsellmann ein Eigenbrötler und Geheimniskrämer. Nur er besaß einen Schlüssel zum Raum, in dem die Maschine stand. Stets schloss er ihn ab. Wenn er »ins Land hineinhorchte« – das heißt, auf der Suche nach Bestandteilen für seine Maschine oft drei bis vier Tage unterwegs war, um sie dann auf einem Schubkarren nach Hause zu führen, rief er immer Belustigung hervor. Für die näheren und entfernteren Nachbarn war es unverständlich, was ihr Mitbewohner mit dem »Glumpert« (Müll) im Sinn hatte. Zudem ging er auf Fetzenmärkte und war noch dazu *wählerisch*. Von manchen Dingen (z.B. der japanischen Spielzeugrakete) hatte er eine feste Vorstellung und ließ sich durch nichts davon abbringen. Killmeyer berichtet, dass er auf dem Fetzenmarkt in Graz einen »14-Zentimeter-Bolzen« suchte. Er gab sich nicht mit einem Bolzen zufrieden, den er abschneiden konnte, sondern suchte mit seinem gelben Zollstab so lange, bis er einen »passenden« auf der Schotterhalde fand. (Killmeyer: »Ich war schon müde, er wurde immer lebendiger.«) Was er nicht brauchte, kam auf den Dachboden, wo er probeweise »Teile« zusammensetzte. Der Dachboden, der sich genau über der Maschine befindet, diente dem Sohn zum Lagern von Weizen. Dort breitete Gsellmann, war er verzweifelt, eine Decke aus und trauerte. Zumeist schlief er dabei ein. Das geschah häufiger, als seine Familie es bemerkte, »er war so klein, konnte sich so unauffällig bewegen, er verschwand einfach«. Er beschäftigte sich auch mit einem anderen »Projekt«, einer neuen Maschine, doch schien er nicht so recht daran zu glauben. Allerdings stellte er seit einiger Zeit eine »Magnetskulptur« her. Er sammelte mit Vorliebe Magnete, die er zumeist vom Dorfschmied geschenkt bekam, und baute sie um zwei Metallkugeln zusammen. Laut Franz Killmeyer bestand die Magnetskulptur aus dreißig bis fünfzig Teilen. Wie auch bei der Weltmaschine, benötigte Gsellmann für die Magnetskulptur und seine Projekte keine Zeichnungen oder Pläne. Mit seinen Dingen hatte er allerdings »das größte Heil«. Nie verwendete er zum Beispiel eine elektrische Bohrmaschine, die er besaß, stattdessen nahm er einen Handbohrer, da er die elektrische Bohrmaschine in die Weltmaschine einbauen wollte. Das *Putzen* war ein Ritual. »Er hat den betreffenden Teil der Maschine zuerst *angehaucht*, dann gereinigt.« Selbst bei den *Vorführungen*, die ihm größte Freude bereiteten und bei denen er sich bereitwillig in Pose warf, um sich fotografieren zu lassen, schaltete er die »Anlage« nur kurz ein, um sie nicht abzunützen. Er zählte die »Teile« auf, aus denen die Maschine bestand, und schenkte zum Schluss aus einer Flasche Schnaps für seine Besucher ein, die unter dem Atomium griffbereit stand. (Er selbst trank kaum davon.) Eintritt verlangte er keinen, sondern nahm nur freiwillige Spenden entgegen. Trotzdem starb dieser Mann – der immer fror, ärmlich gekleidet war, aber auf sein Äußeres Wert legte (»er war immer elegant beisammen«), der kaum Freunde bis auf einige Bewunderer aus der weiteren Umgebung hatte (»in erste Linie intelligente Handwerksmeister«), der in der Weltmaschine eine Zündkerze mit einem Wasserhahn verband, als wollte er Feuer aus Wasser oder Wasser aus Feuer machen, und der nur eine kleine Rente erhielt – nicht so arm, wie es den Anschein hatte.

In goldenen Buchstaben aus einer Kirche, bei der im Laufe einer Renovierung eine Inschrift entfernt worden war, die er mit winzigen Schrauben an einem Spiegel befestigte (angeblich ist die vertrackte Orthographie darauf zurückzuführen, dass ihm einige Buchstaben in seinem »Setzkasten« fehlten und er keinen der vorhandenen unberücksichtigt lassen wollte), ist Gsellmanns Sinnspruch in der Weltmaschine zu lesen: »Mit Müch und Blarg harb ich gebaut für das so kurze Leben. Gott wird mich in der antern Welt eine schönere Arbeit geben.« Als er die Maschine das erste Mal in Betrieb nahm (Schöpfung), wurde es anders als am ersten Schöpfungstag nicht Licht, sondern die Stromversorgung brach in der gesamten Gemeinde zusammen, und (Offenbarung) Gsellmanns Geheimnis war entdeckt.

14. 12. 1985

DAS VERLASSEN DER LANDSCHAFT

Auf der Fahrt durch die verschneite Hügellandschaft zum Friedhof fallen einem Wölflis künstlerische Arbeiten ein, auch kommt einem die Maschine wie eine oststeirische Gebetsmaschine vor oder ein mechanisches Märchen, das sich ewig selbst erzählen muss; das Grab Gsellmanns ist mit einem Schneetuch zugedeckt (als ob er noch immer etwas vor neugierigen Blicken zu schützen hätte). Hinter dem Friedhof fahren Kinder mit BMX-Rädern hinauf zur Kirche, von der Kirche wieder hinunter zum Friedhof. Langsam wird es dunkel, und die lautlose Himmelsmaschine beginnt auf ihre mirakulöse Weise die Luft zu verfärben.

INHALTSVERZEICHNIS DER WELTMASCHINE
(Auszug)

200 Glühbirnen (gefärbt)
25 Motoren
64 Vogelpfeifen
1 Raumkapsel
4 Raumfahrer
1 Obstschüssel aus Japan
1 Pokal aus Persien
1 Windmühle aus Holland
2 Gondeln
1 Dynamo
2 Verzierungen von Blitzableitern
1 Mercedesstern
1 Grazer Uhrturm
1 Adler aus Porzellan
1 Adler aus Metall aus Berlin
14 Glocken
4 Glockenräder
5 Zündkerzen
4 Wasserhähne
1 Schiffsschraube
53 Schalter
25 Hula-Hoop-Reifen
560 Holzperlen
20 Keilriemen
130 Stecker
26 Glasstöpsel
8 Lampenschirme
1 Bestrahlungslampe (Infrarot)
1 Zuglampe
7 Lichtmaschinen
18 Ventilatoren
1 Fassboden (mit den 3 Hauptständen der Welt)
1 Trockenhaube
1 Porzellanaschenbecher (Flugzeug)
1 Adventkranzhalter mit Engeln aus Holz
1 Roulette
1 Barometer
1 Metallfächer
1 Handstaubsauger
1 Klapotetz
1 Greifer
1 Plastik-Rennautobahn
1 Flaschenhalter
2 Hufeisen mit Glocke
1 Weihwasserbehälter (Auerhahn)
1 Zeituhr
1 Standuhr
1 Jesusfigur aus Glas
1 Marienfigur aus Glas
5 Kruzifixe
1 Plastikmadonna
3 Blaulichter
1 Vorhangkordel
1 Kristallglasbehälter
3 Plastik-Kristallplatten
5 Auto-Luftfilter

1 Salz-Pfeffer-Garnitur (2 Vögel aus Metall)
1 Sauerstoffflasche
18 Ventile
6 Glaskugeln von einem Luster
1 1 Gläserständer
1 Waschtrommel
40 Räder
52 Keilriemenscheiben
1 Kirche aus ca. 1000 vergoldeten Holzteilen
2 Motorradketten
1 Schwungrad mit Laufwerk
1 Haarfön
1 Metronom
1 Metallstern
2 Torverzierungen
1 Großes Atomium-Modell (Brüssel, Weltausstellung)
1 Papierpresse
1 Dampfmaschinenmodell mit Spiritusbrenner
2 Kleine Atomium-Modelle
2 Kronen
2 Amperemeter
10 Scheinwerfer
1 Fernsehleuchte (Holzschuhschiff, Holland)
1 Hahn aus Metall
1 Christbaumständer
1 Leiterwagen
1 Große Batterie
1 Mixer mit Ventilator
2 Radkappen
2 Hahn-Aschenbecher
1 Sechszylindermotor
1 Metallkugel
1 Telefonläutwerk
1 Tischgong
4 Spielwerke
15 Kunstblumen (elektrifiziert)
400 Goldbuchstaben und Zahlen
242 Silberschrauben
Kalender
Großes Fragezeichen (Plastik mit Foto)
Gerahmte Fotos (2 Fotos Gsellmann, 1 Foto Maschine)
Staubsaugervorsätze

DES KNABEN WUNDERHORN, GRIMMS MÄRCHEN UND GSELLMANNS WELTMASCHINE

Der Hut

Auf einem seiner Spaziergänge fand Herr Ferdinand einen Hut vor der Kirche. Der Hut zog alle Blicke auf sich, aber niemand wagte es, ihn aufzuheben. Herr Ferdinand bückte sich und setzte ihn auf. Zu Hause in seinem kunterbunt möblierten Schlafzimmer entdeckte er zu seinem Erstaunen eine riesige blaue Erdkugel. Die Anziehungskraft, die von dieser Erdkugel ausging, war bemerkenswert. Als seine dicke Frau eintrat, vermochte sie nur unter Aufbietung aller Kräfte das Zimmer wieder zu verlassen, wegen der Erdkugel. Herr Ferdinand warf einen Blick aus dem Fenster. Der Apfelbaum stand in Frühlingsblüte und zeigte ihm für Sekundenbruchteile das Aussehen, das er im Sommer haben würde. Die riesige Erdkugel polterte jetzt aus dem Haus und rollte den Hügel hinunter. Herr Ferdinand lief ihr nach und musste mit einer Hand den Hut an der Krempe niederdrücken. Von den Höfen blickten ihm die Bewohner der Gemeinde argwöhnisch nach, dabei ging es ihm nur darum, die Erdkugel einzuholen. Aus den Häusern vernahm er zusätzlich ein Getöse, und jetzt erst verstand er, dass der Hut alles, was gedacht wurde, *hörbar* machte. Herr Ferdinand riss sich den Hut vom Kopf – augenblicklich trat Ruhe ein. Die große blaue Erdkugel lag vor dem Haus und rührte sich nicht. Der Hut begann allerdings zu vibrieren und schwebte in der Luft herum, setzte sich auf ein Huhn, hängte sich an den Nagel einer Stalltür und landete zuletzt auf der Erdkugel. Als Herr Ferdinand am nächsten Morgen aus dem Bett sprang, um den Hut an sich zu nehmen, lag dieser schon auf dem Kasten. Verdrossen verließ Herr Ferdinand das Zimmer. Jetzt aber folgte ihm der Hut. Einen Finger breit schwebte er über seinem Kopf. Herr Ferdinand lief zur Kirche, vor der er den Hut gefunden hatte, um ihn wieder zurückzubringen. Der Hornist der dortigen Trachtenkapelle erwartete ihn schon. »Endlich!«, rief dieser und riss den Hut an sich, um alles unter ihn zu bringen. Und nun begriff Herr Ferdinand, dass die große blaue Erdkugel nichts anderes war als alles, was man unter den Hut gebracht hatte. Zu Hause aber war sein Zimmer leer. Anstelle der Erdkugel fand er eine riesige Pfingstrose vor, deren Blätter langsam zu Boden fielen.

Der geschickte Schneider

Um zu beweisen, dass er der beste Schneider sei, zerschnitt sich ein Geselle und nähte sich wieder zusammen. Es war ihm alles wunderbar gelungen, nur einen Arm hatte er mit einem Bein vertauscht, und anstelle des Gesichts hatte er sich den Hintern angenäht. Seine Nase wuchs aus der Schläfe, und ein Ohr klebte dort, wo der Mund sein sollte. Da lachten die anderen Schneider, die nicht sehen wollten, wie schön alles zusammengenäht war, und der Meister entließ ihn sogar. Der Schneidergeselle aber ging lustig über das Land und war überall gerne gesehen. Und da er wunderschön zu nähen verstand, war er bald wohlhabend und heiratete eine junge Frau. Im Geheimen versuchte er allerdings, sich noch einmal aufzutrennen und richtig zusammenzunähen. Seine Frau aber überraschte ihn dabei und drohte ihm, ihn zu verlassen, falls er nicht damit aufhöre. Da ließ es der Schneider bleiben und lebte weiter, ohne zu wissen, wo ihm der Kopf stand.

Das Gesetz ist die Fälschung

Mit dem Fingerhut auf dem Kopf kann man nicht durch das Nadelöhr reisen

Wer seine Gedanken daran hindert, davonzufliegen, gleicht einem verlegten Korkenzieher

Der Magnet zieht den Albtraum an

Die elektrische Nuss

Ein Magier rieb eine Nuss am Ärmel, machte sie auf diese Weise elektrisch und hängte sie an den Zeigefinger, von dem sie nur durch einiges Ziehen abgenommen werden konnte. Ein schlauer Knabe rief laut: »Das Reiben der Nuss ist ganz zwecklos und dient nur zur Irreführung der Uneingeweihten. Es muss vielmehr während des Reibens mit dem Daumen und Mittelfinger auf die Naht der Nuss ein starker Druck ausgeübt werden, wodurch sie sich nach oben öffnet und die Haut des auf die Spitze drückenden Zeigefingers in den Spalt klemmt; in dieser Weise wird beim Nachlassen des Druckes die Nuss am Finger hängen bleiben.« Daraufhin lachte das Publikum den Magier aus.

Der Traum, dass man aus dem Schlaf nicht mehr erwacht

Eine musizierende Krähe

Ein Mann fand eine erfrorene Krähe und trug sie mit sich nach Hause, in der Absicht, sie zum Tierpräparator zu bringen und von diesem ausstopfen zu lassen. Als er sie auf den Tisch legte, fing eine wunderbare Musik aus der Krähe zu klingen an, dass der Mann die Augen aufriss und sich nicht erklären konnte, was er da gefunden hatte. Noch immer vernahm er die Musik wie aus einer Spieldose. Der Mann erschrak so sehr, dass er die Arme ausstreckte, aus dem Haus lief und davonflog, denn er fürchtete um seinen Verstand.

Wer eine Glockenblume mit einem Kuheuter verwechselt, muss gelbe Handschuhe anziehen

Der Polarstern und die Messglocke am Sonntag

Die Zeit ist das Schlüsselloch

Das Spielzeug ist der Ausdruck innerer Vorgänge, das Werkzeug Nachahmung mechanischer Naturgesetze

Ein Seitensprung im rechten Winkel zum Äquator

Der Handschuhmacher

Ein Handschuhmacher, der arbeitslos war, kam auf dem Land an einer Kirche vorbei. Er breitete seine Ware, die er im Rucksack bei sich trug, auf einem Brett aus, welches er über zwei Steine gelegt hatte, aber die Menschen gingen achtlos an ihm vorbei, und wenn jemand ein Wort an ihn richtete, dann nur, um sich über ihn lustig zu machen. Als es Nacht wurde, kletterten die Handschuhe aus dem Rucksack, drangen in die Häuser ein und zogen jedem so viel Geld aus der Tasche, wie sie nur finden konnten. Am nächsten Tag bemerkte der Handschuhmacher, dass Geld in seinem Rucksack war, und da er sich nicht erklären konnte, woher es stammte, vertrank er es, so rasch er konnte. Die Dorfbewohner aber, die bestohlen worden waren, gingen zu den Gendarmen und verlangten Aufklärung. Lange rätselten die Gendarmen herum, bis einer auf die Lösung kam, ein jeder habe sich nur eingebildet, bestohlen worden zu sein. Während aber der Handschuhmacher in einem entfernten Gasthaus trank, erzählte er die Geschichte einem wohlhabenden Bauern. Der dachte bei sich, es könne mit den Handschuhen nicht alles stimmen, und ließ den wandernden Gesellen festnehmen und die Ware beschlagnahmen. In der Nacht fielen die Handschuhe über den wohlhabenden Bauern her, verprügelten ihn und nahmen ihm die Kleider weg, dass er nackt ins Freie lief und um Hilfe schrie. Als die Dorfbewohner erfuhren, welche Handschuhe der Handschuhmacher zum Verkauf anbot, stürzten sie sich auf die Ware und boten die höchsten Preise; der freigelassene Handschuhmacher, der keine Ahnung hatte, was vor sich gegangen war, war in Kürze ein gemachter Mann und ging seines Weges. Den Dorfbewohnern aber verblieben die Handschuhe im Dorf, und keiner war mehr vor dem anderen sicher, ob er ihm das Geld aus der Tasche ziehen oder im Schutz der Dunkelheit auf den Pelz rücken wollte.

Der Vogelbaum

Es wurde ein Mensch mit Blättern statt Haaren und Zweigen statt Ohren geboren und später Vogelbaum genannt. Denn stand er still, flogen die Vögel herbei, um auf ihm zu sitzen. Es kam so weit, dass niemand anders von ihm sprach als vom Vogelbaum. Die Geschichte wäre hier zu Ende, wenn der Vogelbaum nicht zu blühen und später Äpfel zu tragen begonnen hätte. Wie sich aber herausstellte, waren es keine Äpfel, die aus ihm sprossen, sondern Herzen, und aus jedem dieser Herzen wurde wieder ein Vogelbaum. Die Vogelbäume waren sanftmütig und schön, aber bald waren sie den Menschen ein Dorn im Auge, und es dauerte nicht lange, da holte man zwei Holzfäller und ließ sie in ihrem Garten fällen. Hierauf verbrannte man sie, und obwohl es manche gab, die traurig darüber waren, ging man rasch zum Alltag über.

Inhaltsverzeichnis
einer nichtgeschriebenen Abhandlung

1. Kapitel: Reise in die nächste Sekunde
2. Kapitel: Beschreibung einer Erfindung als
Wirklichkeit
3. Kapitel: Eine geographische Karte des inneren
Bilderstroms
4. Kapitel: Das Verstehen in Form eines
Schraubenschlüssels
5. Kapitel: Der plötzliche Tod des Verfassers

AUGUST WALLA

Die Welt im Zimmer

MOND
PRÄSIDENT
KPÖ
HELMUTH
KOHL
PRÄSIDENT.
HALBENG
I 1 KÖNIG BETET, PROPHET
SAAAATUS AN, UND SEI,
KAISER NEROS FREUND.!
ACKER
GRÜB
GOTT.!

IRGENDWANN ÖFFNETE PRIMARIUS NAVRATIL die Tür zum Krankenzimmer im »Haus der Künstler« der Nervenheilanstalt in Gugging und ließ mich durch einen Spalt in den Raum blicken. August Walla, ein massiger Mann von 50 Jahren mit nahezu kahlgeschorenem Kopf und weichen, das Ländliche seiner Abstammung betonenden Gesichtszügen, malte gerade ein Fragezeichen an die Wand, als wollte er damit seine eigene Rätselhaftigkeit ausdrücken. Von seiner alten Mutter, die, wie ich wusste, das Zimmer mit ihm teilte, sah ich – da sie auf ihrem Bett saß – nur ein Stück des Fußes. Die Wände waren vom Boden bis zur Kopfhöhe beschrieben und mit bildlichen Darstellungen wie einer Blume, einem Apfel, einem Kreuz, einem Hodensack mit zwei Penissen, einem Herzen und einem Stein »verziert«. In meiner Erinnerung sehe ich nur einen schmalen, hellen Spalt im Dämmerlicht des unbeleuchteten Flures, die mit Buchstaben und kindlichen Bildern übersäte Wand und die Gestalt des Patienten Walla, der, als würde er beten, auf seinem Bett kniet. Es erschien mir damals wie ein Blick in eine vergangene Zeit, als ob Walla gerade als erwachsener Mann seine Kindheit träumte und sich dabei in der

Schule vor einem Heft wiederfände, in dem er in Schönschrift ein Wort aufzeichnet.

Navratil hatte mir aufgetragen, leise zu sein, um Walla nicht bei seiner Arbeit zu stören, und so schauten wir ihm einige Atemzüge lang stumm zu. Er trug eine blaue Arbeitsjacke und eine rote Wollmütze und hielt in der linken Hand eine Farbdose, in die er den Pinsel sorgfältig eintauchte. Jeder seiner Handgriffe drückte die immense Sorgfalt aus, schön zu schreiben und zugleich auf Sauberkeit zu achten. Sein großes, dickes Gesicht zeigte eine Art meditative Abwesenheit. Ich las »EWIGKEITENDE = HERRGOTT SATTUS« und entdeckte darunter ein kleines Hakenkreuz, dann schloss Navratil wieder die Tür, als ob wir etwas Unrechtes getan hätten. Das muss im Winter 1983/84 gewesen sein.

Ich hatte die Anstalt Gugging schon mehrmals besucht, als es das »Haus der Künstler« noch nicht gab, damals, um den Dichter Ernst Herbeck näher kennenzulernen. Leo Navratil hatte dann ein Gebäude, das früher eine Trinkerheilanstalt und dann eine Krankenabteilung für Tuberkulosepatienten beherbergt hatte – in der sich vermutlich auch Franz Kafka hatte untersuchen lassen, bevor er im Privatsanatorium Dr. Hoffmann im benachbarten Kierling wenige Tage später starb –, für seine malenden und schreibenden Patienten zu einem Ort der Stille, abseits vom Trubel des Anstaltsalltags, umbauen lassen.

Walla war seit 1952 insgesamt siebenmal in die Anstalt eingewiesen worden, zuerst für fünf Jahre, dann zumeist nur für wenige Wochen. Er hing sehr an seiner Mutter. Immer wieder sprach er von Selbstmord, falls sie sterben sollte, und er hielt seinen Vorsatz auch in Zeichnungen und Briefen fest, weshalb sich Leo Navratil zu dem ungewöhnlichen Schritt entschloss, die 88-Jährige gemeinsam mit ihrem Sohn aufzunehmen und in einem Krankenzimmer unterzubringen.

Die Begabung August Wallas war Navratil schon bei der ersten Begegnung aufgefallen, und er hatte ihn später immer wieder in dem Schrebergartenhäuschen in Kritzendorf an der Donau und im ärmlichen Zimmer einer ehemaligen Kaserne in Klosterneuburg, das er mit seiner Mutter bewohnte, aufgesucht. Zusammen mit seinem Sohn Walter hatte Navratil auch die seltsame Symbiose der beiden, die desolaten Wohnräume, den verwilderten Schrebergarten und die von Walla beschrifteten Bäume und Gegenstände fotografisch festgehalten.

Mehr als zwanzig Jahre, von 1946 bis 1967, lebte der Primarius mit seiner Frau, die selbst Ärztin in der Anstalt war, und seinen Kindern Tür an Tür mit den Patienten. Der Anstaltsleiter Lois Marksteiner schrieb über ihn: »Sein Stil im Umgang mit den Kranken ist für mich ohne Beispiel, wie ich glaube, unnachahmlich, die durch nichts zu erschütternde Ruhe, das aufmerksamste Interesse, die bedächtige Gelassenheit, die unendliche Geduld, das Mitleben und Miterleben mit den Patienten, das gemeinsame Feiern aller nur denkbaren Feste, die Gasthausbesuche mit seinen Patienten, die Selbstverständlichkeit des Heiligen Abends auf der Abteilung und, in letzter Zeit häufiger, die Begräbnisse seiner Patienten.«

Mehr als ein Jahr nach unserer letzten Begegnung,

auf dem Weg hinauf zur Anhöhe, auf der das »Haus der Künstler« liegt, traf ich August Walla vor dem Gebäude der Kinderstation, in dem heute das »L'Art Brut-Museum« untergebracht ist, wieder. Immer, wenn ich in den darauffolgenden Jahren an der Abteilung vorbeikam, dachte ich, dass es doch eine Hölle gibt, aber nicht im Jenseits, sondern auf Erden. Einmal hatte ich nämlich das Weinen und Schreien von Kindern aus den geöffneten Fenstern gehört, das ich nicht mehr vergessen kann.

Aus dem Nichts war August Walla plötzlich neben mir aufgetaucht, mit Rucksack und Tasche – ein Schamane, wie ich dachte. Er musterte mich argwöhnisch, und als ich ihn grüßte, blickte er verlegen zu Boden. Er schätzte es zwar, wenn ihm Aufmerksamkeit entgegengebracht wurde, wusste ich, war aber in ebenso großem Ausmaß schüchtern.

Nebeneinander gingen wir auf das von seinen Mitbewohnern Oswald Tschirtner, Johann Hauser, Johann Garber sowie von August Walla selbst mit bunten Figuren bemalte »Haus der Künstler« zu, in dem um diese Zeit ungefähr zehn Personen untergebracht waren.

Beim Anblick des Hauses erschien es mir nur folgerichtig, dass Walla in diesem mirakulösen Palais der Träume und Albträume lebte.

Ich fragte ihn, wie es ihm ginge, und er antwortete stockend und flüsternd ein oder zwei Worte, das oder die ich sowohl als »gut« oder »nicht gut« deuten konnte.

»Schlecht?«, fragte ich beiläufig, da ich ihn nicht aufregen wollte.

»Jo«, antwortete Walla so leise, dass ich es kaum verstand.

»Weshalb?«, wollte ich nach einer Pause wissen.

Er ging unverändert weiter und murmelte dann raunend, wie es seine Art war: »A Idiotenanstalt«, und deutete auf die Gebäude hinter uns. »Lauta Idioten.« Das Wort »Idiotenanstalt« hatte er mit Kreide schon einmal vor den Eingang des »Hauses der Künstler« geschrieben, um seinem Ärger Luft zu machen. (Walla litt seit seiner Kindheit auch unter seinem Vornamen August, hatte mir Primarius Navratil erzählt, wegen der Anspielung: »Du dummer August!«) Er selbst sah sich keinesfalls als »Idioten«, was die anderen Patienten in seinen Augen jedoch waren. Eine ähnliche Auskunft hatte ich früher schon von einem anderen Patienten, Johann Hauser, erhalten, der von der Anstalt abschätzig als einem »Narrenhaus« und den Patienten als »lauter Narren« gesprochen hatte.

Walla sah jetzt aus wie ein pausbäckiges Kind, seine Augen waren für einen Moment größer geworden, aber gleich darauf wieder in Schläfrigkeit versunken und zu leblosen Knöpfen erstarrt. Schweigend gingen wir bis zum Eingang, wo ich mich von ihm verabschiedete. Ich suchte nämlich, wie üblich, zuerst den Primarius auf, bei dem ich mich am Tag zuvor telefonisch angemeldet hatte.

Walla hatte übrigens den schmalen, langgestreckten Vorraum inzwischen in den prächtigsten Farben und mit seltsamen Figuren bemalt. Navratil erklärte mir gleich darauf, nicht ohne einen gewissen Stolz, die gekrönten Gestalten, die alle mit Namen beschriftet waren: Jesus Christus mit einer helmartigen Dornenkrone, einen Apostel Antonius in einem mit Kreuzen geschmückten Kleid und der Aufschrift FPÖ, umflort vom österreichischen Staatswappen und zwei brennenden Kerzen, einen freundlich lächelnden Gott Sabaoth mit Bananenmund und Schweinchengesicht, Kaiser Nero mit einem Kopf, der einem rosafarbenen Teddybären ähnelte, sowie einer Topf-Krone und nicht zuletzt den Ewigkeitendegott Sattus mit bösem Antlitz, das aber durch das Wort BRAV unter dem riesigen Kinn entschärft wurde.

Walla, so Navratil, huldige einer mystischen Privatreligion und bemale die Wände mit seinen Phantasiegöttern und -dämonen. Er selbst, sagte Navratil, sei gerade dabei, die mythologischen Figuren zu entziffern und einzuordnen. So betrachtet sei Wallas Zimmer eine surreale Kapelle. Ich fragte ihn nach den Hodensäcken und Doppelpenissen, die ich auf einer Wand in Wallas Zimmer und auf Zeichnungen gesehen hatte, und Navratil sprach mit mir zum ersten Mal über die »russische Operation«, die Walla auf einer Zeichnung festgehalten habe. Sein Patient behaupte, als »Nazimädchen« Augustina Aloisia Georgine Walla geboren worden zu sein. Durch die in Russland erfundene Operation sei dieses »Nazimädchen« in einen »Kommunistendoppelknaben« umgewandelt worden. Dabei seien ihm auch die nationalsozialistischen Frauenbrüste abgeschnitten und durch kommunistische Männerbrüste an seinem Körper ersetzt worden. Die Doppelpenisse seien für das »Lulu« (den Urin) einerseits und die »Lulumilch« (den Samen) andererseits angebracht worden. Für Walla, so Navratil weiter, bedeute »nationalsozialistisch« nämlich »weiblich« und

»kommunistisch« »männlich«. Es sei notwendig zu wissen, dass August bis zu seinem neunten Lebensjahr das Hitlerregime – dessen Tötungsprogramm »Lebensunwertes Leben« er als 8-jähriger Insasse der Anstalt »Am Spiegelgrund« nur durch Zufall nicht zum Opfer gefallen sei – und von seinem zehnten bis zum zwanzigsten Lebensjahr die russische Befreiermacht kennengelernt habe.

Um die Götter deuten zu können, benutzte Navratil eine großformatige Zeichnung Wallas mit dem Titel »Aller Welt, allerlei alle heiligen Götter«, die er mir sodann in seinem Ordinationsraum zeigte. Darauf waren neunzehn Figuren gemalt und mit ihren Namen beschriftet. Die Götter, die diese Figuren darstellten, hatten durchwegs langes, »weibliches« Haar, wie Navratil aufzeigte, zum Teil Kämme im Haar, zum Teil Heiligenscheine oder Kronen auf dem Kopf. Auch Walla selbst war in diesem Pantheon zu sehen, mit Flügeln und Hörnern, »ein christlicher Kommunistenengel in gestreifter Badehose und mit herausstehendem Penis, die KPÖ-Fahne mit Kreuz vor seinen Füßen«, fuhr Navratil fort. Am Ende der Götterreihe war der Gott Tod hingemalt, mit Heiligenschein und Krone, eine Blume in der Hand, zu seinen Füßen eine Sense. In seiner Sprechblase war zu lesen: »BIN DER BRAVE TOD NUR!« Auf seinem Kleid waren zwei gekreuzte Knochen zu erkennen. Ich las und notierte mir die Namen der übrigen Götter: SSEIRILL, SSARARILL, ALLAH, SABAOTH, BUDDHAS, GESPENSTERGOTT KAPPAR, NEPPTUN, SIDDA, WODDAN, ZEUS, HALBTEUFELGOTT WALLA, JUDE JEREMIAS, JUDENGOTT ELIAS, SCHIWA und SATAN mit Hörnern und Tatzen.

Wallas Götterlehre war verwirrend, stetig kamen in seinen Zeichnungen und Wandgemälden neue hinzu, andere verschwanden wieder aus den Darstellungen, und ihre Bedeutung war, wie Navratil aus den Beschreibungen von Walla erfuhr, einem fortlaufenden Wandel unterzogen. Leo Navratil stellte später die Götterwelt seines Patienten in dem 1988 erschienenen Bildband »August Walla. Sein Leben & seine Kunst« akribisch dar und wies nach, dass es sich bei den Figuren nicht um beliebige Gestalten handelte, sondern tatsächlich um eine Privatmythologie, die sich sein malender Patient im Laufe von Jahren und Jahrzehnten ausgedacht hatte und zu deren Beherrscher Walla schließlich selbst wurde.

An diesem Tag durfte ich wieder einen Blick in das bemalte Zimmer werfen. Wie schon beim ersten Mal öffnete Navratil vorsichtig die Tür. Diesmal aber so weit, dass ich Walla und seine Mutter sah, die auf ihren Betten saßen und sofort aufblickten – Walla beleidigt, die Mutter durchaus herrisch –, aber als sie den Primar erkannten, grüßten sie ergeben. Wir traten zwei Schritte in das Zimmer. Ich sah als Erstes den »Wandschoner« mit dem Wort DONAU, einem Boot und einem Fisch und sodann die nun dichtbemalten und beschrifteten Wände, das Pandämonium ihres Schöpfers mit einer riesigen weißen Taube unter der Decke, dem Gott Isoth, der, wie ich erfuhr, dem Heiligen Geist entsprach. Ich dachte: der magische Raum eines Zauberers. Alles lag ausgebreitet in einer Bild-Schrift-Sprache vor uns: Wallas Ängste und Sehnsüchte, seine Sexualität, seine Frömmigkeit und seine Frevel, die Zeit seiner Kindheit mit all ihren politischen Verwirrungen, Gegensätzlichkeiten und Katastrophen, seine eigenen Machtphantasien, sein Streben nach Schönheit und seine Lust zu erschrecken. Es war mir, als sähe ich das Unbewusste des Patientenkünstlers, das wie radioaktive Strahlung aus dem Leck eines Atommeilers in seinen Kopf ausströmte und sein Bewusstsein überflutete. Ich verstand nicht, was ich sah, aber ich war beeindruckt von der Energie, die von dem Fresko ausging, und dem Sog, den die Darstellungen vermittelten. Walla hatte »Welt« und »Ewigkeit-Endewelt« gemalt, die, so behauptete er, durch ein Loch im Kosmos miteinander kommunizierten. Gott, der von Kreuzen umgeben war und lachte, trug auf seinem Kleid zwei Hakenkreuze. Auch Adolf Hitler fand sich auf dem Fresko sowie August Walla selbst, diesmal als Teufel mit zwei Penissen, Schweif und Hörnern in einer »Halbhölle«. Vor seinem Oberkörper hing der gerahmte Druck eines schwülstigen Marienbildes an der Wand, auf dem die Gottesmutter ihr Herz mit einer Dornenkrone zeigte. Navratil hängte das Heiligenbild kurz ab, darunter kam auf der schwarzen Krampusbrust die Beschriftung KPÖ zum Vorschein. Ein großes Stück des Freskos stellte das Stift Klosterneuburg dar mit seinen zwei hohen Kirchtürmen und dazwischen drei Flugzeuge. An die Innenseite der Tür hatte Walla die Welt und das Weltall gemalt und darunter die Hölle mit einem Wegeplan – rote Pfeile auf schwarzem Grund.

Alle diese Bilder und Schriften verschwanden im Laufe der Jahre. Walla hat sie immer und immer wieder mit neuen Bildern und Schriften übermalt, schließlich auf einem Gerüst auch die gesamte Decke in sein

Fresko miteinbezogen und so eine düstere, bunte archaische Gegenwelt geschaffen, über die man lange rätseln und staunen kann.

Ich besuchte Walla in größeren Abständen und fotografierte ihn auch in seinem Zimmer. Die Bilder zeigen, wie sich die Wände im Laufe der Zeit mehr und mehr veränderten und der Raum durch die fortlaufenden Übermalungen schließlich zu einem einzigartigen Palimpsest wurde. Einem Restaurator, der die Aufgabe hätte, das ursprüngliche Fresko freizulegen, würden sich Schicht um Schicht verschiedene himmlisch-irdisch-höllische Universen mitsamt ihren grausam-komischen Herrschern enthüllen.

Einige Male, als ich Walla in seinem Zimmer fotografierte, nahm er eine betende Haltung ein, er faltete die Hände und wartete bewegungslos, bis ich fertig war.

Entdeckte ich an der Wand Wörter, die ich noch nicht kannte, fragte ich hin und wieder danach, und er gab mir seine halb geflüsterten und geraunten Antworten. Lag ich mit einer Vermutung falsch, schwieg er. Es stellte sich bald heraus, dass er Wörterbücher sammelte, die er anfangs versteckte und dann in einem Regal stapelte: ein russisches und ein lateinisches, ein englisches und ein indonesisches, ein japanisches, ein spanisches, tschechisches, hebräisches, holländisches und schwedisches, an denen er sehr hing. Leo Navratil besorgte ihm die meisten, andere bekam er von Besuchern geschenkt oder mit der Post geschickt, und Walla stellte mit ihrer Hilfe und nach seinem Gutdünken Namen und Begriffe zusammen. In seinem Buch über August Walla schlüsselte Navratil viele der seltsamen Wörter auf, die im gemalten Kosmos seines wilden Künstlers auftauchten.

Ich fragte Walla manchmal auch selbst nach der Bedeutung einzelner Wörter, und er antwortete dann beispielsweise: »Des ist indonesisch«, und auf die Frage nach dem deutschen Wort dafür: »Fahne«. Oder: »Des is hebräisch« und: »Engel«. Ich sah dabei die Wörterbücher auch in seinem einfachen Regal aus Holzbrettern liegen, aber angesichts des besorgten Blickes meines Gegenübers verzichtete ich darauf, mich von der Richtigkeit der Auskünfte zu überzeugen, die Navratil jedoch später bestätigte.

Wenn ich Walla eine Frage stellte, nahm er sofort das Gehabe eines schüchternen, ernsthaften Schülers an, der sich mit angestrengter Miene einer Prüfung stellt.

Die Schuppenflechte, an der er litt, bedeckte mitunter Teile seines Gesichts und der Hände. Einmal sah ich ihn halb nackt vom Bad in das gegenüberliegende Zimmer eilen und erschrak über die großen Flecken, die seinen Körper bedeckten. Später hatte er eine Glatze, und auch auf der Kopfhaut waren Spuren seiner Krankheit zu erkennen.

Nach dem ersten Jahr im »Haus der Künstler« musste Wallas Mutter in die geriatrische Abteilung der Anstalt Gugging verlegt werden, in der er sie täglich mehrere Stunden besuchte. Als sie nach neun Jahren starb, verfiel er in Depressionen und erholte sich nur langsam. Bei meinen Besuchen brachte ich ihm damals hin und wieder Abzeichen mit – einen roten Stern, eine kleine Habsburgerkrone, den Stephansdom –, die er mit Leidenschaft sammelte. Um ihn aufzumuntern, spielten meine Frau und ich im Speiseraum auch einmal »Mensch ärgere Dich nicht« mit ihm. Es wurde das seltsamste Würfelspiel, an das ich mich erinnern kann. Walla saß wieder wie ein Schüler bei einer schwierigen Prüfung da, fest entschlossen, sie zu bestehen. Er führte seine gelben »Manderln« (Männchen), die er sich ausgesucht hatte, völlig unabhängig von den Punkten auf dem Würfel, den er gerade geworfen hatte. Alle Figuren, die auf den Feldern vor seinen gelben »Manderln« platziert waren, räumte er aus dem Weg, und er genoss es, wenn er eines nach dem anderen ins Ziel brachte. Natürlich fragte ich ihn: »Haben Sie wirklich eine Sechs gewürfelt? Dürfen Sie die Figuren jetzt schlagen? Kennen Sie die Regeln?«, und er beantwortete die Fragen jeweils mit einem kurzen, kaum vernehmbaren »Jo«. An diesem Nachmittag hielt er sich, glaube ich, wirklich für einen Gott, der zaubern konnte.

Walla aß gerne und viel. Er hatte sich aus einer Kunststoff-Flasche eine Ölkanne gebastelt, die bei der Mahlzeit vor ihm auf dem Tisch stand und aus der er große Mengen über seine Speisen schüttete. Kam ich mit einem Gugelhupf, hatte er es eilig, ein Stück davon zur Jause zu verzehren. Dabei vergaß er ganz auf seine Umgebung.

Einmal fuhr ich mit meiner Frau nach Kritzendorf, um die Hütte Wallas an der Donau zu suchen. Sie war nicht schwer zu finden, da sie mit Wörtern und Zeichen weiß bemalt war. Wir fotografierten sie, und ich zeigte ihm das Bild, das ihm aber nicht gefiel, weil er darauf erkannte, dass die Hütte beschädigt worden war. Auch misstraute er mir und fragte mich – weil ich neben der Hütte zu sehen war –, ob sie jetzt mir gehöre. Als ich lachend verneinte, hatte ich den Eindruck, dass er an meiner Aussage stark zweifelte.

Er besaß übrigens eine Trompete und eine Ziehharmonika und gab oft an, Musikant zu sein, obwohl er auf seinen Instrumenten nicht richtig spielen konnte. Trotzdem ging er leidenschaftlich gerne zur »Musikstunde«, wo er gemeinsam mit einigen seiner Mitpatienten musizierte, die auch nicht auf ihren Instrumenten – Mundharmonikas, Trommel und Flöte – spielen konnten. Es waren die eigenartigsten Konzerte, die ich zu hören bekam.

August Walla starb am 7. Juli 2001.

Wenn ich heute sein Zimmer betrete, das bis zum Umbau dem engagierten und eigenständigen Nachfolger Leo Navratils, Johann Feilacher, als Büro und Ordinationsraum diente, höre ich hin und wieder – wie aus weiter Ferne – die Musik, die mich in eine heitere Stimmung versetzt, und ich sehe August Walla vor mir, wie damals, als Navratil die Tür einen Spaltbreit öffnete und mir seinen Patienten zeigte, der auf dem weißen Laken seines Bettes kniete, eine rote Wollmütze auf dem Kopf, eine Farbdose in einer Hand, in der anderen den Pinsel, mit dem er gerade ein Fragezeichen auf die Wand malte.

BRUNO GIRONCOLI

Der Künstler als Regent des Chaos

1

DIE EBENERDIG GELEGENEN FENSTER der Akademie der bildenden Künste in der Böcklinstraße sind vergittert, ein Strauch lilablühender Glyzinien wuchert an der Außenwand. Mein Freund Loys Egg, der den Besuch bei Bruno Gironcoli arrangiert hat, nimmt ein Plastiksackerl mit Reklamezetteln vom Türknopf und tritt die Treppen zurück hinunter, um vom Gehsteig aus besser beobachten zu können, ob sich hinter einem der Fenster etwas regt. In die Stille hinein hören wir, wie ein Schloss der dunkelgrünen Eingangstür aufgesperrt wird. Nach einer Weile ein weiteres und noch eines.

Wie ein mythologisches Wesen erscheint der Bildhauer, argwöhnisch und vorsichtig, als habe er sich in die Gegenwart verirrt.* Er ist mittelgroß, gebückt, trägt ein schwarzes, offenes Seidensakko, ein schwarzes Hemd, die graue Kordhose wird von einem Gür-

* Gironcoli litt unter einem Gehirntumor, in dessen Folge es zu einer Überproduktion des Wachstumshormons kommt. Dabei vergrößern sich Kopfumfang und Teile des Gesichts wie Lippen, Nase und Zunge, aber auch Hände, Füße und innere Organe. Gironcoli starb 2010 im Alter von 74 Jahren.

tel und einem Hosenträger über dem Bauch gehalten, braune Halbschuhe an nackten Füßen. Ein Stock, auf den sich die Gestalt stützt. Von der Müdigkeit der Gesichtszüge geht Trauer aus. Infolge seiner Erkrankung lugt ein hervorstehendes Auge mich unverwandt an, ein Periskop aus den Tiefen des Gehirns, das scheinbar regungslos die Außenwelt hypnotisiert. »Der einzige Raum«, sagte er in einem Gespräch, »in dem sich … manches zusammenbringen lässt, liegt … innerhalb der Hirnschale, weil von ihm ein sich in Bildern und Räumen bewegendes Denken ausgeht, wenn dabei das Eingebundensein des Körpers akzeptiert wird.« Die Unterlippe ist geschwollen und aufgeworfen, ein glänzend-rotes Sprachorgan, ein Weltverschlingungsorgan. Das ergraute Haar sorgfältig zurückgekämmt, die Haut bleich und aufgedunsen, an den Fingern Nikotinflecken.

Mit Mühe bewegt sich der Bildhauer zu uns heraus. Als mein Freund ihn begrüßt und ihm das Plastiksackerl übergibt, wirft er es in plötzlich aufwallendem Zorn auf die Stiege, wo die buntbedruckten Papiere sich ausbreiten.

Wir haben die rasche Bewegung nicht erwartet.

Dem vom Wutausbruch überraschten Freund bedeutet er zugleich, die Reklamezettel liegen zu lassen, er brauche sie nicht! – Im selben Atemzug richtet er jedoch voll Zuneigung und mit ausgesprochener Höflichkeit das Wort an ihn, raunend, flüsternd, Silben verschluckend. Seine Worte gehen in einem dumpfen, leisen Rauschen des Atems unter, so als lausche man angestrengt einer stockenden Stimme, die aus einer an das Ohr gepressten Meeresmuschel kommt. Das Eingelassenwerden in das Haus (genauer gesagt ist es ein diffuser Einsickerungsprozess) vollzieht sich in einem Ritual aus Abwehr und Nachgeben, Misstrauen und Neugierde, dem Wunsch, ungestört zu bleiben, und einer Freude über den Besuch. Eine Märchenfigur, ein König gestattet uns, sein Reich zu betreten. An dem zögernden Einverständnis, mit dem unser Eindringen viertelschrittweise geduldet wird, kann man erahnen, dass sich hinter dem grauen Vorraum, der durch eine Vitrine verengt wird, ein intimes, privates Reich erstreckt, das er gleichzeitig von der Außenwelt verbergen und ihr offenbaren will. Dicht aneinandergedrängt, als befänden wir uns in einer überfüllten Straßenbahn, stehen wir da, die Außentür ist noch immer geöffnet.

Erst das Zauberwort »Glyzinien« bricht den Bann. Ich erkundige mich, wie alt sie sind, und hinter der melancholischen Würde des Antlitzes blitzen jetzt Freude und Eifer auf: »Wie ich hier eingezogen bin ... da war ... ich eitel«, antwortet Bruno Gironcoli, »und habe die Glyzinien gepflanzt ... ich wollte es ... schön haben.«

Er dreht sich um und schlurft uns voraus durch eine hohe Tür, die den Wohnraum vom Atelier trennt. Er spricht, aber ich sehe nur seinen Rücken, den Spazierstock und kann nicht verstehen, was er sagt. Jedenfalls betreten wir eine Werkstatt mit Schweißgeräten, verrosteter Bassena, staubigen Wänden, schmutzigen Fenstern, die nur wie durch einen Filter gedämpftes Tageslicht hereinfallen lassen, so als zerstöre die Helligkeit die schöpferische Tristesse, die Gironcoli vielleicht für seine Arbeit benötigt. Im Atelier selbst türmen sich Skulpturenteile, Schachteln, Polyesterdosen,

Werkzeuge und Leitern zu Haufen, die von zwei riesigen, mit Goldfarbe gestrichenen Gebilden überragt werden. Alles ist vom Sediment der Vergänglichkeit bedeckt: Der zwei Stock hohe Saal, der durch eine Wand aus kleinen Fenstern abgeschlossen ist, riecht nach Staub – auf dem Boden hinterlassen die Schuhe Abdrücke wie in einer Vulkanlandschaft. Und natürlich lässt die Glaswand die Außenwelt nur fragmentarisch und in groben Umrissen erahnen: Es regnet, ohne dass ein Tropfen vom Himmel fällt. Die goldfarbenen Skulpturen – auch silberfarbene Elemente liegen verstreut herum, gewaltige Monstranzen, erwecken den Eindruck, als stammten sie aus Science-Fiction-Romanen, in denen rätselhafte, sakrale Räume ferner Galaxien beschrieben werden. Gironcoli bezeichnet sich selbst als »einen Bildhauer, der aus dem vergangenenen, tausendjährigen chinesischen Reich und elektrischen Zeitalter kommt – zumindest im Design«. Es ist eine stenographische Selbstdefinition, und es mangelt ihr weder an Wahrhaftigkeit noch an Ironie. Sie ist von jener Art Mimikry, die Spott und Trotz zugleich ausdrückt, in der das eine jeweils das andere vortäuscht.

Überwältigend ist vor allem die Maßlosigkeit. Das suchende Auge verirrt sich in Einzelheiten, es entdeckt Symbolträchtiges, Archaisches: Kornähren, Blätter von Rebstöcken, Trauben, eine Marienstatue, embryonale Aliens – so als hätten Bewohner ferner Milchstraßen versucht, das Leben auf der Erde aus Fundstücken zu rekonstruieren. Aber auf diesen ersten Eindruck folgen weitere, verschiedene. Es ist zunächst eine Leere, die einen überkommt, verursacht durch die Anhäufung von Formen. Der Kopf antwortet mit einem Gedanken-Vakuum. Das Gefühl von Einsamkeit entsteht, des Eingeschlossenseins in die stillstehende Zeit. Während ich plötzlich an Mikroben, Viren, Bakterien unter einem Universalmikroskop denken muss, das die unsichtbare Welt dreidimensional ins Gigantische vergrößert, verwerfe ich diesen Vergleich schon, da mir klar ist, dass er aus der Hilflosigkeit entsteht, mit der Sprache sich am Nonverbalen abmüht. Es sind eher Klänge, Skulpturen wie Symphonien von Gustav Mahler, doch ich zerknülle auch diese Kopfnotiz und verwerfe sie als falsch. »Kinderspielzeug«, hat Gironcoli in einem Gespräch gesagt, »das selbstgemachte und das gekaufte«. Nahezu alle Weltgegenstände werden von ihm abgebildet. »Es gibt Puppen, Autos, Flugzeuge, Christbäume. Was reproduzierbar vorliegt, wird reproduziert. Meine stille Welt hat damit Beispiele.« – Nur, das »Spielzeug« in diesem Atelier ist unermesslich groß, und wir sind winzig klein. Die Größenverhältnisse sind ins Gegenteil verkehrt. Lilliputaner mit den Spielsachen der Kinder von Brobdingnag. Auch der Staub ist brobdingnagisch. Natürlich sind es keine Spielzeuge, weiß ich, es sind nur verführerische Assoziationen, denen ich nachgehe – in Wirklichkeit handelt es sich um Essenzen, um Konzentrate.

»Mir ist es nicht um Ausdruck gegangen. Mich hat die bildhauerische Idee dahinter interessiert, eben eine gewisse Stille und Erstarrung«, sagt Gironcoli. Fertig heiße nicht, dass eine Darstellung ein bestimmtes Ziel erreicht habe. Fertigstellung heiße für ihn, dass ein Arbeitsweg so deutlich wie möglich ausgeschöpft sei. So besehen sind die beeindruckenden Figuren etwas wie Tagträume (eine Art von Gegenmonumenten, in denen Hohes mit Trivialem verbunden ist). Sie haben zwar Gestalt angenommen, sind aber doch unkonkret geblieben. Vielleicht stellen sie nichts anderes dar als Erinnerungsvorgänge, in denen das Vergangene mit dem Sein in der Gegenwart verbunden ist. Gedankensprünge, die Beklemmung auslösen und von irgendwoher das Echo eines zynischen Gelächters hören lassen. Man kann lange so stehen und sich in den Skulpturen und Trümmerhaufen verlieren.

Der Bildhauer als Person, der gebückt im Atelier steht und mit seinen Arbeitern in blauen Monturen einen Termin vereinbart, ist zumindest ebenso präsent wie sein Werk. Ich weiß nicht, wem ich mehr Aufmerksamkeit widmen soll: diesem Mann oder den erdrückenden, fixen Ideen, die wie Oktopusse mit ihren Tentakeln in das Denken des Betrachters zu greifen scheinen. Diese jäh erstarrten Metamorphosen, diese seltsamen Missing Links beziehen ihr Aussehen, sagte der Bildhauer, aus dem Zwang des Änderns, dem er bis an die Grenzen des Irrseins ausgeliefert sei, um die Bewegung des Geistes zu erfassen. Seine Angelegenheit sei vielleicht das motorische Weiterschreiten, Weiterentwickeln … an einer Sache weiterzuarbeiten, sie immer wieder herzunehmen, sie immer wieder in die Hände zu nehmen und sie zu probieren, von allen Seiten, die möglich seien. Das sei sein Thema.

»Das Weibliche, das Mütterliche interessiert mich«, wendet er sich jetzt an mich und zeigt mir an einer der Skulpturen Vulva, Geburtsvorgang und das zur Welt gekommene Kind. Irritierend daran ist nur, dass die goldfarbenen, staubbedeckten Babys, die wie auf einem goldenen Fließband liegen, zu brennen scheinen, Flammen züngeln aus den Augen, aus den Brustwarzen, dem Nabel und dem Geschlecht – oder sind es Blätter, Blüten? Verwandeln sich die Babys in Organismen, die der Fauna zuzurechnen sind? An zwei geschlossenen Türflügeln Zeitungsausschnitte mit Pin-up-Girls. Die Glasfensterwand zum Hof zeigt noch immer das Bild einer regenverhangenen Außenwelt. Manche Scheiben sind durch schwarze Glasvierecke ersetzt, die unteren mit schwarzer Farbe übermalt. Jede einzelne der übermalten Glasscheiben weist andere Pinselstriche auf. Manche sind eng betupft, manche wie schwarz grundiert. Als wir ins Freie treten, begeben wir uns zurück in die Tageszeit. Zehnfach vergrößerte Edelweißblüten aus Polyester – fliegende Untertassen aus Tirol – liegen herum, in Schachteln, auf durchsichtigen Nylonplanen, die über Paletten gelegt sind, man denkt an bedrohliche Alpenvereinsgasthöfe, an Gebilde wie Seesterne, die jedoch in der Luft schweben und sich auf Heimatlose stürzen, um ihnen das Blut auszusaugen. Davor Haufen von Holzgerümpel, zinnsoldatengleich aufgestellte Reihen von Bierflaschen mit goldpapierdekorierten Hälsen und hinten an der Mauer und im Garten zwei insektenförmige, silbern gestrichene Riesenskulpturen, die natürlich etwas anderes sind, nichts Entomologisches, sondern dreidimensionale, verstörende Gebilde, die die gewohnten Begriffssysteme und Identifikationsautomatismen ins Leere laufen lassen. Die Objekte verzaubern den angeräumten und zum Teil mit Autos verparkten Hof. Der Weg zurück durch die Werkstatt ist, wie wenn man in einer Kirche vom Altar zurück zum

Ausgang geht – der Blick ist offen für Nebensächliches. Auf einer silberfarbenen Eisenplatte flüchtige Filzstiftskizzen, verblassende Landkarten für geistige Eroberungsfeldzüge, dazwischen Flecken und blankgeschliffene, helle Stellen. In einem von Verputz verschütteten Federpenal staubige Stifte, die an archäologische Ausgrabungen denken lassen. Unter einer der Skizzen ist »Abortusbrunnen« zu lesen.

2

Hinter dem kurzen Gang erwartet uns stumm eine Gruppe afrikanischer Skulpturen im Foyer unter der Holzstiege, die zu den Wohnräumen führt. Die Luft ist stickig wie in einer Kammer, die nie gelüftet wird. Gironcoli hält schwer atmend an und lässt seinen Blick wohlgefällig auf den Skulpturen ruhen, die er von seiner ursprünglichen Sammlung zurückbehalten hat. Noch im Sommer muss er »umsiedeln«, da sein Nachfolger Wohnung und Atelier beziehen wird. Der Großteil der afrikanischen Masken und Figuren wurde von der Spedition schon aus dem Gebäude getragen und zum Schloss Herberstein in der Steiermark gebracht, wo ein Museum dafür errichtet wird. Die eigenen Skulpturen sollen folgen. Was sich also vor uns ausbreitet, ist nur ein Bruchteil der ausufernden und mit der Zeit bedrohlich angewachsenen Sammlung »afrikanischer Dinge«. Er habe, führt Gironcoli lakonisch aus, allmählich eine »Reihe von Objekten« gekauft, die er alle hier in seiner »Dienstwohnung beherbergt«

habe. »Das war glücklicherweise so«, fährt er nach einer Pause fort, »dass eben da mein Einzelgängertum wieder zuständig war – ich habe keine zweite Person in meinem Haushalt damit beirren müssen, dass solche Dinge bei mir abgelagert waren oder wurden.« Wenn er spricht, ist es, als schreibe er zugleich in seinem Kopf und lese dabei laut mit.

Mitunter kann es jedoch schwierig sein, ihm zu folgen, denn er selbst entziffert seine unleserliche Kopfschrift, seine Denkschrift oft nur mühsam, stockt und formuliert die folgenden Worte undeutlich, und man muss das Unverständliche aus dem Zusammenhang erahnen. »Ich meine, so lange das alles noch mit dem Apostroph mäßige Maße gelaufen ist, haben sich keine Umstände ergeben. Das Ganze hat sich aber – ich glaube, es sind jetzt 15 Jahre her ... 15 bis 20 Jahre ... hat sich das natürlich verändert.«

Hinten an der Wand hängt ein afrikanischer Teppich, braun mit Karo- und Quadratmustern, davor haben sich die Figuren, die auf eisernen Sockeln stehen, angehäuft, ein Topf, Masken, ein oder zwei asiatische Schränke und auf dem Fußboden Teile von eigenen Skulpturen: goldene Sonnen, silberne Puppen sowie silberfarbige runde und trommelförmige Körper mit Stacheln (wären sie Musikinstrumente, welche Töne würden sie von sich geben?).

»Aus der sattsamen Fülle«, ist Bruno Gironcoli inzwischen fortgefahren, »ist Übervolles geworden, eine Bedrängung, die ich eigentlich in den letzten beiden Jahren selber empfunden habe: Dass es in der Wohnung kaum mehr zu leben geht, denn« – und jetzt ist eine leise Schadenfreunde herauszuhören, als habe er jemandem einen Streich gespielt –, »denn es ist so gewesen, dass in der Wohnung nur noch ein Gangsystem … wie für einen Maulwurf begehbar war: von der Küche ins Klosett«, er hebt die Stimme, »vom Bett zur Küche«, die Stimme wird noch höher, »von der Eingangstür zur Küche«, Pause und dann wie im Triumph, »und nur noch eine Querverbindung zu den Kleiderkästen, alles andere war zugestellt.« Er schweigt, kostet die Erinnerung scheinbar aus und fügt hinzu: »Da konnte man nicht mehr gehen, da konnte man eben nur noch diese Gänge benutzen, um das Leben zu realisieren. Und das ist dann von der Wohnung doch eine Spur zu wenig.« Auf meine Frage, warum es überhaupt so viele Figuren geworden seien, entgegnet er kryptisch, er habe keinen weiteren Abstellraum gehabt.

Der einstmals mächtigste Mann Chinas fällt mir ein, der Kaiser Quin Shi Huangdi. Er ließ bei Xi'an sein Grab von einer Armee Ton-Soldaten bewachen, die 1974 unter zehn Meter dickem Lößboden ausgegraben wurden. Quin Shi Huangdi fürchtete sich vor der Macht der Geister, er fasste beispielsweise ein Unwetter als Kriegserklärung aus dem Jenseits auf und ließ, nachdem seine Barke in einen Sturm geraten war, einen in der Nähe wachsenden Wald abholzen, da sich dort, wie ihm seine Magier erklärten, das Grab eines mächtigen Herrschers befände, der ihm nach dem Leben trachte. Etwas von dieser Terrakotta-Armee und von der Bannung der Dämonen seiner Einsamkeit ist auch hier zu verspüren.

Die braune Holzstiege ist breit und das Geländer so staubig, dass die Finger nach der Berührung klebrig bleiben. Wie ein Bergsteiger mit Steigeisen und Pickel über einen steil ansteigenden Gletscher stapft, geht mir der Bildhauer voraus, auf ein Schild mit Labyrinthmuster zu, das an der Wand hängt, und dann um die Ecke in den ersten Stock. Wir erklimmen jedoch keinen Berggipfel, sondern begeben uns lediglich über Treppen, die ächzen und knarren wie das Segelschiff in Peter Weirs »Master and Commander«, auf die Kommandobrücke der alten Wohnung, ein Vorzimmer, von dem aus man nicht nur auf die Stiegen hinunter, sondern auch in die Gänge sieht, die zu den Zimmern führen. Auch hier zahlreiche afrikanische Skulpturen, es sind so viele, dass sie nach wie vor die Atmosphäre bestimmen. Allerdings, sagt Loys Egg, der den Bildhauer immer wieder aufgesucht hat und jeden Winkel »unter Deck« kennt, kämen ihm nun die Räume leer vor. Ich sehe hingegen in einem Zimmer, dessen ausgehängte Tür am Stock angelehnt ist, nur noch einen Portable-Fernseher, einen Stuhl und ein Stück von einem Messingbett, alles andere ist mit Figuren verstellt. Die Kommandobrücke liegt sozusagen unter Deck, weshalb wir uns übergangslos in einer nächtlichen Atmosphäre befinden. Zwei Stehlampen mit großen weißen Glühbirnen beleuchten einen von Papieren überschwemmten Schreibtisch, ein schiefes, vollgepfropftes Bücherregal, Schachteln mit Heften und Akten, akfrikanischen Masken, einer Bohrmaschine und anderen Dingen und den Fußboden, auf dem weitere Holzmasken, Zeitungsseiten und geöffnete Kartons herumliegen. Vor einem fliederfarbenen Holzkasten, der sich neben dem überfluteten Schreibtisch befindet, lässt sich Bruno Gironcoli erschöpft auf einem Stuhl nieder, den Stock in der rechten Hand. »Wenn man sich so die tausend Formen von Kleiderschränken anschaut«, hat der Bildhauer gesagt, »die die Menschen entwickelt haben, sind da welche, die durchaus die Frage aufwerfen, warum sie denn gerade Kleiderkästen geworden sind. Sie hätten etwas anderes auch werden können, zum Beispiel: Skulptur.« Und tatsächlich verwandeln sich alle Dinge auf der nächtlichen Kommandobrücke, als mir dieser Satz einfällt. Das Vorzimmer hat eine morbide Schönheit, wie alles im Umfeld Bruno Gironcolis. Es ist literarisch (um nicht das Wort poetisch zu verwenden), filmisch und auf eine merkwürdige Weise utopisch. Der Bildhauer als Regent des Chaos, die mythologische Figur, als die ich ihn am Anfang gesehen habe. Seine Untertanen vermehrten sich mit einer Geschwindigkeit, gegen die er kein Rezept wusste, weshalb der paradoxe Fall eintrat, dass er sein Volk ins Exil schicken musste. Müde hält er sein Haupt gesenkt, die Augen sind geschlossen wie im Schlaf, als er leise zu erzählen beginnt: wie in Trance, monoton und stockend, während ich ihn im Geiste durch die Gänge zwischen den fünfhundert Figuren seiner ehemaligen Sammlung schlurfen sehe.

Dass es überhaupt so weit gekommen sei, führt er aus, sei dem Zufall zuzuschreiben: »Ich habe – ganz pathetisch gesagt – einige Freundschaften verloren, die mir viel bedeutet haben, und in meiner Trostlosigkeit – nachdem ich schon seit 35 Jahren eine afrikanische Skulptur besessen habe – habe ich mich also … besonnen … dass ich eigentlich … einen Bereich hätte, der mir noch ziemlich unerschlossen ist, das heißt, ich habe wohl etwas über afrikanische Skulpturen gewusst, und ich wollte dieses Wissen etwas verbreitern.«

Eine Pause entsteht. Es ist still. Die weißen Glühbirnen stehen wie zwei kleine Vollmonde über der nächtlichen Zimmerlandschaft. »Meine erste Figur, einen Senufo-Frauenkörper, hatte ich auf … kuriose Weise … erworben … Ich war als Jugendlicher mit dem Herrn Udo Proksch befreundet. Der Herr Udo Proksch hat von einer Afrikareise … das war damals plötzlich so eine Mode … alle, die etwas auf sich gehalten haben, sind nach Afrika gefahren … ich weiß nicht, was sie dort unten getan haben, da hab ich keine Ahnung gehabt … na, und der Herr Udo Proksch hat mir als Mitbringsel, als Souvenir eben eine Senufo-Frau mitgebracht … circa fünfzig Zentimeter groß, ziemlich neu … das war vor 35 oder vierzig Jahren, dass ich sie von ihm geschenkt bekommen habe … und dieser Körper war wohl eine ganz schöne Darstellung, sehr noch nach den mütterlichen Motiven der vorhergehenden Zeiten und kaum noch modernistisch irgendwie verbrämt … und diese eine Figur hat mich eigentlich immer wieder beeindruckt in ihrer Schlichtheit und Schönheit, und sie hat so wie ein kleines Feuerchen – zuerst eigentlich über die europäische Kunstgeschichte der Moderne hergekommene Afrika-Aufmerksamkeit – so wie eine Ölfunzel ihr Licht spendet … hat diese Senufo-Figur mir als Lichtlein gegolten und hat jahrzehntelang gebrannt, und plötzlich habe ich mir eben damals, in meiner Zurückgezogenheit oder Einsamkeit, gedacht, siehst du, mit dem kannst du dich beschäftigen, das lenkt wenigstens ab.« Wieder versinkt er in Gedanken, oder er ist aus Erschöpfung eingenickt, und so warten wir, wie bewegungslose, stille Skulpturen, bis Bruno Gironcoli den Kopf hebt – als erwachte er – und uns kurz anblickt, bevor er wieder in sich versinkt.

»Ich habe mich dann umgeschaut«, fährt er irgendwann fort, »wo man denn so etwas zu sehen bekommt – außer in der Afrika-Sammlung des Völkerkundemuseums, die zeitweise und auswechselbar immer gezeigt wurde … die habe ich schon gekannt … weil ich ja gerne ins Museum gegangen bin, vor allem ins Völkerkundemuseum … damals hat es … vor vielleicht fünfzehn Jahren … Jugendliche gegeben, die sich ihre Afrika-Reise finanziert haben, indem sie etwas mitgebracht haben … und irgendwie in Gemeinschaftsläden verkauft haben. Und in solchen immer wieder schließenden … und wieder aufmachenden Geschäften habe ich einzelne Figuren gefunden, die ein gewisses Alter gehabt haben … da war ich nicht sehr anspruchsvoll … weil ich wusste, dass das, was ich bekommen kann, Durchschnittsware ist, die durch einzelne Auslagenstücke gewürzt auch recht hübsch sein kann.« Er gähnt, blickt auf, ob wir noch da sind und ihm zuhören, und grübelt kurz über das Gesagte nach.

Es sei für ihn unmöglich gewesen, fährt er dann fort, an alte Stücke heranzukommen, die seien längst in den Händen von Sammlern gewesen. Neuere Skulpturen stammten »nicht mehr aus den Wurzeln der afrikanischen Menschen, die das gemacht haben«, sondern seien auf den Europäer abgestimmt, der das sammle. »Ich meine«, er richtet sich unerwartet auf, »darum gibt es in Afrika kaum alte Figuren, weil dort, unter diesen Witterungsverhältnissen, die Masken und Skulpturen nicht alt werden.« Sie würden nur zwanzig Jahre halten und müssten dann neu geschnitzt werden, weil die Feuchtigkeit und die Insekten das Holz zersetzten, das vermodere und von Ungeziefer weiter zerstört würde ... Die ältesten afrikanischen Masken seien solche, die aus der Renaissance-Zeit von Priestern und Abenteurern als Kuriositäten mitgebracht worden seien und in geschützten Räumen die Zeit überdauert hätten.

»Nein«, wehrt er die Frage ab, ob die Figuren seiner Sammlung einen Einfluss auf ihn gehabt hätten ..., das sei nur so daneben hergelaufen. »Ich meine, ich habe schon darüber nachgedacht, wie diese Leute wohl das machen, dass die Masken und so weiter so ausdrucksstark sind ... ich war schon vorher Handwerker und Bildhauer gewesen ... darum hat mich das nichts gelehrt, was mir eine Qualitätserhöhung eingetragen hätte ... es war nur das Sammeln, das Zusammentragen ... ich bin auch kein Sammler, der vom Thema her sammelt ... Ich habe ein einziges Thema eine Zeitlang verfolgt, und das waren Igbo-Masken, das sind diese mit der Frisur, dieser hochtoupierten, geschnörkelten Frisur, die konnte meterhoch über dem Kopf stehen ... diese Figuren habe ich eine Zeit lang ausschließlich gesammelt.«

»Und die Sockel aus Eisen?«

»Die Sockel?«, fragt Bruno Gironcoli. Sie seien Reste von Eisen, das er in seiner Werkstätte verarbeite, »um die Statik für meine Figuren zu bilden. Die Reste von Eisen-Stückerln, die habe ich zu diesen Sockeln zusammengeschweißt oder schweißen lassen ... damit man diese Reste auch aufbraucht, diese Restl … Eisen und Holz ist ja interessant, das Eisen unterstützt ja sehr stark den Holzcharakter.« – Aber sonst habe er an den Figuren nichts angerührt, das heißt, er habe da und dort die Farbe erneuert, wenn es notwendig gewesen sei … Er lacht auf. »Ein Restaurator hätte bestimmt die Hände über dem Kopf zusammengeschlagen, aber ich bin kein Restaurator!«

Er wendet sich meinem Freund zu und sagt, dass ihn das Genick schmerze, und da ich befürchte, dass ihn bereits sein ganzer Körper schmerzt, bedanke ich mich für das Gespräch, während er mit unendlicher Akribie eine Gitanes aus einem blauen Päckchen zieht, sie ansteckt und in einer feierlichen Zeremonie raucht. Als ein Stück Glut auf seine Hose fällt, ist er erheitert. Das passiere häufig, er habe nur noch Hosen mit Brandlöchern, bemerkt er und wendet uns sein lächelndes Gesicht zu.

»Eigentlich habe ich nicht gewollt, dass die afrikanischen Figuren«, sagt er plötzlich verdrossen, »sozusagen als Zweitsammlung neben dem Museumstrakt unter meinem Namen ausgestellt werden, sondern, dass es anonym bleiben sollte, von wem sie stammen. Aber –« er nimmt einen Zug aus seiner Zigarette und schließt die Augen, dann murmelt er etwas, das ich nicht verstehe.

Als er uns später vor der Haustüre verabschiedet, liegen die Reklamezettel und das Nylonsackerl noch immer auf der Stiege. Von den Glyzinien sind Blütenblätter abgefallen, und es ist nur noch das Geräusch zu hören, wie die Schlösser der Eingangstüre hinter uns zugesperrt werden.

GÜNTER BRUS

Eine abenteuerliche Reise durchs Gehirn

DER EIGEN-ARTIST

1. – Mehrmals fuhr Günter Brus im Spätherbst mit einem Taxi zu mir nach Obergreith. Ich hatte damals kein Telefon, und das Handy war noch nicht erfunden. In der Dunkelheit draußen war zuerst das Brummen eines Autos zu hören, und umhüllt von Nebelschwaden kam er mir das letzte Stück bis zum Haus entgegen. Ohne Umschweife hängte er Kappe und Mantel im Vorraum auf einen Haken, kramte die Zeichenutensilien aus der Tasche und fing an, in der Küche zu arbeiten. Es war, als hätte er erst vor einer halben Stunde das Haus verlassen, dabei waren wir oft mehr als zwei oder drei Wochen nur brieflich miteinander in Verbindung gewesen. Fast immer tauchte er überraschend auf. Während wir Wein tranken und redeten, fertigte er hektisch Zeichnungen an, verfasste Bildunterschriften, Spottverse und Kurzpamphlete, erfand Wortspiele, die wieder in die Zeichnungen einflossen, und skizzierte in einem Heft das »Obergreither Tagebuch«, ein Pandämonium des Landlebens, wie er es imaginierte, erahnte und kannte. Der Schöpfungsprozess war von Gelächter, obszönen Anspielungen und Lästerungen begleitet, und Günter entfaltete mühelos und scheinbar spielerisch, dann

wieder selbstvergessen oder voller Leidenschaft seine Gedankenwelt auf dem Papier. Der Bleistift folgte dabei »blindlings« der Eingebung, es machte den Eindruck, als bildeten die Linien von selbst Gestalten, Gegenstände, Tier- und Pflanzenkörper, die in wechselseitiger Anziehungskraft zueinander standen und osmotisch ineinander übergingen, bis sich in verschiedenen embryonalen Entwicklungsstadien aus einer Blüte ein Musikinstrument, aus einem Gesicht eine Raupe oder aus einer Landschaft eine Aster entwickelt hatten, die wiederum ein sarkastisches Sprichwort ergaben, das er gerade erst erfand. Auch im Leben *plant* Günter weniger, als er *improvisiert*, *sich treiben lässt* und spontane Entschlüsse fasst, die eine Kettenreaktion von unvorhersehbaren Ereignissen auslösen und seine ahnungsvolle und sorgenstrenge Frau Anni vor unlösbare Aufgaben stellen. Wie sie diese doch löst, bleibt für immer ein Rätsel.

2. – Allmählich fand ich heraus, Brus zeichnet Denken. Er spürt im elektrischen Netzwerk seiner Assoziationen den Gedankenblitzen nach, ihrem pulsierenden Aufglimmen, Erstrahlen und Verlöschen, ihren Ver- und Umwandlungen, ihrem geheimnisvollen Transformationsprozess. Es ist kein seismographisches Aufzeichnen, sondern ein Neuerfinden des Vorganges mit dem Bleistift, als ob ein Geograph mit den Mitteln seiner Wissenschaft Phantasie-Landkarten zeichnete, die paradoxerweise stimmen, ohne wirklich zu sein. Die Zeichnungen entstehen aus einem Zusammenspiel von Zufall und Erinnerung. Wie eine Kugel in einem Flipperautomaten Dioden, Inschriften und Zah-

len zum Leuchten bringt und Geräusche, Musikfetzen und andere akustische Signale auslöst, wirken sich die Gespräche, Bilder aus Zeitungen oder einem aufgeschlagenen Buch (und der zweite Doppelliter Schilcher) auf seine unverwechselbaren Arbeiten aus. Günter Brus ist ein besessener Eigen-Artist in der Zirkuskuppel seines Denkens, seines Tagträumens und Nachtwachens. In seinem Gedankenfluss findet er die Goldklumpen, -körner und -partikel, die er unermüdlich aus dem Sand der Erinnerung siebt und augenblicklich wie durch Zauberkraft zu Phantasieskulpturen formt, deren Abbilder in unseren Köpfen ein Eigenleben beginnen.

3. – Erst wenn die alkoholische Verdunkelung ihn von den Illuminationen in seinem Kopf erlöste, verzog sich das schöpferische Gewitter, bis wir am nächsten Morgen zerschlagen wie nach der Erstbesteigung eines Dschungelvulkanes erwachten und Günter von Unruhe getrieben zurück in die Stadt aufbrach.

EINE OHRFEIGE NAMENS BRUS

Eine künstlerische Zusammenarbeit mit Günter Brus steckt voller Überraschungen. Das hängt damit zusammen, dass er sich von seinen eigenen Arbeiten überraschen lassen will. Unter diesem Verdikt steht sein gesamter Schöpfungsprozess: Das Kunstwerk muss so viel an Ungewohntem, an Anregung ausstrahlen, dass es seinen abwechselnd verzweifelten, mitunter euphorischen, dann wieder in Trance befindlichen Schöpfer überzeugt. Im Schaffensprozess verwandelt sich die Intention mehrfach, manchmal ununterbrochen, bis das Werk zusammengeknüllt im Papierkorb landet oder skeptisch beäugt zur Seite geschoben wird, um Platz für einen neuen Versuch zu machen. In den Entstehungsprozess ist immer auch ein Zerstörungsprozess integriert, Formen werden ausprobiert, verändert, umgewandelt, ausgelöscht, fallengelassen, wiederaufgenommen.

Günter Brus nimmt nicht ungern sogenannte Aufträge an. Es reizt ihn das Neue, ein gewisses Abenteuer erhofft er sich – sie sind Denkanstöße für ihn. Und wenn Brus' Gedanken angestoßen werden, bleiben sie lange in Bewegung. Wie Gegenstände im schwerelosen Raum fliegen, purzeln, schweben sie dann, prallen aufeinander und stoßen sich gegenseitig ab – manchmal schwappt Flüssiges über und löst sich in eigenartige Gebilde auf, die schließlich als seltsame Wesen auf dem Zeichenpapier wiederzufinden sind. Schaut man Brus beim Zeichnen zu, erlebt man diesen permanenten Verwandlungsprozess augenscheinlich mit.

Aber dies ist nur die erste Überraschung. Die nächste besteht in dem unberechenbaren Wechsel von Verspieltheit und Besessenheit. Bald geht Geblödel in einen Schaffensrausch über, bald kühlt böser Witz die Rage ab, in die sich der Künstler mit Absicht hineingesteigert hat. Nüchternheit kehrt ein, kippt aber jäh wieder um in ein Stadium der Selbstvergessenheit. Dieses Ping-Pong der gegensätzlichsten Gefühle wird von alkoholischen Stimulanzien, Zigaretten und nicht selten von einer peripatetischen Leidenschaft begleitet, die den laut denkenden, überlegenden Günter Brus im Zappelschritt mit seinem Begleiter von Lokal zu Lokal, von Wirtshaustisch zu Wirtshaustisch eilen lässt, als könne ein reger Ortswechsel für die Lösung anstehender Probleme oder die stetige Umformung der Bildideen sorgen, bis sie unverwechselbar geworden sind.

Eine weitere Überraschung: mit welcher Intensität Brus den Zufall in seine Arbeit integriert. Eine Passage im Radioprogramm, gleichgültig ob Meldung oder Musikstück, Wörter eines Gesprächs, die Schlagzeile einer auf dem Tisch liegenden Zeitung können unvermutet Anregungen ungeahnten Ausmaßes sein, als ob ein in das Wasser geworfener Stein ein Erdbeben oder einen unterirdischen Vulkanausbruch erzeugt.

Ich marschierte mit Günter Brus nachmittage- und nächtelang durch ein halbverschlafenes Graz, in pausenlose Gespräche mit ihm verwickelt, auf der Suche nach den Bühnenbildern und Kostümen für mein Theaterstück »Erinnerungen an die Menschheit«, das im »steirischen herbst« 1985 uraufgeführt wurde.

Mir war die Schaffensweise von Günter Brus schon aus Zeichnungen bekannt, die er für meine »Archive des Schweigens« anfertigte, doch waren diese Zusammenarbeiten vergleichsweise kurze Sprints gegenüber einem uns bevorstehenden Marathonlauf.

Nie wussten wir im Voraus – als wir wochenlang an den »Erinnerungen an die Menschheit« arbeiteten –, was auf dem Blatt Papier zuletzt herauskommen würde … Bewusste Anregungen wurden entweder ignoriert oder kamen als gegenteilige Varianten zum Vorschein, sie waren Anlass zu ausschweifend obszönen Skizzen oder versteckten sexuellen und blasphemischen Anspielungen oder lösten endlich eine Blockade auf, beseitigten ein Unverständnis, worauf die unwahrscheinlichsten Figuren auf dem Papier das Licht des Wirtshauses erblickten. Rastlosigkeit und Unruhe trieben uns, wie gesagt, von Lokal zu Lokal, bis Lähmung eintrat. Dann ergingen wir uns in Phantasien, welche Wirkung die soeben festgelegten Kulissen oder Kostüme zusammen mit dem Text in ihren Künstlichkeiten erzielen würden. Freudig erwarteten wir Zustimmung, aber auch Unverständnis und Kritik.

Das Stück war als Schau-Spiel geschrieben, das heißt, ich hatte einen entsprechenden Freiraum für Bühnenbild und Ausstattung vorgesehen, ohne dass sie deswegen zwingend notwendig gewesen wären. Man hätte die 28 Szenen durchaus auch mit angedeuteten Dekorationen und Kostümen inszenieren können, wie wir während der Probenarbeiten feststellten, aber in unseren endlosen alkoholischen Sitzungen und Innenstadtwanderungen hatte sich die Interpretation des Stücks geradezu hoffmannesk ins Phantastisch-Absurde ausgewachsen. Denn je mehr Günter Brus daran gearbeitet hatte, desto detaillierter waren seine Vorstellungen geworden, und allmählich hatte er seine eigene Bildsprache zum Text entwickelt, etwas Neues, das auf ungeahnte Weise meine Sprache und seine Bilder zu einer Einheit zusammenschmolz.

Es gab desaströse, hasserfüllte, verachtungsvolle Kritiken, die Stück und Bühnenbild voneinander trennten, das eine vernichteten und das andere am Leben ließen, aber das Gesamte nicht verstehen wollten. So ist von dieser engen, geradezu blutsbrüderhaften Zusammenarbeit mit Günter Brus lange Zeit eine Wunde in mir offen geblieben, und ich habe mit dem Stückeschreiben aufgehört.

Fast zwanzig Jahre später wurden im Programm von Graz, Kulturhauptstadt Europas 2003, die Bühnenbild- und Ausstattungsrelikte der Inszenierung ausgestellt. 11000 Menschen besuchten die Schau. Günter Brus stapfte bei der Eröffnung nachdenklich, aber durchaus angetan von seinen Werken, fast nostalgisch zwischen den buntbemalten Kulissen herum; ich hatte gemischte Gefühle. Es war mir, als stünde ich vor einem entschlüsselten Geheimnis, das zu lösen ich mich lange geplagt hatte, einfacher ausgedrückt, vor einem gelösten Kreuzworträtsel.

Ich habe jedes Schaffensstadium von Günter Brus miterlebt – und jedes auf seine Weise. Der Abschnitt des Aktionismus ist in meinem Kopf gespeichert wie die Besuche im Non-Stop-Kino in der Grazer Herrengasse, als es noch keinen Fernsehapparat gab. Damals, Anfang der fünfziger Jahre des vergangenen Jahrhunderts, waren die Flimmerbilder der Schwarz-Weiß-Wochenschauen (»Fox' tönende« und »Austria«) der Blick aus der provinziellen Enge in die Welt oder wenigstens in die Großstadt Wien gewesen, als spähte man durch ein Astloch in die Damenumkleidekabine eines Pensionisten-Schwimmbades oder über den Zaun eines Fußballplatzes auf ein Stück Spielfeld eines unterklassigen Vereins oder durch einen lückenhaften Schifferboden hinauf in eine halbverfallene Veranda – denn die Kurzfilme waren von derselben provinziellen Reader's-Digest-Mentalität, der wir ja gerade entfliehen wollten, aber immerhin internationaler und etwas urbaner. Eines Tages trat ich, nachdem ich den Zeichentrickfilm zum dritten Mal gesehen hatte und somit auch die beiden Wochenschauen und den gefürchteten Kulturfilm, auf den Gehsteig der Herrengasse, den Kopf noch halb betäubt von den Bildern, als eine Straßenbahn zwei Frauen mit Fahrrädern erfasste, die eine zu Boden schleuderte und mit den Eisenrädern in zwei Teile zerhackte und die andere mit dem Puffer am Kopf traf und gegen ein Gebäude schleuderte, wo sie leblos liegen blieb. Noch heute sehe ich jede Phase dieses grausamen Geschehens vor mir wie eine groteske Bewegungsstudie des Fotografen Muybridge.

Der Aktionismus und speziell die Arbeiten von Günter Brus überrumpelten, irritierten und erschreckten mich anfangs fast genauso wie mein entsetzliches Erlebnis – beide liegen in der Topographie meiner Erinnerungen merkwürdigerweise so eng beisammen, dass sie wie eine einzige auftauchen, beide sind mir unauslöschlich eingeprägt. War es beim Unfall das Grauen eines gewaltsamen Todes, das mich in seinen ekelerregenden Bann schlug, so war es beim Aktionismus das Grauen beim Anblick seelischer Nacktheit, das von den Schwarz-Weiß-Fotografien ausging. Die menschlichen Körper waren darauf nur noch als Bündel Schmerz erkenntlich, zu Sexualorganen transformiert oder auf das Dinghafte reduziert.

Ehrlich gesagt kümmerte mich die Kunsttheorie, die dahinterstand, damals wenig. Ich kannte den Anblick menschlicher Leichen von meinem Medizinstudium her und lange davor aus gerichtsmedizinischen Büchern. Aber zum Unterschied davon waren die Aktionsfotografien auch eine ungeheure Provokation, eine Ohrfeige in das Antlitz des schönen Scheins. Sie waren für mich die Antwort auf Krieg, Verbrechen, Pornographie, Bordelle, Sektenkulte und kolonialistische Unterdrückung, die Antwort auf den in Österreich schwärenden Katholizismus, die Heuchelei des Alltags. Das Existentielle im Werk von Günter Brus habe ich von da an immer und zuallererst gespürt. Es steht entweder im Vordergrund oder liegt wie eine leuchtende Chiffre darunter, in den Zeichnungen ebenso wie in den Bilddichtungen und literarischen Arbeiten.

Seine Zeichnungen sind nie bloß Illustrationen, sondern stets Einmischungen, Visionen, Erhellungen, Albträume, Abrechungen, Selbstentblößungen oder Aufdeckungen. Günter Brus ist dabei der »Monsieur le vivisecteur«, von dem Robert Musil in seinen Tagebüchern schreibt. Jede künstlerische Aktion, jeder Bleistiftstrich, jeder Satz ist Selbsterprobung, Selbsterforschung, Herausforderung des eigenen Ich.

Nach dem *Inferno* des Aktionismus, dem *Paradiso* der märchenhaften Zeichenphase und Bilddichtungen befindet er sich jetzt im *Purgatorio*, in das ein Künstler mit zunehmendem Alter freiwillig oder unfreiwillig gelangt. Aber überall sprießen die Blumen des Bösen, im *Inferno* sind sie gleichsam wie in Gefängniswände gekratzt oder dem Künstler in die Haut tätowiert, im *Paradiso* sind sie zu fleischfressenden Pflanzen mutiert, die in jedem Moment die Idylle in Chaos zu verwandeln drohen, im *Purgatorio* sind sie zu lodernden Feuerlilien im Dunkeln geworden.

Oft frage ich mich nach dem metaphysischen Hintergrund dieses (diesbezüglich) schweigsamen Künstlers, der Gespräche über solche Themen nicht gut verträgt. Schon übergießen Spott und Hohn den Fragenden. Spott und Hohn sozusagen als Deckung sucht sehr oft auch Brus' tiefsinniges und außergewöhnliches Gesamtwerk, hinter denen es den Kugelhagel der Kritik übersteht oder ihm galgenhumoristisch trotzt.

Die Bilddichtungen erreichten mich, als ich bei den geisteskranken Künstlern in Gugging auf der Suche nach dem Innersten des Inneren war, und ich fand sie in den kryptischen Satzbildern und hypnotischen Bildsätzen von Günter Brus. Eine Parallelwelt, von der ich wusste, dass sie existierte, die ich aber noch nie zuvor *so* gesehen hatte (… anders nur, wenn ich schrieb). Als ich sie zum ersten Mal erblickte, war mir, als würde sich dichter Nebel lichten und ich mich in einem Dschungel aus Innenbildern befinden. Das Leben selbst ist der Irrsinn, wurde mir klar.

Auch als Schriftsteller verwirklicht Brus seine eigenwilligen Konzepte und schafft Werke voller Untergangsstimmung, Sexualität und Wut, aber er entflieht auch kalauernd der existentiellen Umklammerung, indem er Kettenreaktionen von Gedanken- und Wortverdrehungen zum Besten gibt, schwankend zwischen Tragödie und Stegreiftheater, Scharfsinn und Schrulligkeit, wie ein betrunkener Tristram Shandy, der Finnegans Wake besingt.

In Günter Brus' Kunst wird das Private öffentlich und das Öffentliche in das Karikaturhafte verzerrt, es erscheint das Alltägliche grausam und rätselhaft und das Verborgene als gewalttätig und von Wahn besessen. Scharfsinnig findet er die Schwachstellen im Selbstverständlichen, fast mühelos düpiert er Seh-, Lese- und Denkgewohnheiten, um sie in einem endlosen Palimpsest zu einer neuen Wirklichkeit umzuschreiben.

DER WIRKLICHKEITSMENSCH

Es ist die große Leidenschaft der Menschen, sich selbst zu vergessen, die eigene Unzulänglichkeit, das Wissen um den Tod, die Ängste und Selbstbeschuldigungen bis hin zum vollständigen Auslöschen der Existenz im Rausch, ohne deswegen tatsächlich ausgelöscht zu sein. Die Begegnung mit einem Kunstwerk ist eine Art *Erwachen*, ein Öffnen der Augen in eine geliebte oder gehasste Welt, die sich während des Schlafs, der Bewusstlosigkeit *weitergedreht* hat, sie reißt aus der pflanzenhaften Welt des festen Standpunkts heraus, sie ist der Wind, der die Samenkörner über die kahlen Berggipfel weht … Wenige Künstler der Gegenwart erfüllen diesen Gedanken so wörtlich wie Günter Brus. Er ist eine Art doppelgesichtiger Carrol'scher Hase, der nie Zeit hat, jedoch immer da ist oder nie da ist, aber immer Zeit hat, statt der Taschenuhr trägt er eine Einkaufstasche mit Papier, Bleistift, Buntstiften und Briefen, die eingetroffen sind oder die er zur Post trägt. Sein Denken ist, obwohl klar, geprüft und gereift, von der Kindheit erfüllt, den Schrecknissen und Phantastereien, er ist die Münze mit den zwei verschiedenen

Prägungen *Kopf* und *Zahl*, Irrealität und Realität, und hat sie doch in eines verschmolzen. Sein entschlossener Schritt wird zaudernder, wenn die Nase die Nähe eines geliebten Gastgartens wittert, das imaginäre Auge ihm die Welt in der Nussschale an einem Biertisch vorgaukelt. Im Gasthaus des Vaters hat Brus als Kind zu zeichnen begonnen, das Gastzimmer war ihm der *selbstverständlichste* Ort zu zeichnen – er ist ein selbstverständlicher Ort geblieben. Ich habe Brus nie *untätig* gesehen, seine Untätigkeit war stets mit der Tätigkeit des Grants, der Hingabe an die schlechte Laune verbunden, der Hingabe an den seelischen Schmerz oder eine erlittene Verletzung oder der Hingabe an Lebensfreude, die sich in funkelnder Redelust, überschäumender Phantasie und zappelphilippartiger Unruhe äußert. Er ist kein Mann der halben Sachen, das Prinzip lautet *entweder-oder*. Mit dem direkten Zugriff des wachen Kindes kommt er zur Sache, auch mit der unvorsichtigen Rücksichtslosigkeit, das Bedenken weicht der Kraft des Augenblicks, die er spürt wie einen magnetischen Blitz oder blankes Eis. Das hervorstechendste Merkmal seiner Natur wie seiner Kunst ist die Lebendigkeit, er selbst und seine Kunst sind von der Aura der Energie umstrahlt. Könnten Kunstwerke leuchten, so müssten Galerien und Museen, in denen Brus-Bilder hängen, zu brennen anfangen, könnten Gedanken die Luft bewegen, so müsste es in einem Raum, in dem Brus sitzt, stürmen und Bilder wie bunte Herbstblätter durch die Luft strömen. Selbstredend kann er nur ein Mann der Auseinandersetzung sein, nicht der Kontemplation. Was er sucht und bietet, ist Atem, Blut, Heftigkeit, die

Leidenschaft des Sicherinnerns anstatt der Leidenschaft zu vergessen, auch wenn ihm Letztere nicht fremd ist, nur dass er die Leidenschaft des Vergessens mit einer ebensolchen Heftigkeit betreibt wie die des Sicherinnerns. Der Tag *muss* ein Abenteuer sein oder *muss* vergessen werden; gibt es kein Abenteuer, so erfindet er es, bis es sich ereignet. So sind Gespräche mit ihm immer versteckte Geisterbeschwörungen, die schlafenden Kobolde und Dämonen des Alltags zu wecken, sie herauszufordern. Wer vermutete in einem solch rastlosen Menschen die absolute Verlässlichkeit des nördesten Norddeutschen? Die selbstverständliche Fairness eines britischen Gentlemans (wenn er seiner Herr ist)? Die Treue zu Künstlern vergleichbar Eigernordwandbesteigern? (Das eigenwillige, unfolgsame Kind, das zur Verblüffung aller auch die guten Eigenschaften des Vorzugsschülers besitzt, weshalb er selten in den Umkreis der Boheme kommt.) Er ist der *Getriebene*, der *Gehetzte*, der ewig schnüffelnde Hund, der sich mitunter am Kachelofen ausrastet. Aber selbst wenn man vermutet, er raste sich aus, zappeln und zucken die Gliedmaßen, blinzeln die Augen, ist der Kopf mit *geträumten Auseinandersetzungen* beschäftigt … nahtlos geht die Hetzjagd auf der anderen Seite weiter. Nie ist er ein harmloses Tier, um bei diesem Vergleich zu bleiben, immer ein seltenes Exemplar, immer nicht ganz ungefährlich, leicht zuschnappend, ohne deswegen gleich bösartig zu sein. Man muss seinesgleichen sein oder mit ihm umgehen können. Er ist giftig: Ohne Gift keine Bilder, kein Traum, kein Tod, kein Rausch, keine Medizin. Sein Gift enthält von allem, vom Glimmerschiefer, der Lachtaube und dem Buschwindröschen, von der salzigen Flüssigkeit, die durch Lachen wie durch Trauer hervorgerufen wird. Er ist sich des inneren und äußeren Kosmos, der ihn umgibt, bewusst, er ist sich über die Spiegelbilder dieser Kosmen in seinem Körper im Klaren. Milliarden Zellverbände, die seinen Körper bilden, sind nur Spiegelungen der Galaxien, die Blutkörperchen huschen wie Insekten durch das Geäder, in seinem Kopf schneit es. Dieser seltsame Mensch, der auf der Lauer nach den Energien seines Körpers liegt, der ihm gierig Energien einzuverleiben versucht, muss bestimmte Eigenschaften besitzen, die nicht alltäglich sind. Dass ein Mensch fliegen kann, ist nicht so selten, wie man denkt, noch häufiger kommt es vor, dass einer sich in Luft auflösen kann, wie aber ist es möglich, dass jemand Innen und Außen, Tag und Nacht, Vorstellung und Wirklichkeit nach Wunsch vertauschen und auf diese Weise in *eines* verwandeln, besser gesagt zurückverwandeln kann? Künste dieser Art beliebte man lange Zeit dem Teufel zuzuschreiben, Hexen, Schamanen … aber ein Teufel im 20. Jahrhundert, wo käme er vor, außer in russischen Romanen oder in den Köpfen furchtsamer Betschwestern? Auch die Gestalt wundertätiger, gestrenger Engel scheint mir überstrapaziert, es bleibt also nur der Schluss übrig, dass es sich um einen Menschen handelt. Um einen Menschen? Gibt es den? Wer hat einen Menschen gesehen? Die Tür geht auf, und ein Mensch erscheint. Man spürt es sofort, wenn ein Mensch erscheint, es ist nur der Umgang mit Menschen verlorengegangen.

Es ist ein einfacher Mensch. Er trinkt Bier, er raucht hastig, er kann nicht still sitzen. Seine Augen blitzen.

Er wartet darauf, dass der Fußboden sich öffnet und eine Krake ihre Tentakel in den Raum gleiten lässt und versucht, die Bewohner zu umschlingen und zu verzehren. Das kann ihn nicht überraschen. Stattdessen tickt nur die Uhr. Draußen auf der Straße explodiert der Asphalt, und die halbe Stadt wird zum Himmel geschleudert, ein vergessener Vulkan spuckt Feuer. Auch wenn nur einige Betrunkene vorüberlallen, so wäre es doch im nächsten Augenblick möglich, dass alles in die Luft fliegt. Auf dem Heimweg bleibt er an der Milchstraße kleben wie eine Fliege an einem klebrigen Fliegenfänger. Die Sterne lähmen seinen Flügelschlag, sie nehmen ihm die Kraft, sie töten ihn. Am nächsten Morgen erwacht er erschlagen zu neuem Leben. Zu welchem Leben? Ist er eine Eidechse, ein Brandvogel, eine Hornisse? Sein Körper schmerzt, sein Kopf revoltiert, er ist ein Mensch. Er summt nicht wie eine Hornisse, bellt nicht wie ein Hund, zwitschert nicht wie ein Brandvogel, aber er spricht auch nicht wie »die Menschen«. Was er sagt, ist ernst gemeint. Ich kenne niemanden, der den Spaß so ernst meint, ohne ernsthaft zu werden. Die Sprache wird gesattelt, zerschmolzen, verbogen, verdoppelt, verdreifacht, verhundertfacht, in Bruchteile zerlegt, die Sprache wird gemahlen, am Ohr gezogen, ausgelacht, geküsst und ausgestopft. Es kommt ein Elefant mit Schnurrbart und einem Bügeleisenkopf vorbei, der den Kaiser von China zu scheißen in der Lage ist, eine Taschenuhr hat einen Kropf, ein Stein verrät Kochrezepte – kurz, das Pferd sattelt den Fliegenpilz, der die Tochter des Zahnarztes ist, welcher wiederum ein Verwandter des *Hufrates* Steigbügel ist, bei welchem besagtes Pferd ein Mitglied des Gestütes zu sein die Ehre hat. Aber mitten in die Steigbügeleien und Fliegenpilzereien tritt der Alltag mit einem schmerzhaften Tritt in Form eines Telefonanrufes, Zeitungsberichtes, Erlagscheines, eingeschriebenen Briefes, nicht eingelösten Versprechens etc. Nun hängt die Lampe so schwerfällig von der Decke, die Vorhänge sind gleichgültig, die Fensterscheiben dumm. Der Fußboden wird einen gewiss überleben, die Fotografien an den Wänden verhöhnen einen. Man kann nicht einmal den Zauber der physikalischen Gesetze in ihnen sehen, die Schwerkraft, die Spiegelung, die Schallwellen sind weniger *entzaubert* als *entschwunden.* Wahrscheinlich gibt es diese physikalischen Gesetze gar nicht. Vermutlich stellt sich so die Ameise den Menschen vor, der mit dem Spazierstock im Haufen wühlt, denkt Brus, oder der Pilz mit seinem riesigen Sternenzelt unter dem Hut den Sammler, der ihn pflückt. Als Gesetz, als Kraft. Wir haben zur Willkür (= Kür des Willens, nicht *Pflicht*) keinen Zugang, obwohl wir sie fortlaufend erleben. Daher die Lust, die Willkür zum Gesetz zu machen. Es ist schwer, die Willkür zum Gesetz zu machen. Die Willkür spaltet sich in immer kleinere Teile, nimmt ein immer beliebigeres Aussehen an, wie soll man daraus ein Gesetz lesen können.

Der Mensch weiß es nicht, aber er spürt es. Er sieht die Ordnung der Willkür und leitet daraus das Gesetzbuch des Zufalls ab, das Gesetzbuch der Freiheit. Dieses Gesetzbuch der Freiheit ist das Gesetzbuch des Handelns für den »Menschen«. Er kennt nur das Verbot der inneren Notwendigkeit, das aber gleichzeitig ein Gebot ist. Brus' Kunst ist daher nicht die Kunst des

Poeten, des Phantasten gar, das hieße, er habe dir etwas *vorgeträumt* und du habest inzwischen gewacht, die Wirklichkeit bewacht, der er den Rücken zugekehrt hat: Nein, es ist umgekehrt: Du hast geschlafen, und er weckt dich auf. Je nach Laune weckt er dich mit einem Schlag ins Gesicht oder indem er deinen Namen ruft oder indem er dich wachküsst. Wenn du nicht tot bist, öffnest du die Augen und *siehst*.

IVAN OSIM

Der schweigsame Merlin des Fußballsports

GESTERN NACHT HATTE ICH einen Albtraum. Ich befand mich in der Mannschaftskabine des SK Sturm Graz, zusammen mit zwei Seiten des sogenannten »magischen Dreiecks«, den Herrn Reinmayr und Vastic, sowie dem Sportdirektor Heinz Schilcher und Trainer Ivan Osim. Herr Osim sagte, ich müsse heute die dritte Seite des »magischen Dreiecks« anstelle von Mario Haas bilden, da dieser in das japanische Nationalteam berufen worden sei. Eine Tausendstelsekunde war ich vor Freude berauscht, dann aber hörte ich mein Herz so laut schlagen, dass ich mich auf eine Bank niederließ und zu Herrn Osim aufblickte.

»Wieso ich?«, fragte ich wie betäubt. Der Trainer fasste meine Antwort als lahmen Witz auf und entgegnete unbewegt: »Auf dem Spielfeld gegen Rapid wird es weniger lustig.« Herr Reinmayr und Herr Vastic lachten, und Herr Foda, der gerade mit Herrn Popovic und Herrn Sidorczuk eintrat, lachte mit.

»Auf geht's, Samir«, sagte Herr Schilcher zu mir und warf mir den orangen Dress hin.

»Ich bin nicht Muratovic«, entgegnete ich in einem Anflug von Verzweiflung.

Wieder lachten alle Anwesenden, bis auf den Trainer Osim, der mich abwartend musterte. »Ich habe vor fünfzig Jahren mit dem Training aufgehört«, fuhr ich kraftlos fort. »Hören Sie!« Ich atmete tief ein und wieder aus, um das Kunststück der singenden Bronchien, für das ich 25 Jahre kettengeraucht hatte, zu Gehör zu bringen. Es war jetzt totenstill, aber selbst meine Bronchien waren so erschrocken, dass sie keinen Laut von sich gaben. Als ich verzweifelt: »Ein Irrtum!« ausrief, klopfte mir Herr Vastic auf die Schulter und sagte: »Du schießt heute den Hattrick, Samir!«

Wieder war ich eine Tausendstelsekunde überwältigt vor Freude, dann fing ich aus Verzweiflung zu weinen an, schlüpfte aber in den Dress und schwor mir, bei der ersten Gelegenheit über das Spielfeld zu flüchten und im Publikum unterzutauchen.

Zu meinem Glück erwachte ich in diesem Augenblick, aber als ich schweißgebadet Licht machte, sah ich, dass ich den 9er-Dress tatsächlich auf meinem Körper trug. Bei der genauen Betrachtung stellte ich dann fest, dass auch mein eigener Name darauf zu lesen war. Wie war das möglich?

Gleich darauf begriff ich, was ich schon lange geahnt hatte: Ivan Osim kann zaubern. Zum Beispiel kann er den Zauber des Fußballspiels in Zauberfußball verwandeln, denn er ist kein gewöhnlicher Zauberer, sondern der Magier Merlin im Königreich des Fußballs.

Natürlich erfordert das ein außergewöhnliches Talent, aber auch ein lebenslanges Sich-Versenken in das Fußballspiel, ein lebenslanges Nachdenken über die kaleidoskopischen Verwandlungsmöglichkeiten von Spielszenen und das Studium von Tausenden und Abertausenden Fußballsekunden, Fußballminuten, Fußballstunden und schließlich die Kombinationsgabe des legendären Schachweltmeisters Aljechin sowie die Ausdauer eines Triathlon-Olympiasiegers. Damit nicht genug, erfordert es Genie, Charakter und Persönlichkeit, Gaben der Natur, die schon bei der Geburt in den Grundzügen vorhanden sein müssen und nur durch Selbstkritik weiterentwickelt werden können. Osim, obendrein bekanntlich ein Philosoph, ein introvertierter Denker, ein Skeptiker und Schweiger, ist auch der wandelnde Widerspruchsgeist.

Seine liebevolle und bestimmte Frau, sein Schutzengel Asima, seine Söhne Amar und Selimir und seine Tochter Irma kennen vielleicht sein Innenleben, das für uns Außenstehende immer ein Rätsel geblieben ist, trotz der acht Jahre und drei Monate, die er bei Sturm Graz als Trainer gearbeitet hat. Seine Interviews sind Kunststücke der Mimikry, der Tarnung, des Sichentziehens, Sichverbergens, man erfährt zwar alles, weiß aber nachträglich nichts davon zu berichten. Erst später wird einem klar, dass er das *Tao* des Fußballs verkörpert.

Aber vielleicht ist es auch nur ein Charakterzug des hamletischen Typus, eines Menschen, der das dialektische Denken in seinem Blut hat. Auf jedes Argument fällt ihm sofort ein Gegenargument ein, sodann das Gegenargument auf das Gegenargument und das Gegenargument auf das Gegenargument des Gegenarguments und so weiter. Blickt er, quasi als Schachspieler auf den Alltag, so denkt er sechs, sieben, acht Züge voraus, sieht vor dem inneren Auge, was andere im

Sinn haben könnten, und formuliert dann seine kryptischen Sätze, die nur deshalb rätselhaft sind, weil die anderen höchstens ein, zwei Züge vorausdenken und daher die Aussagen oder Antworten nicht nachvollziehen können. Das erscheint manchmal skurril, ist aber nie kauzig, dafür haben die Aussagen eine zu starke Anziehungskraft, sie spuken einem noch lange im Kopf herum, und es kann sein, dass man sich fragt, was man vielleicht falsch oder gar nicht verstanden hat. Man kann sich übrigens auch nicht bei ihm einschmeicheln, eine Eigenschaft, die mit seiner wachen Intelligenz und seinem Selbstvertrauen zu tun hat. Doch hat er ein großes Herz, und seine Treue ist an den langen Zeiträumen zu erkennen, die er bei Vereinen als Trainer verbrachte. Das wäre ein Versuch, das Sphinxhafte an Osim zu skizzieren.

Sturm Graz und Ivan Osim, das ist keine gewöhnliche Geschichte, sondern ein Mythos.

Ivan Osim kam wie von einer anderen Fußballgalaxie zu Sturm Graz als Lichtgestalt, wie es sie in der hundertjährigen Vereinsgeschichte nicht gegeben hat. Wenn wir auf diese Galaxie, von der er gekommen ist, blicken, so sehen wir unter dem Teleskop der Zeit, dass Ivan Osim am 6. Mai 1941 in Sarajevo geboren wurde, der Stadt, die mit dem Ende der k. u. k. Monarchie für immer verbunden bleiben wird. Es ist eine Stadt, die im historischen Brennpunkt steht, jeder und jedem ist die tragische Rolle, die sie im sogenannten Jugoslawienkrieg spielte, in Erinnerung geblieben.

Nach der Matura studierte der 18-jährige Ivan Osim Mathematik und Physik, brach das Studium aber zugunsten der Karriere als Profifußballer ab. Ich bin davon überzeugt, dass er auch als Wissenschaftler Staunenswertes zutage gefördert hätte, denn Wissenschaft besteht nicht nur aus logischem Denken allein, aus Papier und Bleistift und Zerstreutheit, wie uns Karikaturen weismachen, vielmehr verlangt die Profession des Universitätsgelehrten schöpferisches Denken, Einfallsreichtum, unkonventionelle Ideen und Originalität, alles Eigenschaften, die Osim nun dem Fußball zukommen lassen wird, schon als er von 1959 bis 1968 neun Jahre bei Zeljeznizar Sarajevo spielte und zwanzigmal in das Nationalteam berufen wurde. Die nächsten neun Jahre spielte er hierauf in Frankreich, bei Racing Paris, Valenciennes, Sedan und zuletzt bei Racing Strasbourg, wo er den Ex-Sturm-Spieler Heinz Schilcher kennenlernte, der dort als Spielertrainer tätig war. Dieser Umstand sollte für Sturm Graz 1994 dann entscheidende Bedeutung erlangen.

Ich bedaure es übrigens wie viele seiner Grazer Freunde und Bewunderer, dass ich Ivan Osim nie als aktiven Fußballer beobachten konnte, ich kann nur die spärlichen Informationen rekapitulieren – dass er in seiner Karriere als Feldspieler nie ausgeschlossen worden ist, weil er von Fouls nach Möglichkeit Abstand nahm, und dass er – wie es im Fußballjargon heißt – im Mittelfeld aufgeigte und deshalb den Spitznamen »Strauß« hatte, was darauf schließen lässt, dass er der Walzerkönig auf dem Spielfeld war. Für alles Weitere kann ich nur meine Vorstellungskraft benutzen. Ich glaube dann einen hünenhaften Mann vor mir zu sehen, der eine Übersicht hat wie der Späher im Ausguck eines Segelschiffes, die Beine einer Spinne, die Fäden zieht, und nicht zuletzt die Präzision eines Golfprofis, der weite Pässe über zwei Drittel des Fußballfeldes schlägt, die auf den Millimeter genau ankommen, einen laufstarken Spieler, der im Kopfballduell nicht zu biegen ist und niemals aufgibt. Ist das alles? Nein, außerdem und ganz besonders: Er ist verliebt in das Spiel, mehr noch, er liebt es, er ist nach ihm süchtig. Hatte er schon damals die an sich österreichische Eigenschaft, gerne zu granteln, als Abwehr von zu großer Nähe, von Distanzlosigkeit und Belästigungen? – Wir wissen es nicht.

Osim hat in seinem Leben, dem Leben eines vom Fußball Besessenen, viele Wechsel der Verhältnisse erlebt. »The times they are a changing«, sang Bob Dylan. Nicht nur in der Literatur, in der Kunst, der Musik und Architektur, auch in der Politik und im Fußball blieb im vergangenen Jahrhundert, wie es heißt, kein Stein auf dem anderen. Überall entstand ein Wechsel zum Subjektiven, Persönlichen, Individuellen, wenn auch zumeist über drastische Umwege. Im Fußball war die Bedeutung des Kollektivs immer schon von herausragenden Einzelspielern abhängig, aber die Systeme haben sich im Laufe der Zeit geändert. Osim spielte in seiner Jugend vermutlich noch das 1–2–3–5-System – ein Tormann, zwei Verteidiger, drei Mittelfeldspieler, fünf Angreifer. Inzwischen kehrte der Fußball nach der Zwangsjacke des Catenaccio wieder zurück zur Offensive, zur Kreativität und damit zur größeren Bedeutung des Einzelspielers.

Diesen Wandel hat Osim von Anfang an als treibende Kraft mitgetragen. Seine große Trainerkarriere, die ihn letztlich nicht zu Real Madrid oder AC Milan führte, wie es seinen Erfolgen und seiner Persönlichkeit entsprochen hätte, begann 1978, und sie führte ihn 1994, wie gesagt, statt zu Spitzenunternehmen des großen Fußballzirkus zu einem kleinen Klub in Österreich, in die Steiermark, genauer gesagt nach Graz, wo Ivan Osim dann seinen Zauberstab ausgepackt hat.

Zu diesem Zeitpunkt nämlich fand der Krieg im ehemaligen Jugoslawien statt, und Osim hatte das Bedürfnis, seiner Frau und seiner Tochter, die im umkämpften Sarajevo geblieben waren, und auch der Stadt selbst möglichst nahe zu sein.

Aber zurück zum Beginn seiner Trainerlaufbahn. Von 1978 bis 1986 trainierte Osim als Erstes seinen Stammklub Zeljeznicar Sarajevo, wird zwei mal Vizemeister, erreicht das Cupfinale und sogar das UEFA-Cup-Semifinale und holt daneben als Teamchef der jugoslawischen Olympiamannschaft 1984 die Bronzemedaille für sein Land.

Von 1986 bis Mai 1992 ist Ivan Osim jugoslawischer Teamchef, Höhepunkte sind das WM-Viertelfinale 1990 und die überlegene EM-Qualifikation mit einem neuen Wunderteam, das aber wegen des Bürgerkrieges im ehemaligen Jugoslawien von der Teilnahme ausgeschlossen wird. Der unterlegene Gegner in den Qualifikationsspielen, Dänemark, wird daraufhin im eigenen Land Europameister. Im letzten Jahr als Teamchef betreut Ivan Osim auch Partizan Belgrad und wird mit der Mannschaft 1992 Pokalsieger.

Von Juni 1992 bis März 1994 ist er Trainer von Panathinaikos Athen, wird 1993 Vizemeister und Cupsieger, 1994 noch einmal Cupsieger. Nach Differenzen mit dem Präsidenten des Klubs – der klassische Kasperl- und Krokodilkonflikt auf den Fußballbühnen Europas, bei dem aber zumeist der Kasperl verliert – verlässt er Athen.

Der 24. Juni 1994 ist für alle Anhänger, Sympathisanten, Freunde und Fans von Sturm Graz eine Sternstunde, denn an diesem Tag geben der damalige Präsident Hannes Kartnig, dem später nur wenig Gerechtigkeit für seine Verdienste widerfährt und der an seinem Hang zur Selbstüberschätzung scheitern wird, sowie der Sportdirektor Heinz Schilcher, auf dessen Initiative der unglaubliche Vertrag zustande kommt, bekannt, dass Ivan Osim das Training von Sturm Graz übernehmen wird. Osim übt das Amt noch in der »Gruabn« aus, unserer Fußball-»Kindheitsheimat«, und ist demnach ein Urgestein geworden, das auf der Stätte, die immer mit Sturm Graz verbunden bleiben wird, sozusagen dem heiligen Rasen, gewirkt hat. Ich selbst feierte an diesem Geburtstag der goldenen Ära von Sturm Graz zufällig auch meinen 52. Geburtstag mit dem Maler und Zeichner Günter Brus, ebenfalls ein Schwarz-Weißer, und wir vernahmen aus dem Radio die »Verkündigung«. Ivan Osim war ja damals schon eine Legende. Mit ihm als Trainer wurde Sturm Graz 1998 und 1999 Meister, 1996, 1997 und 1999 Cupsieger, 1996, 1998 und 1999 Supercupsieger, 1995, 1996, 2000 und 2002 Vizemeister, er erreichte einmal mit SK Sturm Graz die dritte UEFA-Cup-Runde und schaffte dreimal die Champions-League-Qualifikation, einmal sogar als Gruppensieger die Zwischenrunde, wo der Klub dann gegen Manchester United ehrenvoll unterlag.

Als Ivan Osim am 14. September 2002 seine Arbeit bei Sturm Graz beendete, war auch das ein unvergesslicher Tag. Die Umstände waren, um eine der Schattenseiten von Hannes Kartnig anzusprechen, alles andere als ein Ruhmesblatt für den SK Sturm. Als ich die Nachricht im Teletext las, war ich zuerst bestürzt – dann empfand ich Scham.

Von 2003 bis 2006 war Osim vielgeliebter Trainer bei JEF United in Japan und ab 2006 Teamchef der dortigen Nationalmannschaft. Das scheint ihm schon bei seiner Geburt in die Wiege gelegt worden zu sein, denn das Anagramm seines Namens Osim lautet Miso, wie das berühmte japanische Nationalgericht, die vegetarische Miso-Suppe.

Mit der Osim-Ära bei Sturm Graz sind die Namen zahlreicher Fußballer verbunden, die in den Köpfen der Fans noch immer weiterspielen, wenn sie daran denken. Die trefflichen Torhüter Sidorczuk, Goriupp und Schicklgruber, die kühnen und cleveren Verteidiger Foda, Milanic, Popovic, Mamedow, Posch oder Neukirchner, die gefinkelten und raffinierten Mittelfeldspieler Reinmayr, Schopp, Schupp, Mählich, Prilasnig oder Minawand und Martens und die torgefährlichen Angreifer Vastic, Haas, Juran, Kocian oder Spiteri und Hopfer … In unzähligen Szenen tauchen diese Fußballer in den Erinnerungen auf, die man in nächtelangen Fachsimpeleien an Wirtshaustischen austauschen kann, über die Siege gegen Dinamo Zagreb, FC Marseille, Panathinaikos Athen, Galatasaray Istanbul, Celtic Glasgow oder FC Monaco, ebenso wie über die unglücklichen Niederlagen gegen FC Parma oder Maccabi Haifa.

Alle diese Namen und Spiele sind untrennbar mit Ivan Osim verbunden. Er hat Sturm Graz so nachhaltig verändert wie kein anderer. Was war die Ursache dafür?

Osim als Weiser, als Merlin des Fußballsports, vergaß nie, weshalb er wie viele andere als Kinder Fußball gespielt hat: aus Lust am Toreschießen und an der Balltechnik und aus Freude am abwechslungsreichen Spiel – dem Ausleben eigener Kreativität, die jedem mehr oder weniger innewohnt und sich auf die eine oder andere Art ihren Weg bahnen will. Daraus entsteht dann, was man nicht bezahlen und noch weniger kaufen kann: Begeisterung. Ivan Osim, denke ich, war sich dieser Gründe immer bewusst. Und er ist obendrein ein Mann, der eine natürliche Autorität ausstrahlt, ein Mann mit Charisma und vor allem Stil. Ich wage zu behaupten, dass er Sturm Graz bis heute, trotz einer schrecklichen Krise nach seinem Abgang, über seine Mitarbeiter und Spieler »Mischa« Petrovic und Franco Foda, der, wie es heißt, den Marschallstab im Tornister trägt, Stil verliehen hat. Ivan Osim, der Skeptiker, der Rationalist und Ironiker, der Philosoph und Stratege, besitzt überdies zwei Eigenschaften, die auch Künstler auszeichnen: Er ist durch und durch ein Homo ludens, ein Mann des spielerischen Denkens, und er ist in allem, was er getan hat, sich selbst treu geblieben.

Heute Morgen habe ich noch einmal geträumt, dass ich mich in der Mannschaftskabine des SK Sturm Graz befand. Es war das Jahr 2909, und Sturm war gerade tausend Jahre alt geworden. Die Mannschaftskabine befand sich allerdings nicht im Liebenauer Stadion, das inzwischen Sankt-Osim-Stadion hieß, sondern im Himmel.

Und dort oben endlich durfte ich die fehlende Seite des »magischen Dreiecks« ersetzen, in dem Osim das göttliche Auge war, denn Mario Haas war in die Nationalmannschaft der Cherubime im Ordnungsmatch gegen die Seraphime abkommandiert worden. »Du hast die Nummer 9, mach die Augen zu und schieß sofort!«, wies mich Osim an. »Wir spielen gegen die roten Teufel. Und denk daran, auch ein blindes Huhn findet manchmal ein Korn.«

Schon beim Ankick von Ivica Vastic, der den Ball zu mir spielte, führte ich den Befehl aus. Ich wagte nicht, die Augen zu öffnen, aber ich hörte im nächsten Augenblick die göttlichen Engelsscharen in Tor-Jubel ausbrechen. »Halleluja!«, sangen sie. »Das blinde Huhn hat ein Korn gefunden! Halleluja Sturm Graz, halleluja Ivan Osim!«, und die Stimme Gottvaters rief aus dem obersten Stockwerk, dem Empyreum: »So einen Trainer gibt es nicht noch einmal!«, und alle Engel und Schutzheiligen, die bei der Krise von Sturm Graz vor mehr als 900 Jahren die Hände voll zu tun gehabt haben, und sogar die roten Teufel erhoben sich von ihren Sitzen und zollten dem Meister Standing Ovations.

ANDRÉ HELLER

Ein Circustraum

MIT JEDER EINTRITTSKARTE erhält der Besucher des *Circus Roncalli* die Möglichkeit, an der Realität der Träume des André Heller teilzuhaben. Er kann nachvollziehen, was beim Transformierungsprozess aus Hellers Kopf unter das Dach des Circuszeltes verlorengegangen ist.

Tatsächlich soll das Experiment zeigen, wie viel »Wirklichkeit ein Traum kostet, ohne zugrunde zu gehen, und wie viel Traum die Wirklichkeit verträgt«.

So formuliert es Heller für mich in einem Taxi, auf der Fahrt zum ehemaligen Schlachthof St. Marx bei Wien, wo das Circuszelt zum ersten Mal aufgestellt wird. Er ist selbst fasziniert von der Frage.

Es ist naheliegend, gleich zu Beginn von Geld zu sprechen, denn wie der Circus ist auch das Geld mit einem Magnetfeld von Träumen behaftet. In diesem Falle soll beim Eintauschen des Geldes in Ware dieses Magnetfeld vergrößert werden zur »größten Poesie des Universums« (Heller).

Um diesen Traum zu inszenieren und als »transportablen Erdteil« einzurichten, haften Heller und Circusdirektor Bernhard Paul mit (umgerechnet) 210 000 Mark, die österreichische Tabakregie sponserte rund 100 000 Mark, die Stadt Wien 70 000, das Unterrichtsministerium 40 000. Sollte der Traum zu Schaum werden, dann »kannst nur noch ein Ticket nach Djakarta kaufen und brauchst nicht mehr wiederzukommen« (Heller).

Heller sieht im Circus neben einem Traum von einer riesigen Dimension, der an Wirksamkeit für alle Schichten durch nichts zu übertreffen sei, und gegen den die Schaubühne am Halleschen Ufer eine Elfenbeinturmfabrik sei, den Ausdruck höchster Künstlichkeit, größter Todesnähe und unmittelbarster Angst. Auf die Frage, was ihn mit dem Circus am engsten verbinde – die Suche nach neuen Bildern? Die Erinnerung an Kindheitserinnerungen? Oder beides? – antwortet Heller sehr schnell: Die Erinnerung an die Kindheit ist das stärkste Motiv, Erinnerungen zu beschwören, Assoziationsdepots zu räumen, wenn das nicht zu geschwollen ausgedrückt sei …

»Es ist ja ein Wunder«, sagt Heller, »dass ein Mensch auf einem Drahtseil geht, aber es ist auch ein Wunder, dass er ›an sich‹, zum Beispiel auf der Straße geht.« Seltsam, meint er, nur weil wir etwas beherrschten, sei es automatisch banal.

Später, beim »Arenawirt«, in dem einstmals die Schlächtergesellen ihren Schnaps tranken, repetiert Heller das Circusprogramm, und während er spricht, fällt mir auf, wie schwierig es bei ihm ist, Inszeniertes und Spontanes auseinanderzuhalten. Die Lust, zu verblüffen, die manchmal ein Drang ist, schlägt sich sowohl bei seinem Projekt als auch bei seiner Erzählweise nieder. Was ist spontaner Einfall, was Kalkül? Was ist beim Erzählen neu hinzugekommen durch ausgesprochene Worte oder vorgestellte Bilder, und was wird nun wie ein Fakt eingebunden, was ist bereits Durchdachtes?

Ich bemerke, während ich zuhöre, eine seltsame Bereitschaft in mir, gerade beim Circus das Unglaublichste zu glauben. Der Verstand zieht sich auf eine merkwürdige Kategorie von Naivität zurück.

Das Wort Circus erzeugt eine eigenartige Selbstverständlichkeit zu Bezeichnungen wie »fliegende Menschen«, »Feuerschlucker«, »Schwerelosigkeit«, »unsichtbar«, und doch gibt es auch Bezeichnungen, die die Erdenschwere des Verwandlers spüren lassen: Dompteur, Illusionist, Seiltänzer ... Sie sind nur noch ein glitzerndes Kostüm, übergeworfen über physikalische Gesetze; die Schneider, die sie verfertigt haben, heißen Nüchternheit, Skepsis, Wissen ... Der »fliegende Mensch« wird vom Poeten gesehen, der »Artist« von jenem, der aus Beunruhigung die Geborgenheit in dem sucht, was man Wirklichkeit nennt. Wir anderen, die wir weder darauf verzichten wollen, zu träumen, noch auf den Genuss, uns etwas erklären zu können, sind hin- und hergerissen zwischen beiden. Was bleibt, ist Unsicherheit: Wie wird Feuer geschluckt? Wie verbiegt jemand durch bloße Betrachtung einen Löffel? Wie kann ein Zauberer einen Menschen in der Luft schweben lassen?

Die Erklärungen dafür sind eigentlich böse Worte: Trick ... Schwindel, Taschenspielerei ..., und trotzdem sind diese Worte oft nur eine Abwehr gegen die Sehnsucht, glauben zu können, was man sieht ...

Kann ein Mensch, der sich einen Circus ausdenkt, anderes sein als fliegender Mensch und übender Athlet zugleich, als Schwereloser, der jählings zu Tode stürzen kann? Die Berechnung, die Arbeit, die Geduld, der Fleiß, der Schweiß und der Glaube, das Unmögliche möglich zu machen, können für Momente Eintritt gewähren in eine Wirklichkeit, von der man in guten Augenblicken träumt.

André Heller genießt den Balanceakt auf dem Drahtseil zwischen Anziehungskraft und Schwerelosigkeit. Er ist der eitle Gehirnakrobat, den das Staunen des Publikums zu immer schwierigeren Kunststücken animiert, der bereit ist, für das Staunen alles zu versuchen, auch das Lächerliche. Worum es ihm geht, ist Verblüffung, und wie alle, die verblüffen wollen, genügt ihm oft der Ansatz, das Konzept, und es ist nicht seine Stärke, sich selbst zu kontrollieren. Im Trivialen, Vordergründigen hat er den Drang, das Wunderbare zu zeigen, auch wenn er das Wunderbare gewaltsam erzeugen muss, auch wenn er beim Erzählen oft aus Mangel an wirklicher poetischer Kraft, banaler ist als das Banale. Natürlich hat er die Droge Traum geschluckt, aber er über- oder untertreibt gewohnheitsmäßig, um zu beeindrucken; es geht ihm nicht nur um den Traum, sondern im gleichen Maß um sich selbst. So entsteht beim Zuhören ein eigenartiger Wechsel von Inspiration und »auf der Hut sein«, wobei der jeweilige Zustand schon der Anfang des anderen ist.

Der Traum besteht zunächst aus drei Teilen: Einer »normalen« Tiershow, die Heller als »Hommage an die Rentner« bezeichnet und deren Außergewöhnlichkeit nur darin besteht, dass sie traurig ist, weil sie aus so wenigen Tieren besteht: Stachelschwein, Lama, Affen. Außerdem wird ein Kommunikationszelt aufgestellt, in dem die Versatzstücke gezeigt werden, aus welchen die abendländische Kultur besteht: Visconti-Chaplin-Fellini-Filme, Hellers Privatbibliothek, die »Body-Art-Ausstellung« des Steirischen Herbstes 1973 wird mitgeführt, und natürlich sorgen »sinnlos schöne Hostessen« für eine angenehme Atmosphäre. Das Zelt ist den ganzen Tag über bei freiem Eintritt geöffnet. Vor dem Hauptzelt, in dem zwei Stunden lang geträumt werden soll, erwarten Stelzengeher und der Direktor in rotem Frack den Zuschauer. Aus dem dunklen Zelt ist – nach Hellers Konzept – ständig lauter Trommelwirbel zu hören, während in der Mitte der Arena eine menschliche Marionettenfigur im Margritte-Kostüm mit zunehmendem Licht zum Leben erwacht und später zum »Engel der möglichen Wunder« wird, der die Zuschauer wie ein warnender und beschwörender Schutzengel anstelle eines Conferenciers durch den Traum führen soll.

Im Laufe einer siebenminütigen Pantomime explodiert das Engelskostüm und verschwindet an den Marionettenfäden in der Circuskuppel, der »Engel« erscheint plötzlich als glitzernde Spiegelsäule in einer Kunststoffhaut, die von tausend Spiegelchen bedeckt ist, vor dem Publikum, – wie ein Schmetterling, der sich aus der hässlichen Bodennähe seines Raupenkörpers zu einem trunkenen Luftwesen verwandelt. Ich habe den Engel Wolfgang Sebastian Bauer (25) im Studioraum des »Dramatischen Zentrums Wien« in der Lehargasse gesehen, während er für die Pantomime zusammen mit dem Choreographen Pierre Byland (38) und seinem Assistenten André Riot Sarcey (35) trainierte. Er hat am Reinhardt-Seminar in Wien studiert, ging dann zum Altmeister der Pantomime, Etienne Decroux, war beim »Spiel der Mächtigen« in der Strehler-Inszenierung »Edelstatist« und lebt derzeit in Berlin, ein großer, schlanker, schöner Mensch mit dunklen Haaren und langen Gliedern, die ihm bei der Arbeit das Aussehen eines dürren, geschäftigen Vogels verleihen.

Die stille Atmosphäre wird nun von seinem rhythmischen Pfeifen, dem Zungenschnalzen und dem leisen *Taktak* unterbrochen, mit dem er seine Übungen begleitet. Man erhält den Eindruck von Besessenheit und dem seltsamen Körperritual eines Wahnsinnigen. Bald bemerke ich, wie sehr die angestrebte Leichtigkeit das Resultat von schwerer körperlicher Arbeit und Willensanstrengung ist.

Er bezeichnet seine Arbeit zurückhaltend, als Training für eine Idee, »die sehr schön wäre« – und Heller antwortet dazu später, dass er eben noch zu wenig an diesen Traum glaube, sich noch zu wenig bewusst sei, dass alle, die an dem Circus beteiligt seien, »die Partikel des Traumes« seien, »aus welchen der Traum sich zusammensetze«. Die Probleme des Engels aber sind im Augenblick anderer Natur.

Wie kann man das Margritte-Kostüm von seiner Spiegelhaut reißen, ohne die Spiegel zu beschädigen? Werden die Spiegel nicht durch die Bodenakrobatik zerbrechen? (Heller später: Die Spiegel seien so klein, dass keine Gefahr bestünde.) Werden die Verschlüsse des Kostüms funktionieren, dass sie sich während der Pantomime nicht öffnen? Immer stärker drängt sich der Gedanke auf, wie seltsam, dass der »Poetische Circus« in so starkem Ausmaß von der Technik abhängt.

Zum Beispiel soll David Hercey von der Royal Shakespeare Company mit seinen Lichtmaschinen für die poetischen Effekte sorgen: Er soll es in der Circuskuppel gewittern lassen, wenn die Trapezkünstlerin emporschwebt, Schnee soll fallen, wenn die Bären ihre Kunststücke in der Arena machen, aber gleichzeitig soll die Technik unsichtbar bleiben, was bereits selbst ein Circuskunststück wäre. Die Technik muss allgegenwärtig sein, ohne dass sie als Realität zu bemerken ist, auf diese Weise würde der »Poetische Circus« zu einem Circus, in dem auch die Technik ein Artist ist, der alles erst möglich macht, indem er sich selbst wegzaubert.

Heller nennt das »die Technik poetisch machen« und will damit auch wieder den einzelnen Artisten, der beim Circus konventioneller Art so etwas wie der alleinige Vollbringer des »Wunders« ist, in das Zentrum seines Traumes rücken. Wie aber verhält es sich beim künstlichen Gewitter in der Circuskuppel: Wird die Trapezkünstlerin dadurch nicht geblendet werden? Wie werden sich die Bären verhalten, wenn Lichtschnee fällt? Wird in diesem Falle, gerade beim »Poetischen Circus«, nicht eine neue Form des Dompteurs kreiert, nämlich der Techniker, der Hellers Ideen der Technik beibringen muss, der also die Technik dressieren muss?

Und dann die Reparaturanfälligkeit der technischen Geräte und Maschinen: Verlangt sie nicht außergewöhnliche Improvisierkunst? Heller ist sichtlich wenig beunruhigt von diesen Gedanken. »Die Technik wird menschlicher für ein menschliches Programm.« Für Pierre Byland, den Choreographen, der in Paris an der LECOQ-Schule Theaterakrobatik und Improvisation unterrichtet, der mit Handkes »Mündel« 1970 auf Tournee ging und immer wieder selbst Theater spielt, ist dieser Circus ein »wunderbares Theaterstück«. Er sieht die Technik als Faktor, den es notwendigerweise auch beim Theater gibt, über manche Probleme lächelt er. Wie lautet doch der von Heller verfasste Text, mit dem der »Engel der möglichen Wunder« die Vorstellung einleitet:

»Meine Herrschaften willkommen. Hier an der Grenze zwischen Traum und Wirklichkeit / Die Stunde der Verwandlung hat dieses Zelt erreicht / Nichts ist unmöglich, wenn wir es stark genug beschwören. Feuer, Wasser, Erde sind uns untertan / Der Schrei, die Träne. Die Verzückung, das Lachen, die Unvernunft, die Anarchie der Poesie warten auf ihre Erlösung durch unsere Wünsche / Was Sie in den nächsten Stunden nicht erleben sollten, entzieht sich Ihnen, weil Sie nicht daran glauben / Meine Herrschaften, in wenigen Sekunden, in Bruchteilen von Sekunden ist es so weit. Die Vorstellung des Circus Roncalli beginnt. Es werde Circus!!!!!!!!!!«

Circus aber ist es währenddessen schon geworden. Während im Zelt der Platz von Livrierten angewiesen wird, bricht »irgendwo« ein Feuerwerk aus, kleine Kunststücke werden gezaubert (zum Beispiel Münzen aus der Nase gezogen und andere Kleinigkeiten). Es muss so sein, als »ob das Wunder nicht mehr zurückzuhalten wäre«, erklärt Heller. Auch während der Vorstellung müsse es fortlaufend »Happenings« geben: Eine schöne Frau drängt sich mit einem Segelschiff durchs Publikum und fragt, wo es zum Meer geht, ein Liliputaner zwängt sich mit einem Goldfischglas durch die Reihen, ein verkleideter Artist mit einem ein Meter hohen Zylinderhut, in dem ein Fenster aufspringt und aus dem alles Mögliche herausfliegt, kleine Löwen werden zum Streicheln herumgereicht, persönliche Briefe von André Heller an Zuschauer ausgeteilt, Artisten stecken Federn und Goldregenstäbe in die Taschen der Zuschauer, damit diese dann zu Hause Erinnerungen an den Circus vorfinden – vierzig bis fünfzig solcher »poetischer Augenblicke« will Heller während der Vorstellung »verschenken«.

Der Engel Bauer ist der Ansicht, Heller mache einen Circus aus Circuszitaten (zum Beispiel: zwei Clowns, die sich auf einer Bühne eine Clownsnummer ansehen): die literarische Verwirklichung einer Circusidee. Heller dazu: »Ich bin unheimlich stolz. Die Surrealisten und Dadaisten haben diese Form von Circus gewollt, aber niemand hat es gemacht.« Wie geht es weiter? Neben dem Engel gibt es im Konzept noch eine Entsprechungsfigur. Sobald der Engel seine Ansage beendet hat, stürmen die Artisten in »anarchistischem« Getümmel in die Arena. Darunter der Choreographie-Assistent André Riot Sarcey, ein Schüler von Pierre Byland, als Zuschauer verkleidet, der aus Begeisterung zum Circus mitspielen möchte. Er wird, da man alles von »unten auf« lernen müsse, zu den Livrierten gesteckt und darf dort bei den Umbauten helfen.

Als reiner Tor macht er alles falsch und findet sich in der zehnten von fünfzehn Nummern im Löwenkäfig, bei dessen Aufstellung er geholfen hat, eingeschlossen. Als die Löwen den Käfig betreten, versteckt er sich in seiner Angst unter einem im Käfig aufgestellten Bett. Gegen Ende der Nummer legen sich die Löwen in das Bett, und André kommt als Löwe verkleidet darunter hervor. Er lässt den Dompteur durch einen brennenden Reifen springen und dirigiert zum Abschluss – als Löwe verkleidet – den Abbau des Käfigs. In der letzten Nummer dann findet man ihn als Clown vor – auch die Tollpatschigkeit hat in der Verwandlung ihre Funktion.

In den zweieinhalb Stunden treten ineinander verwoben ein Mensch auf, der auf Händen geht (tatsächlich hat dieser Artist bereits auf Händen den Großglockner erstiegen), der einen Tagesablauf auf Händen nachvollzieht und nur umfällt, wenn er auf den Füßen gehen muss, ein indischer Magier, der laut Byland einen schwarzen Panther in eine Frau verwandeln, laut Heller aber einen schwarzen Panther in einen leeren Käfig zaubern soll (beides erscheint plötzlich ebenso glaubwürdig wie unglaubwürdig), zwei Trampolinkünstler, ein Säbelbalance-Artist, ein Jongleur auf einem Schlappseil, lebende Bilder mit Goldfarbe bemalt, die man nach spätestens zwanzig Minuten abschminken muss, damit die Darsteller nicht in Gefahr geraten zu ersticken, ein Bärendompteur, der seine Tiere auf Schneebällen in die Arena balancieren lässt, eine Trapezkünstlerin im Regenbogenkleid, ein Löwenbändiger, zwei Feuerschlucker, die sich mit meterlangen Flammen bespucken, ein chinesischer Magier, der in eine Vase 120 Liter Wasser füllt, um aus ihr sechzig Meter Seide, zwei Frauen, zwei Enten und zwei Hasen zu zaubern und die beiden Frauen dann mit brennenden Wurfmessern in der

Dunkelheit an einem Wandschirm einzumessern, acht Bodenakrobaten und Clowns.

Zwei dieser Clowns habe ich im Dramatischen Zentrum bei der Probe gesehen: Renato (54), Wiener Musikclown, hat u. a. sieben Jahre im »Circus Berlin« gearbeitet, aber auch als Kinderclown in einem Warenhaus, wo ihn Hellers Zirkusdirektor Bernhard Paul entdeckt hat. Er hat ein strahlendes, optimistisches Gesicht. Sein Partner Fredy Cotrelli (57), mit dem er u. a. in einer »Spaghetti-Nummer« auftritt, bereiste mit »Hagenbeck« und »Busch« 27 Länder. Was sie an diesem Circus anziehe? Dass es nicht die übliche Circusfabrik sei, in der die einzelnen Nummern gleichsam am Fließband, aber ohne inneren Zusammenhang vorgeführt würden. Der »Poetische Circus« kehre zum Ursprung, zur romantischen Idee zurück, er sei eine große Erinnerung.

Da weder Byland noch Riot Sarcey nach drei Wochen Arbeit Geld gesehen haben (beide sollten es jedoch noch am gleichen Abend erhalten) und immer wieder über Geldschwierigkeiten geredet wird – Heller spricht während der Taxifahrt nach St. Marx zu mir von »jeder Menge finanzieller Probleme« –, frage ich, inwiefern sie diesen Circus nur für eine Idee hielten, die zum Scheitern verurteilt sei? Und ob sie die Probegagen erhalten hätten? – Nein, warum? Mit Sicherheit sind sie Traumpartikel, wie Heller sie wünscht, mit einer oft fassungslosen Vertrauenssucht klammern sie sich an die Verwirklichung einer Idee, gleichzeitig dabei einsam und eifersüchtig wie Karikaturen ihres Berufes.

Wenn von Problemen gesprochen wird, ziehen sie

sich zurück: Ich kann nur mein Bestes geben … die finanzielle Frage ist Angelegenheit von Herrn Heller … Sie wollen spielen, und das ist bei ihnen mehr als Profession. Vielleicht müssen Circusmenschen, um zu überleben, Lebensartisten sein, die wir mit unseren bürokratischen, von Sicherheitsstreben verseuchten Gehirnen nicht begreifen können, in denen für höchstens zwei Stunden *Circusbetrachtung* Platz geblieben ist. In einer kurzen Pause aber sagt Renato doch: »Der Traum fängt da an«, und untermalt seinen Satz mit der Fingerbewegung, die Geldzählen ausdrückt. Vom ganzen Circus kennen sie fast nur ihre Nummer, alles andere erscheint ihnen vage.

Partikel des Traumes, nannte Heller es, aber zum Vorschein kommt ein hierarchisches Prinzip, ein bekanntes Abbild gesellschaftlicher Systeme. Die Träume bekommen Erdenschwere, sobald sie wirklich werden sollen, nicht nur bei gesellschaftlichen Systemen, auch bei der »größten Poesie des Universums«. Circusdirektor Bernhard Paul wird zwangsläufig zum Saboteur des eigenen Traums. Auch das kennt man.

»Wo sind die Eier für die Clownnummer?«, fragt Ricardo. »Wo ist das Fressen für die Löwen?«, antwortet der Circusdirektor, gegenüber Heller zwangsläufig in der schlechteren Position. Heller wird zu den Vorstellungen sporadisch kommen, Paul reist mit. »Für Paul ist der Circus eine wesentliche Idee«, sagt Heller, »für mich ist er nur der Teil einer Umzingelungstaktik.«

Angeblich haben einige Techniker und ein Schminkmeister noch kein Geld gesehen und daher gekündigt. »Der Stoff, aus dem die Träume sind«, heißt Geld. Aber nicht für alle, nicht für den Träumer, nicht für jenen, für den die Faszination des Traumes etwas bedeutet. Er bedient sich beim Träumen unreflektiert gesellschaftlicher Systeme, die aus einem bestimmten Nährboden zwangsläufig wachsen. Wem gehört unsere Sympathie? Gerade im Falle »Poetischer Circus« ist es schwieriger zu beurteilen als anderswo. Sieht man eine Pleite, so ist es nachträglich leicht, Partei zu ergreifen, sieht man die Vollendung, ebenfalls. Heller ist tief in die Partitur seines Traumes verstrickt. Sein Circusfilm muss laufen, ohne dass er technische Tricks in Studios zu Hilfe nehmen könnte, sein Film ist live und muss jedes Mal funktionieren; da kann das Geld nur ein Teil seiner Überlegungen sein.

Während der Clownproben kommt er in braunem Overall und schwarzem Mantel mit Pelzkragen in das Dramatische Studio, kümmert sich um Details, spielt vor. Gegen Ende der Probe fragt er, ob es Schwierigkeiten gäbe oder ein Unbehagen. – Eine Kiste soll für die Nummer herbeigeschafft werden (in diesem Circus soll es keine serielle Nummer geben!), von der Größe eines Eisschranks … »Vielleicht gehn wir in ein Elektrogeschäft, und die schenken uns das.« Dann erzählt Heller, wie der Weißclown aussehen wird: Er war bei der Frau Wollschläger, einer Paillettennäherin, das Kostüm werde sehr schön. Schließlich: »Ich habe heute Nacht keine Minute geschlafen.«

Fredy: »Reden S' von mir? Sie können als Gedankenleser auftreten.«

Heller: »San S' net depressiv, san S' euphorisch, was haben Sie für Probleme?«

Ja, das Affen-Kostüm für eine Szene fehle. Heller hat aus dem Burgtheaterfundus Kostüme ausgeliehen. »Für 100 000 Schilling borgen die uns Löwen, Affen, Gladiatoren, ich muss ihnen nur garantieren, dass ich sie nicht mehr zurückbringe. Ich habe jetzt vier verschiedene Affen. Einen von einer Nestroy-Inszenierung, da bleibt das Gesicht des Darstellers sichtbar.«

Fredy: »Wir brauchen einen lieben Affen für die Kinder.«

Heller: »Dann darf das Gesicht nicht herausschauen.«

Was habe ich tatsächlich auf dem Schlachthof St. Marx gesehen, den Heller für die Proben und zum Aufbau von der Gemeinde Wien zur Verfügung gestellt bekam? Ich habe dasselbe Gefühl wie drei Wochen vor der Premiere eines Theaterstückes. Alles ist nur in den Ansätzen vorhanden. Alte, restaurierte, schöne Circuswagen, einige modernere, Eigentum der herbeigereisten Artisten, der geschlossene Löwenkäfig, herumstreunende Hunde, ein paar Circusarbeiter. Auf dem zusammengetretenen Gras des Platzes vor der Straße 4 liegen einige Masten, in Kreisform sind die blauen Eisenbolzen in den Boden getrieben. Heller spricht mit dem Manegenmeister, den Arbeitern, dem »Handgeher«. Während wir durch die Hallen des Schlachthauses gehen, an deren Wänden noch die Eisenschienen mit den Transportrollen für die Tierkadaver hängen, während ich das Knirschen der Schritte auf den Glasscherben und dem herabgefallenen Verputz höre, bleibt Heller immer wieder stehen, um mit dem chinesischen Magier und Messerwerfer Holt zu plaudern, um die Eisengestelle für die Sitze zu zeigen, den gezimmerten Zaun.

Einmal frage ich Arbeiter in einer Halle, aus welchen Gründen sie gerade zum Circus Roncalli gegangen sind? Zum Teil sind es nüchterne Motive: Arbeit, Geld, Reisen, zum Teil sehen manche in der Idee tatsächlich etwas Besonderes, sie wollen daran teilhaben, es reizt sie die Verwandlung, selbst (wie es vorgesehen ist), in Kostüme zu schlüpfen, Masken überzuziehen, z. B. »einen Fuß von einem Vogel Strauß zu haben und mit einem Käfig mit einer Milchkanne am Rücken« durch das Publikum zu gehen. Die fünfzehn Artisten, sagt Heller, würden alle mit voller Lebensgeschichte angekündigt werden, mit allen Verwundungen, Abenteuern, Geschenken von Maharadschas – aber in diesem Augenblick würde ich gerne die Lebensgeschichte eines Jugendlichen in einer gelben Kunststoffjacke hören, der mit leuchtenden Augen darauf wartet, von Heller in seinen Traum aufgenommen zu werden.

Als wir die Schlachthalle verlassen, sucht eine Taube unter dem Glasdach flatternd nach dem Ausgang, begleitet von einer langsamen, traurigen Armbewegung Hellers. »Es glaubt ja keiner, dass etwas daraus wird«, sagt Heller. »Wir sind das Gespött in den Artistenkreisen. Man hat uns mit den schlechtesten technischen Geräten hineingelegt.«

Aber er sagt es, als spräche er von der Vergangenheit, als sei alles schon überwunden, als zeige man alte Narben vor. Ist es zu früh, jetzt schon nach dem Ende zu fragen?

Für Heller soll der Circus drei Jahre laufen, Bernhard Paul würde sicher weitermachen. Das Wort »Ende« stört ihn, alles müsse irgendwie weitergehen oder sich verwandeln. Ein Sturm zum Beispiel, den der Clown Renato als das »Schlimmste« bezeichnet, was einem Circus passieren könne, der in Sekundenschnelle einen Traum beenden könne, ist für Heller »überhaupt kein Trauma«. Für ihn wäre ein Sturm die perfekte Vorstellung vom Ende eines Circus … ein Brand oder ein Sturm. Das wäre der perfekte Abgang. Denn immer stünde man vor der Frage: Wie löst sich das wieder auf?

Er will niemanden traurig machen, aber für ihn, der achtzigmal im Jahr auf der Bühne steht und Livekonzerte gibt, ist der Abgang ja wirklich eine Frage. Und das Ende einer Vorstellung? – Es dürfe kein Ende im üblichen Sinne geben, sagt Heller. Man müsse auch am Schluss den Eindruck haben, die Vorstellung gehe weiter, Affen würden mit Artisten in der Circuskuppel turnen, ein Ei würde hereingetragen, aus dem ein Liliputaner als Weißclown steige, Konfetti würde auf das Publikum geworfen, Maskenfiguren hielten ihm Spiegel vor das Gesicht, zeigten ihm schöne Fahnen, ließen es eine Pythonschlange berühren und führten es langsam aus dem Zelt heraus, begleiteten es mit Instrumenten und kleinen Kunststücken auf den Weg in die Stadt zurück. Das müsse mindestens 10 Minuten bis eine Viertelstunde dauern, denn das gewöhnliche Ende im Theater sei immer, als ob man in der Früh plötzlich neben einer hässlichen Frau aufwache. Als wir St. Marx verlassen, ist gerade eine Bodenplatte, auf der ein Mast befestigt werden soll, zum zweiten Mal ausgebrochen, und drei Arbeiter mit schweren Eisenhämmern treiben die Bolzen rhythmisch wieder in die Erde, als spielten sie auf einem Musikinstrument.

Im Circusbüro liegen dann schon die Masken aus dem Fundus des Burgtheaters, ein Blütenkranz, den Marianne Hoppe getragen hat, ein Brustpanzer Ewald Balsers, Masken einer Strehler-Inszenierung, Kokoschka-Entwürfe, Ritterschwerter, Vogelköpfe, ein chinesischer Lackhut mit Glöckchen, ein Hirschkopf, eine nackte Salomebrust aus Gummi, Mickymausohren mit Wikingerhörnern, ein Löwen-, ein Fisch-, ein Wolfskopf, Commedia-del'Arte-Masken und andere aus einem durchsichtigen Plastikmaterial, Umhänge, ein Zauberhut.

»Die Musiker kommen morgen«, sagt die Sekretärin.

»Die Noten liegen im Café Hawelka«, meint Heller und schlüpft mit dem Kopf unter eine Maske.

Auf der Eisenbahnfahrt dann, spät in der Nacht, die Frühlingsblüte ist schon vorbei, beginnt es plötzlich heftig zu schneien, und ich sehe in der fahl beleuchteten Dunkelheit Schneeflocken auf die Baumkronen fallen, als würde David Hercey von der Royal Shakespeare Company die Natur mit einer Lichtmaschine verzaubern.

TENNESSEE WILLIAMS

Der Schlangenbeschwörer

UM 1980 LIEF IN ÖSTERREICH eine literarische Fernsehserie, in der ein älterer, berühmter Autor einen jüngeren, weniger bekannten vorstellte, und der ORF hatte Tennessee Williams dazu bewegen können, eine Sendung mit mir zu machen. Es war der Weihnachtstag 1975, an dem ich nach Wien fuhr. Tennessee Williams war für die Proben seines Stückes »The Red Battery Devil Sign«, das im »English Theatre« uraufgeführt wurde, gekommen, um an den Proben teilzunehmen, und das Gespräch sollte im Hotel »Imperial«, in dem er wohnte, stattfinden.

Noch in der Eisenbahn las ich seine Stücke, die für mich so anziehend sind, weil sie sich im Labyrinth des menschlichen Herzens verirren. Ich erwartete mir einen schwierigen Menschen und ein schwieriges Gespräch, stattdessen erschien – ich hatte über eine Stunde mit dem Fernsehteam auf ihn gewartet –, ein dynamischer, nicht sehr großer Mann, der mich an Errol Flynn erinnerte und das Gehabe eines flinken Vertreters hatte. Er trug einen Pelzmantel und einen breitkrempigen Hut und war sofort amüsiert von der Scheu, mit der man ihn begrüßte. Meine größte Angst – ich empfand mehr als eine – war mit dem

Umstand verbunden, dass meine Englischkenntnisse nicht ausreichen würden, um ihm das zu sagen, was ich wollte.

Ich kann mich heute an fast nichts mehr vom Inhalt des Gesprächs erinnern, das er mit mir geführt hat. Zwar sah ich es später, doch nie verließ mich das Gefühl, daß es nur von ihm gelebt hat. Ich wusste, dass er meine Arbeiten nicht kannte – er hatte nur von zwei Romanen erfahren, die in Amerika spielten –, es gelang ihm jedoch mit Leichtigkeit, diese Tatsache zu überspielen. Als ich ihm sagte, ich hätte eines meiner Bücher in einer persönlichen Krise geschrieben, antwortete er: »Life is a permanent crisis«, ein Ausspruch, der mir mitunter einfällt, wenn ich in Schwierigkeiten bin.

Ein zweiter Satz, an den ich mich erinnere, ist: »Every year a work«, der meine Ansicht bestätigt, dass die Inspiration sich durch die Arbeit einstellt. Als wir am Ende des Gesprächs angelangt waren, das für mich wie die Besteigung eines Berges war, bestellte er für uns Whisky. Und da ich rasch trank, sagte er mir noch vor der Kamera: »Young writers shouldn't drink too much.« Er wusste, wovon er sprach, und machte sich über sich selbst mehr lustig als über mich.

Ich wollte nie ein Schriftsteller werden wie er, doch habe ich seinen Blick in das Inferno gemocht. Bevor ich noch selber zu schreiben anfing, habe ich die meisten seiner wichtigsten Stücke als Kinofilme gesehen (»Plötzlich im letzten Sommer«, »Die tätowierte Rose«, »Endstation Sehnsucht«, »Die Nacht des Leguan«) und ihn mir als einen Schlangenbeschwörer in der Schlangengrube vorgestellt. Nie habe ich eine

Theatervorstellung seiner Stücke gesehen, weil ich befürchtete, das Amerikanische daran sei dabei verlorengegangen.

Ich schätze an ihm die Distanzlosigkeit des Autors zu seiner Arbeit. Es ist eine künstlerische Distanzlosigkeit: nicht Dokument, nicht Selbstdarstellung, sondern ein Bedrängtsein und das Bedürfnis, die eigenen Traumata loszuwerden. Immer hatte ich das Empfinden, einem Ritual beizuwohnen, einer magischen Beschwörung.

Am besten gefallen mir seine Stücke in meinem Kopf, weil sie dort wieder die Privatheit bekommen, aus der sie stammen. Das Bedürfnis zur Entblößung ist ein geduldiger Gast, der sich davor fürchtet, erkannt zu werden. Und doch wartet er darauf, entdeckt zu werden. Wenn er einmal ausgesprochen hat, dass er die Zeche nicht bezahlen kann, gewinnt er eine andere Freiheit, nicht mehr dem Zwang der Normalität verpflichtet zu sein.

Tennessee Williams war ein notorischer Gesetzesbrecher stillschweigender Übereinkünfte. Er mochte die Indiskretion, und doch gelang es ihm, aus der Banalität, die auch dem Absteigen innewohnt, einen Mythos zu formen. Er gab dem sogenannten Pathologischen Würde, und es gelang ihm, dafür ein großes Publikum zu finden.

Wie jeder gute Schriftsteller war er selber alle Figuren, die sein krankes Universum bevölkern. Und selbst sein eigener Tod – er erstickte am 25. Februar 1983, im 72. Lebensjahr, am Plastikverschluss einer Medikamentenpackung – erinnert an die Eigenart einer seiner Figuren: an den gewalttätigen Stanley Kowalski in »Endstation Sehnsucht«, der die Bierflaschen mit den Zähnen öffnet.

Als ich die Nachricht von seinem Tod hörte, wünschte ich mir, sein eindrucksvollstes Stück »Sommer und Rauch« wieder zu sehen, in dem er die Größe des Menschen zeigt, wenn er ein Opfer seiner Schwäche ist.

EUGÈNE IONESCO

»Ich habe alle meine Fässer geleert«

DIE LIFTTÜR IM DOM-HOTEL in St. Gallen, in dem mein Zimmer reserviert war, öffnete sich, und vor mir stand Ionesco im Aufzugkasten, vom Deckenlicht angestrahlt, wie eine Wachsfigur von Madame Tussaud. Er trug einen braunen Kamelhaarmantel, eine Pelzmütze und hatte einen Stock in der linken Hand. Ich machte einen Schritt zurück, und er trat mit unbeweglicher Buster-Keaton-Miene heraus. Er war kleiner, als ich gedacht hatte, das Gesicht mit den traurigen Falten und den schweren Lidern, die wie halbkugelförmige Schirme aus Müdigkeit auf den Augäpfeln ruhten, war allerdings groß und zog sofort die Aufmerksamkeit auf sich. Die traurigen Augen musterten mich erstaunt, der Mund öffnete sich und sagte etwas auf Französisch, und ich sah die Zunge beim Sprechen ruhelos im Mund umherwandern, als sei sie auf der Suche nach dem Ausgang zwischen den schiefen vergilbten Zähnen. In seinen irritierten Sätzen, die ich nicht verstand, lagen weder Missmut noch Ablehnung, die Züge verrieten die geheime Leidenschaft der lebenslänglichen Konversation mit dem Tod. Wir stellten uns Fragen, die wir aber aus Sprachschwierigkeiten nicht verstanden, und er schlurfte über den Gang in ein Nebenzimmer.

Im Foyer stellte mich der Übersetzer, ein schnurrbärtiger Dozent der Sorbonne, Madame Ionesco vor. Ist Ionesco klein, so ist Rodica, seine Frau, winzig, zeisighaft, zerbrechlich. Sie trug einen Nerzmantel, auf dem Köpfchen eine Nerzmütze, eine schwarze Handtasche um den Bauch, die sie wie eine Briefträgerin aussehen ließ. Die winzigen Hände waren wie die ihres Mannes von Gicht gekrümmt, darauf steckten übergroße Ringe, so wuchtig, dass man überlegt, ob es Frau Rodica gelingt, die Finger abzubiegen. Wir verabredeten uns für den Nachmittag in der Druckerei, in der Ionesco seit fast zehn Jahren immer wieder einige Wochen malt.

Die Druckerei ist ein durch Mauern unterteilter Raum, weiß ausgemalt und neonbeleuchtet, mit den bunten Bildern Ionescos an der Wand und den unaufdringlich zwischen den Druckmaschinen und -pressen herumeilenden Arbeitern. Wir hatten an einem großen quadratischen Holztisch Platz genommen, Ionesco in einem blauen, mit Farbklecksen befleckten Arbeitsmantel, die Maschinen summten und klapperten, und vor uns standen Gläser mit Farben, die jedoch unberührt blieben. Beim Gespräch war er voller Aufmerksamkeit, manchmal zuckten die Augenlider, und die Zunge erblickte auf ihrer Wanderschaft immer wieder das Tageslicht. Außerdem stolperte sie mitunter über ein »S«. Das Gesicht blieb melancholisch, selten nur huschte ein Lächeln über seine Züge, und seine Hände begleiteten die Gedanken, die er vortrug, mit den Gesten eines Dirigenten, der es gewohnt ist, dass sein Orchester ihm blind vertraut. Sofort und das ganze Gespräch über ist man eingenommen von seinem drängenden Verstand, der die Auseinandersetzung, den Widerspruch sucht und darauf bedacht ist, die Oberhand zu behalten. Gleichzeitig wird man keinen Augenblick den Eindruck los, es mit einem deprimierten Menschen zu tun zu haben, der unter Traurigkeit und Aussichtslosigkeit leidet und zu dem nichts *wirklich* durchdringen will. Ionescos Frau, die Pelzmütze auf dem Kopf, die Tasche auf dem Schoß, folgte aufmerksam dem Gespräch. Einmal zählte sie versteckt ihren Puls, einmal schien sie einzunicken, aber vielleicht störte sie auch nur das grelle Licht.

Zuerst aber führte Ionesco uns durch den Raum (er hat, wie er sagt, bisher 600 Bilder gemalt) von Bild zu Bild – neugierig auf eine Bemerkung, jedoch entschlossen, kein Lob gelten zu lassen. Ich sagte: »Die Bilder wirken wie von Kindern – fröhlich.« Er antwortete: »Ich weiß nicht, was Fröhlichkeit ist«, dabei hatte er ein missmutiges Gesicht aufgesetzt. Er ging mit seinem Stock vor mir her, langsam, schlurfend, müde, warf einen kurzen Blick auf seine Arbeit, ging fast ohne anzuhalten weiter. Einmal deutete er auf eine schwarze Figur, die mit zwei grünen Gestalten nabelschnurartig verbunden war. »Das ist ein Monster«, erklärte er, wie ein Kind, das sich zu einer Aussage genötigt sieht, um damit allen weiteren Fragen zuvorzukommen. Er arbeite sehr gerne hier in der Druckerei, fuhr er fort. »Hier hat Ionesco die regelmäßigen Geräusche der Maschinen«, übersetzte der Übersetzer, »und die Arbeiter, die sich nicht um ihn kümmern, aber *da* sind, und Ulrich Stoob, seinen Lithographen, der jetzt beim Militär ist. Samstag, wenn nicht gearbeitet wird, begleitet ihn seine Frau Rodica … Herr Ionesco sagt aber, dass sie einen Nachteil hat, sie kann die schweren Druckplatten nicht aufheben.« Später ergänzte Ionesco: »Ich kann Einsamkeit nicht ertragen. Es ist merkwürdig – ich mag das Leben, ich mag die Menschen, und gleichzeitig verabscheue ich sie auch … ich liebe und verabscheue alles … nicht, dass ich lebe, fällt mir schwer, sondern dass ich nicht lebe … ich möchte nicht, dass es leere Momente in meinem Leben gibt, und es gibt diese Momente … ich bin auch nicht meiner eigentlichen Berufung gefolgt, der religiösen Berufung … ich wollte Trappisten-Mönch werden, das heißt eintreten in den Orden des Schweigens. Aber für mich Sünder war es nicht bestimmt, so zu leben. Meine Naschhaftigkeit, meine Sinnlichkeit, meine Eitelkeit hätten eines sehr gestrengen Meisters bedurft, um sie zu beherrschen … achtzig Prozent meines Lebens denke ich an den Tod, an Krankheit, an Schmerzen, an Dinge, die so lästig sind, die einem die ganze Zeit rauben und die einen plagen wie Essen und Verdauung. Unser existentielles Los ist offensichtlich unannehmbar. Ein Unglück, das manchmal gemildert wird durch die Schönheit. Wenn die Welt nicht diese Lichtblicke von Schönheit hätte, dann, so glaube ich, hätte ich mich schon umgebracht …« Er setzte sich mit dem Rücken zur Wand, und das Gespräch kam auf Sartre, von dem er sofort feststellte, dass er immer »hinten nach« gewesen sei, auf »Mutter Courage« (das sei ein wirklich kosmisches Drama, in dem es um den Krieg im Allgemeinen gehe), auf Brecht, der sich immer mehr dem Schweigen genähert habe.

»Auch ich«, sagte Ionesco, »bin zum Schweigen gekommen, paradoxerweise durch die Rederei. ›Die kahle Sängerin‹ ist ein Theaterstück des Schweigens, weil es nichts sagt. ›Die Unterrichtsstunde‹ sagt kaum etwas aus. ›Die Stühle‹ versuchen etwas auszusagen, sie sagen es aber nicht. Und um sie herum ist das Schweigen, die Abwesenheit, weil Schweigen Abwesenheit bedeutet. In dem Stück ›Mörder ohne Bezahlung‹ ist Kommunikation zwischen dem absoluten Bösen und dem Menschen nicht möglich. Das ist der Punkt, an dem ich mit vielen Worten und viel Sprache schließlich doch die Grenze des Schweigens erreiche. Die Grenze des Schweigens, das heißt die Grenze zum Geheimnis. Schweigen ist Geheimnis.«

Auf dem Weg ins Restaurant erzählt er mir, dass in einem kleinen Pariser Theater nun »Die kahle Sängerin« und die »Unterrichtsstunde« seit Jahren en suite aufgeführt würden. Mittlerweile spielten schon die Kinder der Schauspieler die Rollen, die ihre Eltern früher dargestellt hätten. Seine Nackenhaare stehen weg wie eine verschwitzte Perücke, seine Ohren sind groß, sie hören nicht nur, sondern sind auch das Zeichen von Macht – der Macht des abgedankten Clowns, der das Lachen der Erde beherrscht hat. Seine Hose, bemerke ich, hinter ihm auf dem schmalen Gehsteig hergehend, ist zu kurz, er trägt hellgraue Socken, die man bei jedem seiner Schritte sieht.

Vor dem Essen holt Frau Rodica eine kleine Schachtel aus einem gelben Nylonsack und zählt Ionesco Tabletten vor, die er mit Mineralwasser hinunterspült. Er bestellt Forelle mit grünen Bohnen und Kartoffeln. Über dem Fisch drückt er Zitronenhälften aus, bestreicht ihn mit Margarine und zerquetscht ihn mit der Gabel, bevor er ihn isst. Öfters legt er Messer und Gabel weg, zieht ein zerknittertes Taschentuch heraus und schneuzt sich beiläufig ... »Das Essen ist für mich kein Vergnügen, nur Pflicht«, sagt er zum Übersetzer, der Übersetzer übersetzt weiter: »Herr Ionesco hat einige schlaflose Nächte hinter sich, er weiß nicht, warum, er meint, vielleicht ist es das Wetter.« Ionesco selbst betont mehrfach, dass er für das Gespräch am nächsten Tag in keiner guten Verfassung sei. Übrigens leidet er an Diabetes. Seit einem Kollaps vor zwei Jahren darf er nicht mehr trinken. »Man bekommt bei der Geburt drei Fässer von Gott: eines mit Bier, eines mit Wein und ein kleineres mit Whisky. Ich habe alle meine Fässer ausgetrunken und noch etwas von Rodica dazu – nun ist für mich nichts mehr übrig.«

Rodica zieht beim Sprechen die schmalen Augenbrauen hoch, ohne aber deswegen arrogant zu wirken – eher ist es so, als spräche sie zu sich selbst mit halbgeschlossenen Lidern. »Ionesco geht jeden Sonntag in die Kirche«, sagt sie zum Übersetzer. »Ja, in die Barockkirche«, fährt Ionesco fort, »dort fühle ich mich wohl ... die schönen blauen und weißen Farben ... und wenn die Priester predigen, dann muss ich nicht immer an Gott denken, weil ich ja kein Deutsch verstehe.«

Als Ionesco den Teller leergegessen hat, will die hübsche Haustochter nachlegen, aber Ionesco wehrt ab. Erst als sie ihn schmeichelnd darum bittet, gibt er nach und macht sich mit traurigem Gesicht und der Bemerkung, er müsse jetzt *arbeiten,* um den Wunsch des Mädchens zu erfüllen, über die Speise her. Er hört zu oder versinkt in Nachdenklichkeit und blickt versonnen auf die grünen Bohnen, die er auf der Gabel über dem Teller hält. Nach dem Essen reicht ihm Frau Rodica eine große Pappdose mit der Aufschrift »Abführmittel«, das Ionesco mit der Bemerkung »das Dessert« auf dem Suppenlöffel mit einem Schluck Mineralwasser zu sich nimmt. (Zweifellos war es eine unverhältnismäßig große Menge, die er zu sich nahm, und diese Episode sollte auch Folgen haben.)

Am nächsten Vormittag zur verabredeten Uhrzeit lässt Ionesco in der Rezeption anrufen, er sei krank, das Gespräch möge auf Mittag verschoben werden … er habe in der Nacht Koliken gehabt und wenig geschlafen. Wir gehen also in St. Gallen (ein Zufall?, denke ich, Gallenkoliken in St. Gallen) spazieren und stoßen gleich auf die renovierte Barockkirche, von der Ionesco am Abend sprach. Gleich gegenüber befindet sich Ionescos Galerist (sogleich werde ich hellhörig: Rezept-ion, St. Gallen, Gallenkoliken, Galerist!), dem auch die Druckerei gehört, ein stiernackiger schielender Mann, Mitte dreißig, wuchtig wie eine Figur von Dürrenmatt. Von ihm erfahre ich, dass Ionesco ins Spital müsse. Es sei nichts Ernstes, Ionesco habe wohl zu viele Abführmittel genommen, und jetzt habe er mit der Verdauung zu tun. Von Anfang an kommt mir der Galerist verschlagen vor, obwohl ich dafür keinen sichtbaren Anhaltspunkt habe, er will mich allerdings aushorchen, und als ich mir beim Hinausgehen den Kopf am niederen Türstock anschlage, bin ich davon überzeugt, dass ich noch Ärger mit ihm bekommen würde.

Im Hotel erfahre ich, dass das Gespräch auf vier Uhr nachmittags verschoben sei, und spiele mit der Absicht abzureisen. Um vier Uhr erscheint Ionesco mit seiner Frau, erklärt aber tieftraurig, dass er in das Spital müsse, er habe eine Medikamentenvergiftung. Allerdings werde er um drei Viertel fünf zurück sein, und wir verabreden uns zu diesem Zeitpunkt. Ich rechne aber nicht damit, dass es dazu kommt, gehe mit dem Übersetzer auf ein Bier und bin erst um kurz nach fünf wieder zurück. Im Foyer erfahren wir augenblicklich von der indignierten Dame in der Portiersloge, Ionesco habe pünktlich um drei Viertel fünf auf uns gewartet und sei nach einigen Minuten sehr verärgert auf sein Zimmer gegangen. Dann ruft sie bei ihm an, und kurz darauf kommt er die Treppe herunter, grüßt kühl und geht mit uns schweigend in den vorgesehenen Konferenzsaal. Dort eröffnet er, dass das Gespräch keinen Sinn habe, er könne nur sagen, was er schon öfters gesagt habe. Aber dann beruhigt er sich und beginnt zu sprechen. Er spricht mit großer Autorität und Bestimmtheit. Der Tonfall ist lauter als gewöhnlich, keine Unsicherheit ist an ihm zu entdecken, er doziert und will keinen Zweifel darüber offenlassen, dass ihm mit dem Gesagten ernst ist. Mitunter muß der Übersetzer eine Formulierung wiederholen, Ionesco hört auf dem linken Ohr schlecht, er beugt sich zum Übersetzer hinüber, die Hand geöffnet am Ohr.

Ob er einen Fortschritt in der Kunst sehe?, frage ich ihn.

»Zunächst einmal weiß ich nicht, was Fortschritt ist«, sagt er darauf. Man könne nicht sagen, dass die klassische griechische Kunst höherwertig sei als die minoische Kunst. »Man kann auch nicht sagen, dass die Kunst des 20. Jahrhunderts über der Kunst der

Schwarzen steht. Die Kunst ist der Ausdruck für eine Situation, die die gleiche ist seit ewigen Zeiten. Die Kunst macht keine Fortschritte und keine Rückschritte, weil sie auf der Kontemplation beruht. Deshalb ist die Kunst das, was der Religion am nächsten steht und was uns zu ihr führen, aber uns auch davon entfernen kann.«

Ich: »Können Gedanken, die mit Gewalt verbunden sind, Sie zum Schreiben anregen?«

Ionesco: »Gewiss, aber man muss sich über den Begriff Gewalt verständigen. In diesem Augenblick bin ich schon gewalttätig, indem ich spreche. Alles Sprechen ist gewalttätig. Der Kampf ist gewalttätig. Untätigkeit ist gewalttätig. Der Friede ist gewalttätig. Das Leben ist gewalttätig. Es gibt vielleicht heilige und nichtheilige Gewalthandlungen, das kann ich nicht beurteilen. Auch die Heiligen und Jesus Christus sind gewalttätig. Wir leben in einem Universum, in dem die Gewalt Gesetz ist.«

Ionescos Frau sitzt am selben Konferenztisch einige Meter von uns entfernt. Mitunter gibt sie ihm mit einem Zeichen zu verstehen, dass er nicht ausufern oder sich zu einer Polemik hinreißen lassen solle, dann wiederum nickt sie kurz, um ihn aufzumuntern. Ich kann Ionescos Aussagen nur bruchstückhaft folgen, weil die Übersetzung wegen der Eloquenz Ionescos fragmentarisch bleiben muss. Aber selbst wenn sie simultan erfolgen würde, wäre es schwer, ein Gespräch zu führen, ohne sofort ins Uferlose zu gelangen. Und natürlich vergißt Ionesco nicht zu betonen, dass alles, was er sagt, wahr sei und falsch.

Ich: »Sie schrieben, ›Ich glaube, wie Raymond Aron

sagt, dass die Industrialisierung mit den schwierigsten Problemen fertig wird, man muss nur warten‹. Hat sich diese Ansicht durch Tschernobyl relativiert?« Darüber geraten wir in ein längeres Hin und Her. Schließlich beteuert Ionesco, man wolle den Tod des anderen, um ein anderes Leben zu bekommen, das sei ein geheimer und unbewusster Wunsch der Menschen. Wir hofften unbewusst auf ein vollkommenes Universum, von dem die Gnostiker sagten, dass es dies nicht gäbe. »Die Katharer auch«, führt er fort, »sie wollten sterben, weil das Leben unvollkommen ist. Sie rechtfertigten dies, indem sie sagten, dass die Welt von Dämonen, von bösen Engeln geschaffen worden sei. Diese hätten die Geheimnisse der Erschaffung der Welt bei Gott gestohlen. Vielleicht ist Satan der Prinz dieser Welt … Man müsste sich wehren, aber wo soll diese Verteidigung ansetzen? Das wird uns nicht gelingen. Das Ende der Welt wird apokalyptisch sein.«

Zuletzt will ich wissen, ob er wieder schreibt? – Ja, antwortet Ionesco lebhaft, er denke an ein Buch, dass »La Quète intermittente« heißen werde und das seine unaufhörliche Suche nach dem Absoluten beschreibt. »Eine Suche, von der ich weiß, dass sie unnütz ist«, ereifert er sich. »Warum habe ich das, was ich jetzt vergebens suche, nicht schon immer gesucht? Ich habe den Eindruck, dass man mir meine Zeit gestohlen hat, dass ich meine ganze Zeit verloren habe, wo ich doch so viele Dinge hätte tun können. Viel mehr schreiben, aber vor allem etwas anderes, eine spirituelle Sache.«

Wir haben anderthalb Stunden miteinander gesprochen, und er beginnt zu ermüden. Wir gehen wieder in das Restaurant, wo er von der Haustochter getröstet wurde. Der Galerist hat schon Platz genommen und Wein getrunken und schielt so stark, dass ich die Fragen beantworte, die er an den Übersetzer richtet. Ionesco ist stumm, lehnt mit halbgeschlossenen Augen neben dem Galeristen, kein Lächeln zeigt sich auf seinem Gesicht, das zugleich greisenhaft und kindlich ist. Ab und zu wirft er seiner Frau einen Blick über die Tafel zu, und unmittelbar nach dem Essen verabschieden sie sich. Der Galerist beginnt hierauf in großer Eile zu erzählen. Ionesco sei in Wirklichkeit 1909 geboren, 1909 stehe in seinem Pass, nicht 1912, wie es offiziell heiße. Ionesco halte strenge Diät, fährt er fort, seiner Meinung nach sei das gar nicht nötig. Bis vor zwei Jahren habe Ionesco viel getrunken, eine Flasche Whisky pro Abend, aber auch Bier und Wein, bis er umgefallen sei. »Fast immer war er geistreich und klar, bis er umgefallen ist, trotz der ungeheuren Alkoholmengen, die er konsumiert hat.«

Nach einiger Zeit gerate ich mit dem Galeristen in den Streit, den ich gesucht habe (de bello St. Gallico). Der Galerist warnt mich, über den Tisch schielend, er sei Schweizer Meister im Boxen gewesen und habe »seinerzeit« den österreichischen mit einem einzigen Schlag k.o. geschlagen. Ich lache ihn aus und beschimpfe ihn noch heftiger, aber schließlich schweige ich betrunken.

Am nächsten Tag bin ich um zehn Uhr in der Druckerei mit Ionesco verabredet, aber ich beschließe abzureisen. Pünktlich kommt Ionesco in den Frühstücksraum, in seinem Gesicht ist Besorgnis. »Herr Ionesco sagt: Der Galerist (Galileo Galilei) will Sie nicht mehr sehen«, übersetzt der Übersetzer. Ich gebe zurück, ich hätte ohnedies beschlossen abzureisen.

Ionesco, lebhaft und angeregt durch den Zwischenfall, ist nun sehr unternehmungslustig, die Augen glitzern, und er bemerkt, er habe mir gestern nicht alles gesagt, obwohl er die Absicht gehabt hätte, alles zu sagen. Man müsse das Gespräch zerreißen, eine Woche warten und ein neues Gespräch beginnen.

Erleichtert umarmt er mich und schlurft sodann eilig, als wolle er keine Zeit mehr für das Malen verlieren, aus dem Frühstücksraum zum Taxi, das vor dem Hotel auf ihn wartet.

Abschied von Wolfgang Bauer

HOTE
Have a
barrel
of fun
ew York Pos

Lieber Wolfi,
erinnerst Du Dich?

Wir saßen in der Küche im kleinen Haus in Obergreith, wohin Du in einer Schreibkrise, einer quälenden Gedankensperre zu mir geflüchtet warst. Es war ein kalter, klarer Vormittag, in der Nacht hatte es gestürmt, die Hügel waren auf der Schattseite mit Schnee bedeckt.

Du hast oben im Dachbodenzimmer geschlafen und kamst die Stiegen herunter, trankst Kaffee, rauchtest einsilbig eine Zigarette und verschwandst wieder. An diesem Vormittag aber bist Du mit der Frage hereingestürzt: »Hast Du Zeit?« Ich habe Deine rauhe Stimme im Ohr, wenn ich daran zurückdenke, und ich sehe Dich jedes Mal vor mir, wie Du damals im gestreiften Hemd, die Haare zerzaust, das Gedicht »Märzwind« vorgelesen hast:

»Wenn der erste Märzwind
meine verschlafenen Gedanken weckt,
die gefroren in aller Welt herumliegen«,
begannst Du,
»wenn die Imkerhütten meiner Gehirnzellen
ihre Fenster öffnen
die Bienen ausschwärmen
und in leicht torkelndem Flug
wieder nach den Blüten suchen, die sie schon kennen,
nach fernen Städten, Erinnerungen,
wenn ich
langsam wachsend
über die blauen Berge Hawaiis sehe
hinein in den Dunst der Südsee
wenn der Wald sich erwärmt
im offenen Cabriolet meine Haare fliegen
will ich
alles so lassen, wie es jetzt ist.
Keiner philosophischen Sekte möchte ich angehören
es wackeln die morschen Zäune meiner Ordnungen
nieder mit ihnen
hinaus vor das Haus meines Kopfes
der Sturm ist da
endlich flattern die ausgelesenen Zeitungen
sinnlose weiße Fetzen
abgeworfene Kokone
hinauf in die neue Luft
gefressen von hungrigen Raubvögeln
unter deren Schwingen ich überwintert habe.
Auf die Erde falle ich nicht mehr
nie wieder lerne ich die Gesetze der Schwerkraft«

Und weiter:

»Am späten Märzabend könnt ihr mich sehn
das schwarze Wolkenschach bin ich
das Fließen der roten Farbe am Abendhimmel
ist mein langer Gruß«

Und noch weiter:

»frei bin ich jetzt
kein Gegenteil stellt sich in meine Bahnen
mein Glück schicke ich Euch in den fliegenden
 Blättern.«

Du hast gerne über glückliche Momente gesprochen, Wolfi, ohne dass ich Dich je sentimental werden gesehen hätte.

Und Du warst süchtig nach Geschichten, das hat uns verbunden. Viele Nächte haben wir uns aus unserem Leben erzählt, das Allerschwärzeste und das Allerintimste, eine Zeitlang hatten wir überhaupt keine Geheimnisse voreinander.

Wir haben uns schon mit dreizehn Jahren kennengelernt, am Geidorfgürtel, wo Du mit Hans Schullin, Fredi Herzl und mir und meinen Brüdern Fußball gespielt hast.

Wir besuchten beide das Lichtenfelsgymnasium, Du eine Schulstufe höher zusammen mit Jochen Rindt, Deinem Freund, an dessen Seite Du Dich jetzt wieder findest. Nach der Matura spielte ich mit dem Gedanken, auf das Reinhard-Seminar zu gehen, und Du hattest mir, als ich dann im ersten Semester Medizin studierte, über einen Kollegen die Einladung überbringen lassen, zusammen mit Horst Zankl und Bernd Fischerauer an der Uraufführung Deiner beiden ersten Einakter »Maler und Farbe« und »Der Schweinetransport« im Forum Stadtpark mitzuwirken. Ich weiß noch, dass ich gerade in der Anatomie ein Präparat sezierte, als mich dieser Ruf, so verstand ich es jedenfalls, zurück zum Wort, zur Literatur erreichte. Allerdings gab es bei der Uraufführung einen Zwischenfall – eine jähe Gedächtnislücke lähmte mich auf der Bühne und zwang uns zu improvisieren, bis wir endlich wieder die richtigen Worte fanden – aber Du warst so irritiert, dass Du noch während der Vorstellung – das Textbuch in der Hand – hinausgelaufen und erst eine Viertelstunde später zurückgekehrt bist. Es dauerte einige Zeit, bis Du darüber lachen konntest. Damals hat Dich Eugène Ionesco im wahren Wortsinn »begeistert«, und eine Anthologie »Französisches Theater der Avantgarde« mit Stücken von Audiberti, Tardieu, Schehade, Adamov, Genet, Ionesco, Vian und Arrabal war die dazugehörige »okkulte« Fibel. Du bist nach Paris gefahren und wolltest Ionesco sogar dort besuchen, hast Du mir erzählt. Im Telefonbuch hast Du seine Adresse gefunden und auf gut Glück an seiner Tür geläutet. Madame hat Dir geöffnet und Dich gebeten einzutreten. Du warst erstaunt über die altmodische und spartanische Möblierung und die schusselige und zugleich energische Frau, die Dich warten ließ und dann am Herd stand und kochte. Eugène, sagte sie, komme bald nach Hause. Dann vergaß sie Dich. Dir kam, hast Du immer wieder erzählt, alles vor wie in einem Theaterstück des Meisters. Endlich, nach einer halben Stunde, trat Eugène Ionesco selbst ein, in blauer Montur und mit einer Werkzeugkiste über der Schulter – der Installateur gleichen Namens. Du hast diese Geschichte sehr geliebt. Die Literatur der französischen Avantgarde blieb auch Dein Heimathafen, ich will dieses Wort verwenden, obwohl der Begriff »Heimat« im Zusammenhang mit Dir eher an Gershwin oder den Broadway denken lässt. Deine wunderbaren Mikrodramen geben ebenso Zeugnis davon wie die frühen Stücke »Katherina Doppelkopf«, »Zwei Fliegen auf einem Gleis« oder das Fragment »Der Rüssel«. Sie widerlegen auch die immer wieder gehörte Meinung, Du hättest Dich nach den realistischen Stücken wie »Magic Afternoon« und »Change« zum Spätsurrealisten entwickelt. Deine Literatur war von Anfang an poetisch und absurd, sie war von Anfang an so, wie sie sich auch in den späteren Stücken »Ein fröhlicher Morgen beim Friseur«, »Ach, armer Orpheus« oder »Foyer« zeigte: surreal und ironisch. Auch in den sogenannten realistischen Stücken, die so ungeheuer artifiziell sind, dass sie die Chiffre der Zeitlosigkeit in sich tragen, warst Du Dichter. Du schriebst die Stücke in der glasklaren, harten Manier eines Francis Bacon, um einen Vergleich mit der geliebten Malerei zu ziehen. Das Schockierende dieser Dramen kam einerseits aus der innovativ verwendeten Umgangssprache, die die Vorgänge auf der Bühne zu einem dichten Konzentrat des Alltäglichen machte, und andererseits der Konfrontation gesellschaftlicher Rituale mit der Sinnlosigkeit, die in den wahren Momenten des Lebens als allesumfassendes Gefühl spürbar wird. Du warst ein Abenteuer-Dichter der Sprache, Wolfi. Deine Werke scheinen oft mit leichter Hand hingeworfen, spielerisch, achtlos – aber sie waren das Ergebnis einer sich unerbittlich und fortlaufend dem Leben aussetzenden Existenz. Deine Dichtung mochte noch so fieberköpfig, magisch, ja sogar esoterisch sein, sie kam immer aus persönlicher Erfahrung oder holte Dich sonst später ein. Du warst kein leichter Freund. Etwas Zerstörerisches und Selbstmörderisches wohnte Dir inne, das Dich in die Finsternis sog. Dort hast Du dann mit Worten um Dich geschlagen, die Dich am anderen Morgen selbst verstörten.

Wir haben Reisen nach Amerika gemacht, gelacht – Du hast das Lachen beherrscht wie ein Musikinstrument – und gestritten, wir haben uns länger (oft sehr lange) nicht gesehen und beim nächsten Treffen miteinander gesprochen, als seien wir eben erst auseinandergegangen.

Doch die schönsten Momente unserer Freundschaft – Wolfi erinnerst Du Dich? – habe ich mit Dir in Obergreith erlebt, in meinem Stillen Ozean, wo das Haus wie ein Schiff auf einem Wellenkamm reitet, der von Schatten und Licht überströmt wird – wenn Du vom Dachboden in die Küche heruntergekommen bist, eine Zigarette in der Hand, die Manuskriptseiten in der anderen: Einmal waren es Szenen aus »Herr Faust spielt Roulette«, dann wiederum aus dem geheimnisvollen Albtraum »Das kurze Leben der Schneewolken« oder Gedichte, die Du im Lyrikband »Das Herz« zusammengefasst hast, wie »Skizzenbuch«, »Selbstgespräch«, »Der zweite Mensch« oder »Krüppel Sprache«.

Immer hast Du zuerst gefragt: »Hast Du Zeit?«

Und dann hast Du mir vorgelesen, was Du gerade geschrieben hattest, manchmal ein Glas Bier in der Hand, manchmal einen Obstler. Du sprachst in einem singenden Tonfall, selbstvergessen, wie ein Pianist ein Musikstück für sich improvisiert: »In einem verschneiten Haus«.

»Ich finde kein Licht
halb noch im drückenden Traum
der mir meinen Körper weckte
taste ich durch das tote Haus
den Schnee riechend vor der Tür
erinnere ich mich an etwas
das sterben sollte
und schlage mein Wasser ab«,

begannst Du, und weiter:

»Voller Lärm ist dieser schwarze Morgen
das Klapotez
die Knochentrommel der Südsteiermark
zerhackt im diesigen Stall das Brüllen der Kühe
die den Schlächter erwarten
und auch die anderen Tiere sehnen den Tag nicht
herbei«

Und noch weiter:

»Der Wetzstein beeilt sich am Messer
nachdenklich stapfen die Kinder zur Schule
schnell wird noch fertiggeträumt

ehe die Brandbombe der aufgehenden Sonne
alles versengt
gelb ist der Tod jeder Nacht
glücklich die Kinder, die ungeblendet
in sie geboren wurden«,

und zuletzt:

»Grün glitzert der saure Wein in der ersten Sonne
weiß und still liegt das Land jetzt
gestorben zum Tag
kein Bauer mehr ist zu sehn
die Spuren des Hasen verweht
ein kalter Wind aus Nordost.«

Kopreinigg, 29. 8. 2005

QUELLENVERZEICHNIS

Abschied von Wolfgang Bauer
Zuerst in: manuskripte (Oktober 2005)

Thomas Bernhard
Der lebendige Tote
Zuerst als: Bernhard: Zehn Jahre danach. In: Format (Juni 1999)

Günter Brus
Eine abenteuerliche Reise durchs Gehirn
Zuerst als: Der Eigen-Artist. In: Katalog zur Ausstellung »Günter Brus. Süd-Seh-Reise« im Greith-Haus, St. Ulrich (2006); Eine Ohrfeige namens Brus. In: Die Presse (31. 10. 2003); Günter Brus, der »Wirklichkeitsmensch«. In: Günter Brus. Der Überblick. Salzburg 1986

Elias Canetti
Im Spiegelkabinett der zweitausend Masken
Zuerst als: Die 2000 Masken des Elias Canetti. in: Die Presse (9. 7. 2005)

Max Frisch
Fuchsjagd an den Ufern des Zürichsees
Zuerst als: Fuchsjagd mit Max Frisch an den Ufern des Zürcher Sees. In: Die Presse (16. 5. 1981) und in: Zeitmagazin (15. 5. 1981) (gekürzt)

Franz Fuchs
Das Bombenhirn
Zuerst als: Gralla oder: Heimat, fremde Heimat
in: Die Presse (18. / 19. 10. 1997)

Bruno Gironcoli
Der Künstler als Regent des Chaos
Zuerst als: Gironcolis Universum. In: Die Presse (12. 6. 2004) (gekürzt) und als Begleitpublikation zur Ausstellung »Gironcoli in Herberstein«, Graz 2004

Vincent van Gogh
Geheimnisse und Wahrheiten
Geschrieben für die Veranstaltungs- und Publikationsreihe »Lautmalerei und Wortbilder« der Sammlung Oskar Reinhart »Am Römerholz«.
Zuerst in: Die Presse (30. 11. 2007). Auch in: Lautmalerei und Wortbilder. Autoren schreiben über Kunstwerke aus dem Römerholz. 2 Bde. Zürich 2010, Bd. 2.

Franz Gsellmann
Die Weltmaschine am Ende der Welt
Zuerst als: Skizzen zu einem imaginären Porträt von Franz Gsellmann. In: Gsellmanns Weltmaschine. Wien 2002

André Heller
Ein Circustraum
Zuerst als: Der phantastische Zirkustraum des André Heller. In: Pardon (Heft 6, Juni 1976)

Eugène Ionesco
»Ich habe alle meine Fässer geleert«
Zuerst in: Zeit-Magazin (5. 6. 1987)

Bruno Kreisky
Ein österreichisches Schauspiel
Zuerst in: Bruno Kreisky (Berlin 1984)

Ivan Osim
Der schweigsame Merlin des Fußballsports
Zuerst als: Der schweigsame Merlin der Fußballwelt. In: Kleine Zeitung (9. 1. 2009)

August Walla
Die Welt im Zimmer
Zuerst als: August Wallas Zimmer. In: Katalog zur Ausstellung »Weltenwandler«. Kunsthalle Schirn (Frankfurt am Main), September 2010

Simon Wiesenthal
Der Ingenieur der Erinnerung
Zuerst in: Die Presse, 21. 9. 2005

Tennessee Williams
Der Schlangenbeschwörer
Zuerst als: Schlangen-Beschwörer. In: Die Zeit (4. 3. 1983)

BILDNACHWEISE

S. 8 Vincent van Gogh: Der Innenhof des Hospitals von Arles, 1889. Öl auf Leinwand, 73 × 92 cm. Sammlung Oskar Reinhart »Am Römerholz«, Winterthur

S. 26, 54, 84, 94, 150, 156, 214, 232, 266, 292, 306, 314 © Gerhard Roth

S. 252 © Othmar Behr

S. 172, 198 © Franz Killmeyer

S. 286 © Screenshot aus der ORF-Sendung »Steckbrief« (1976)